行政法研究双書 23

行政法学と公権力の観念

岡田　雅夫 著

弘文堂

「行政法研究双書」刊行の辞

日本国憲法のもとで、行政法学が新たな出発をしてから、四〇有余年になるが、その間の理論的研究の展開は極めて多彩なものがある。しかし、ときに指摘されるように、理論と実務の間に一定の乖離があることも認めなければならない。その意味で、現段階においては、蓄積された研究の成果をより一層実務に反映させることが重要であると思われる。そのことはまた、行政の現実を直視した研究がますます必要となることを意味するのである。

「行政法研究双書」は、行政法学をめぐるこのような状況にかんがみ、理論と実務の懸け橋となることを企図し、理論的水準の高い、しかも、実務的見地からみても通用しうる著作の刊行を志すものである。もとより、そのことは、本双書の内容を当面の実用に役立つものに限定する趣旨ではない。むしろ、当座の実務上の要請には直接応えるものでなくとも、わが国の行政法の解釈上または立法上の基本的素材を提供する基礎的研究にも積極的に門戸を開いていくこととしたい。

塩野　宏
園部逸夫
原田尚彦

はしがき

公法・私法二元論を克服したい、というのが行政法学の研究を始めた時の志であった。大学院に進学した頃、ではどうすればそのような研究が可能になるのかを考えた末に、私法、すなわち民事法との接点が多い給付行政法分野を取り上げてみようということになり、具体的には営造物理論を取り上げることにした。ドイツにおける営造物理論、というより概念史をあつかったのがとても懐かしく思い出される。もちろん当時、この研究の道筋が見えていたわけではない。博士課程に進学した後、初めて関西行政法研究会において報告させていただいた時は、報告の途中で、今自分が何を報告しているのかまったくわからなくなり、自覚しているのはのどの渇きだけ、という状態であった。それでもしばらくはドイツの給付行政法論を対象に、公法・私法二元論克服の手がかりを求めてさまよい歩いた。その後突然私の研究は行政行為論に向かう。しかもわが国の学説を対象にした研究に。本書第一部第一章が、その最初の成果である。なぜこのような方向転換を行ったのか、じつのところよく説明をすることができない。ただ、このころには、どこでどのようにつながっているのか皆目見当のつかなかった私の研究と、岡山大学法学部における行政法の講義とが、私の頭の中で繋がりかけていた。とりわけ給付行政法分野に登場してきていたいわゆる形式的行政行為概念が、営造物理論研究から行政行為論への転轍を促したのではないかと思う。

私にとってその後の研究生活は、その成果の評価如何はともかく、とても楽しいものとなった。それはおそらく、私の研究がわが国行政法学のいわば本丸に焦点をすえるものであったためではないかと思う。それは今思うとドン・キホーテのごとき振る舞いであった。しかしだからこそ楽しみながら研究生活を送ることができたのだ。私自身の経験に即していえば、研究生活はドイツ行政法研究から始まった。もちろん公法・私法二元論を批判したいという考えは、学生時代に日本行政法の勉強を通して醸成されたものである。しかしながら研究生活を始めるにあたっては、外国法研究が当然という時代であった（これはいまだに変わっていないように見受けられる）ため、ドイツ法研究を手がけることとなった。もちろん外国法研究の不毛を主張しようというのではない。そうではないけれど、わが国行政法学を解釈法学として発展させるためには、何らかの方向転換が必要な時期に来ているのではないかと思う。

何はともあれ私は、行政行為論したがって公権力概念の解明にとりつかれ、最近になって私なりの見通しを得ることができたと思っている。そんな時、公法学会で報告の機会を与えていただき、たまたまその頃、事情があって岡山大学教授を辞することもあり、研究生活をとりあえず締めくくりたいと思い、論文集の出版を考えることになった。

思いもよらず今日までなんとか研究生活を続けて来られたについては、多くの方々のお世話になっている。恩師である高田敏先生には、公私ともに大変お世話になり、感謝の言葉を見いだすこともできない。先生とは一九六七年、私が大学二年次のとき、じつはその年度に広島大学から大阪大学に転任されたばかりであったのだが、その年に開講された外国書購読（ドイツ語）でお世話になって以来、今日までの長きにわたって、ご指導をいただいている。それにしても私が、研究者を志し高田先生の下で研究生活を始めるについては、その当時全国の大学で吹き荒れた大学紛争がかかわっている。その事情を詳しく記すことはできないが、紛争がなければ研究者を志していたかどうかわからなかった、そうであれば高田先生のご指導を受けることもなかった。そんなことを考えるとまことに不思議なご縁だと思う。その高田先生が本年めでたく喜寿をお迎えになった。つたない論文集であるが、本書を高田先生の喜寿のお祝いに捧げさせていただきたいと思う。

さて、本書は、塩野宏先生のご推薦によって、行政法研究双書の一冊として公にされることになった。心から感謝申し上げたい。私の研究生活は、その出発点より塩野先生なくしては考えられない。私のドイツ営造物概念に関する最初の研究は、塩野先生の『オットー・マイヤー行政法学の構造』がヒントになっている。そればかりではなく、本書をお読みいただければおわかりになるとおり、私の日本行政法学に関する研究は常に塩野理論を念頭に置いてきた。先生のお考えに対して、時には、というよりいつもかなり失礼な、しかも誤解に基づくかもしれない批判をさせていただいてきた。それはひとえに、私が、塩野理論をなお日本行政法学の屋台骨を背負うものだと考えたからに他ならない。その意味で塩野先生に本書の出版をお勧めいただいたことは、私にとってこれに過ぎる喜びはない。本書が先生のご期待にそうものとなっていることを願うばかりである。

お世話になった方々の名を挙げればきりがないが、それにしても、残念ながらお亡くなりになった室井力先生、原野翹先生のお名前を挙げないわけにはいかない。お二人の先生から受けたご恩は言葉に尽くせないが、今はご冥福をお祈りするしかない。また、三〇年を超える長きに亘ってお世話になった岡山大学法学部並びに法務研究科では、じつに多くの同僚から様々なご支援いただき、岡山大学をかけがえのない研究環境にしていただいた。そのような大学の一員であることに誇りを感じている。

最後に弘文堂の高岡俊英さんには、校正その他で大変お世話になった。記して感謝申し上げたい。

二〇〇七年四月一三日

岡田雅夫

初出等一覧

本書は、既発表論文を修正加筆した上に、書き下ろしを加えたものであるので、次のとおり、原論文名を記することとする。

第一部

第一章　「方法論としての行政行為概念」　岡山大学法学会雑誌三四巻三号（一九八五年）

第二章　「抗告訴訟制度と行政行為の無効」　岡山大学法学会雑誌三六巻三＝四号（一九八七年）

第三章　「行政行為の無効と取消しの区別について」　阪大法学（一九九三年）

第四章　「公権力の行使と仮処分の排除」　岡山大学法学会雑誌四五巻三号（一九九六年）

第二部

第一章　「行政主体論」『現代行政法大系7』所収（有斐閣・一九八五年）

第二章　「行政主体概念の両義性」（書き下ろし）

第三部

第一章　「わが国行政法学における『公権力』観念についての一考察」　岡山大学法学会雑四七巻二号（一九九七年）

第二章　「公権力の観念と法律の留保」『世紀転換期の法と政治』　岡山大学法学会（二〇〇一年）

第三章　「行政法と二つの『行政』法関係」『情報社会の公法学』（信山社・二〇〇二年）

第四章　「行政法の基礎概念と行政法解釈学」　公法研究六七号（有斐閣・二〇〇五年）

目　次

第三部　行政法と公権力の観念

第一部　行政行為と公権力の概念

第一章　方法論としての行政行為概念

一　はじめに

ここ数年、行政行為の観念は実にさまざまの修飾語を付して使用されている。実質的行政行為と形式的行政行為、実体（法）的行政行為と手続ないし訴訟（法）的行政行為、あるいは二重効果的行政行為や相対的行政行為等々。(1) いうまでもなくこれらの観念の登場は、現代における行政法現象がきわめて複雑かつ多様化し、そこに生ずる法的紛争が、伝統的な行政行為概念のみではとうてい解決されえなくなっているという事実を象徴するものであり、それぞれの問題解決のためになされている各論者の努力のあらわれでもある。そのかぎりで、これらの観念ないし理論は、もともと法解釈論的、したがって法技術的性格を色濃くもっているように思われる。たとえば形式的行政行為論は、それ自身一つの法技術論なのであるが、その中に法定の形式的行政行為と非法定すなわち解釈論上認められる形式的行政行為があるとされ、後者にあっては文字どおり、もっぱら行政の相手方たる国民の法的救済の途を確保するために取消訴訟の対象とすることを承認しようとするものであって、それ以外にいかなる法理論的意義をも有するわけではないとされている。(2)

このような行政行為概念の出現はしかしながら、それらが広く受け入れられ定着するに及んで、それまで同義語たることに疑いのさしはさまれることのなかった行政行為と処分概念（取消訴訟の対象たる行為）の関係について、新たな視角からこれを再検討する必要のあることを自覚させるにいたった。(3)その際右の両概念を結合させる接着剤の役割を果してきた行政行為の権力性の理解が、公権力の実体を伴わない行政行為概念の登場によって、キー・ワードとしての意義を失いかねない状況にたちいたったことが、きわめて重大な意味をもつように思われる。けだし、行政行為の権力性は伝統的行政法の思考方法によれば、行政主体の公権力の発動たることにその根拠をもつはずのものであり、そのような公権力観念の動揺は、新しい行政行為論の権力観がいかなる結論に到達するにせよ、ひとり行政行為概念のあり方にかかわるにとどまらず、行政法体系に無視しえない影響をもたらすであろうことが予測しうるからである。

なるほど形式的行政行為論をはじめとする新しい行政行為論は、現代行政特有のある種の紛争の局面においては、法技術的に申し分のない役割を果しているといってよい。(4)しかしそれらは、後に詳しく検討するように伝統的行政行為論の中核をなす公権力の観念に深刻な動揺を与え、かえって本来行政行為たることの疑われなかった実質的行政行為の存立基盤をほりくずしてしまいかねない状態を出現せしめているように思われる。(5)

そこで本章では、行政行為論におけるそのような学説の展開が、行政法学上いかなる意味づけを与えられるのか、そしてそれは、行政法体系のあり方にいかなるインパクトを与えうるものであるかを検討してみることにしたい。

(1) 行政行為論に関する諸説の整理については、乙部哲郎「行政行為の観念と種類」『現代行政法大系2』(有斐閣・一九八四年)九一頁以下参照。なお、相対的行政行為の観念は阿部氏が主張されているところである(阿部泰隆「相対的行政処分概念の提唱(一)、(二)、(三・完)」それぞれ、判例評論二八三号二頁以下、同二八四号二頁以下、同二八五号二頁以下)。

(2) 阿部・前掲注(1)論文(一)は、「抗告訴訟の対象性の問題は本来どういう行為を抗告訴訟によって救済するかという、すぐれて訴訟レベルの問題である」とし、その上で、「抗告訴訟の対象性を行為の性質により一律に決める考え方を放棄して、誰が争うか、争う理由は何かという紛争の利益状況次第で、同じ行為でも抗告訴訟の対象となるかどうかが異なってくるという考え方」が可能だとされ、そこに「相対的行政処分」ないし「片面的行政処分」なる観念を主張されている(同論文二―三頁)。ここには、行政処分概念を一つの法技術として徹底させようとする思考方法が読みとれよう。

(3) 原田尚彦「取消訴訟の対象は『行政行為』に限らるべきか」(判例タイムス二〇五号三二頁以下)がそのことの意味を解明している。なお、阿部・前掲注(1)論文(一)二頁参照。

(4) たとえば本来訴訟上の救済が期待されなかった諸問題、横断歩道橋の設置の取消を求めるような事例にその典型を見出しうる。しかしこの点疑問がないわけではない。そもそもこの種の問題は、その性格上事後的=訴訟的救済の対象とすることになじまないものであり、議会の議論のあり方、あるいは決定過程への住民参加等、事前手続的解決方法が追求されるべきものであると考えられる。

(5) 詳しくは本章**七**を参照してほしい。

二　伝統的行政行為論における公権力観

主題に接近するためにわれわれは、新しい行政行為観によって動揺させられるにいたっている伝統的行政行為論における公権力の内容を考察しておく必要があろう。そのような作業は、すでに少なからぬ論者によって行われているところであるが、(6) ここではそれらの議論に即しつつ、本章の論述に必要な限度で整理を試みておくこととしたい。

ところで、伝統的行政行為論という呼称で、いかなる内容の行政行為論を指称しようとするのかという点も、一つの重要な学問的課題たりうると思われるが、ここでは、形式的行政行為論が登場するまでの通説的見解というほどの意味で考えておくこととする。(7) 行政行為概念について左のごとき定義をとる見解がその典型的なものである。

行政行為とは、「行政庁が、具体的事実について、公権力の行使として、何が法であるかを宣言する行為」である。(8)

一見して分かるように、実はこの定義のみではそれが伝統的行政行為論であるかどうかはただちには判定しえない。なぜなら、右の命題には、その内容が未決定の要素が包含されているからである。その意味で右の命題は定義として完結していない。内容未決定の要素とは、「行政庁」の観念でありまた「公権力の行使」の観念である。前者は行政主体概念の問題に連なるものであって、それ自身行政法学上の大問題であるが、本稿の目的からはとりあえず無視して議論を進めうると考えられるので、ここでもこれ以上言及はしない。(9) そこで問題は公権力の観念である。先にも述べたとおり、本稿で伝統的行政行為論という場合、少々らんぼうな言い方ではあるが、その理論によっては現代的な行政法現象、とりわけ非権力的な領域におけるそれに十分対応しきれないものを意味させている。ところが右の命題は「公権力」の理解いかんによっては、そのような現代的問題に対処することが十分可能な命題となりうる余地があるからである。(10) この点の考察こそ本章の課題であり、その詳細は後述するが、なにはともあれ、右に引いた命題を伝統的行政行為論の定義とするためには、そこにいう公権力の観念が現代的諸問題に適切に対応しえない内容のものであることを示さなくてはならない。この点についての伝統的行政行為論の説明は次のとおりである。すなわち、行政行為とは、「公権力の行使（Ausübung der öffentlichen Gewalt）としてなされる一方的な行為（einseitige Akt）」であって、同じことであるが、「行政権の主体としての立場における行政庁が高権的権力の一方的発動（einseitige Emanation der hoheitlichen Gewalt）としてなされる行為」だとされ、同じく公法上の行為であっても、「対等の当事者間においてなされる公法上の契約又は公法上の合同行為と区別されなければならぬ」とされる。(11) みられるとおりここで強調されているのは、行政行為の「一方性」であり、法律上の当事者の不対等性である。公権力のこのような内容がいったい法理論として論証されうるものであるかどうかはともかく、右のごとき公権力観が、形式的行政行為論等を生み出した現代行政法現象、とりわけその非権力的領域のそれに有効に対応しえないであろうことは容易に理解されよう。(12)

いずれにせよ、伝統的行政行為論が前提とする公権力とは、いうところの行政主体が行政上の法律関係において、もう一方の当事者たる行政客体を一方的に服従せしめるものであって、そのような行為の典型として命令・強制が考えられてきたのである。

ところでかりに公権力の内容が右のように理解されるとして、それではそれは何によって根拠づけられるとされるのであろうか。この点について伝統的行政行為論は、必ずしも雄弁ではないようにみえる。少なからぬ論者は、行政主体たる国や地方公共団体が統治権＝行政権の担い手であるという事実に言及するにとどまる。もっともそこでは国や地方公共団体が行政権の担い手すなわち行政主体である、ということが一つの法理論と考えられているわけではあるが。(13) そのような中で、田中氏の左の叙述は伝統的行政行為の権力性の根拠を比較的詳細に論ずるものであり、検討しておく価値があるといえよう。

「近代法治国家の成立前においては、国家その他の行政主体は、絶対無限の公権力の主体として、人民に対し命令し強制することができた。そこには、何らの法的羈束も存しなかった。ところが、近代法治国家になって、国家その他の行政主体が公権力の主体としてその権力を発動するについては、人民の代表者の制定した法律に基きその定めに従うことを必要とすることになり、法律による行政の原理が、近代法治国家における基本原則として認められることとなった。しかし、この場合においても、国家その他の行政主体を私人と対等の権利主体とすることなく、法律上、これに、公権力の主体としての優越的地位を認め、この地位に立って、法律に基きその定めに従って、人民に対し、命令し強制する権能を与えた。国家その他の行政主体と人民との間に、法律自らが権力支配の関係を承認した。そして、この意味での公権力の主体としての国家その他の行政主体が、その公権力の発動としてなす行為については、一面において、法律による厳重な羈束をなすとともに、他面において、法律に基きその定めに従ってなされる行為であるがために、これに一般私法の適用を排除し、これに特殊の性質と効力を認めることとなった。このことは、実定法上に、必ずしも明瞭に規定されているわけではないが、実定法全体の構造が、そのような行為の存在を前提していることは、疑を容れないのである。」(14)

部分的に——しかもそれが最も肝心のところなのであるが——かなりまわりくどい表現がなされているが、右の文章の要点は、結局のところ次の三点にあるといえよう。第一は、それが、「絶対無限」であるか否かはともかく、そもそも国家その他の行政主体は「公権力の主体」だとされる点である。この点は、伝統的行政行為論は言うに及ばず、我が国行政法学にあっては自明の前提となっているように思われる。少なくとも、国家が何故に公権力の主体であるのか、という点について格別の説明がなされている例を私は知らない(15)。第二に、近代法治国家の成立にともない行政主体の公権力行使は、法律にもとづくべきものとなったが、そこにおいても、行政主体は私人と対等の法主体とはされず、法律は前者に「公権力の主体としての優越的地位を認め」た、とする点である。この優越的地位の故に、行政主体は国民に対して命令し強制する権能を有すると説明される。第三に、右のごとき意味での公権力の発動としてなす行為は、「法律に基きその定めに従ってなされる行為であるがために」特殊の性質と効力が認められるとする点である。以上三点が、右の引用文が主張しようとしている内容であるといってよい。

表現の仕方に相違こそあれ、伝統的行政行為論を支えてきた思考方法は、以上のごときものであるといってよいであろう。そしてじつは、右に整理した三つの命題のうち、伝統的行政行為論をその中核で支えているのが第一のそれであることは容易に理解できるであろう。たとえば第二の命題に関していえば、法律が行政主体に優越的地位を認めたとしていることから、そこでの権力性はあたかも後法律的性格をもつものであるかのように受けとられるかもしれないが、第三の命題の場合と同様、法律がそのような優越的地位を認めたことを論証する根拠は何ら示されておらず、むしろ、前法律的に認識される国家の「公権性」こそが、法律が国家をはじめとする行政主体に優越的地位を認める根拠となると主張しているように思われる。第三の命題にいたっては、具体例があげられていないこともあるが、私にはその意味するところが全く理解できない。もしそれが、公権力の発動は、法治主義原理の故に法律に根拠をもたない限り違法・無効である、したがって特殊の性質と効力が認められないということを意味するのであれば、そのこと自体は誤りではないであろうが、法律に当該行為の根拠があればなぜ特殊の性質・効力が認められるのかは明らかではないし、そうではなくて、公権力の発動は、法律にもとづき法律に従ってなされる場合には、法律がこれに特殊の性質と効力を認めているが故にその特殊な性質・効力を有する、というのであれば、それは第二命題と同じことをいっているということにならないであろうか。このようにみてくると、伝統的行政行為論のいう権力性の根拠となっているのは、結局のところ第一命題のみであるということがわかる。すなわち、国家その他の行政主体が公権力の主体であるからこそ、これらが法に服する場合にも優越的地位が与えられるのであり、その優越的地位の法的表現が、行政主体の行為がもつとされる特殊な性質であり効力なのであって、その逆ではけっしてない。

それでは第一命題は法的論理として成立しうるものであろうか。この点についてはここで詳しく論じる必要はない。すでに原田氏が、伝統的行政行為論における公権力の観念が、「国家が本質的に統治団体であり、権力を欠く国家はありえないとの素朴な政治学的認識に基づく」いわば「法外的概念」であって、法的論理としてけっして成立しえないものであることを指摘されているところである。[16] きわめて正当な指摘である。[17] ただ問題は、何故に、右のごとき「素朴な政治学的認識」が、これほど久しく我が国行政法学を支配してきたのか、という点にこそある。じつは、この点の正確な分析・批判なくしては、新しい、というより、あるべき行政行為論はけっして導かれえないのであり、私のみるところ、多くの行政行為論は伝統的行政行為論の呪縛を免れきっておらず、理論的破綻をより一層深めているように見受けられる。

（6）　とりあえず次のものを参照、原田尚彦「行政行為の『権力性』について」『訴えの利益』（弘文堂・一九七九年）八九頁以下、下山瑛二「行政権」『マルクス主義法学講座』第五巻（日本評論社・一九八〇年）三〇一頁以下、塩野宏「行政における権力性」『基本法学6』（岩波書店・一九八三年）一七九頁以下。

（7）　兼子仁『行政法総論』（筑摩書房・一九八三年）もほぼ同趣旨で伝統的行政行為論を理解されている。同書八四頁参照。なお、原田・前掲注（6）論文九三頁以下をも参照。

（8）　田中二郎『行政法総論』（法律学全集・有斐閣・一九五七年）二五九頁。

（9）　行政主体論についてはとりあえず藤田宙靖『行政法学の思考形式』（木鐸社・一九七八年）六五頁以下を参照。なお筆者自身、別稿で若干の考察を行っている（「行政主体論」『現代行政法大系7』（有斐閣・一九八五年））ので参照してほしい。

（10）　公権力の観念を「技術的」に理解することによって可能である。参照、塩野・前掲注（6）論文二〇二頁以下。

（11）　田中・前掲注（8）二六四頁。

（12）　参照、原田・前掲注（6）論文九〇―九一頁。

（13）　この意味で行政主体概念は行政行為論においても決定的な役割を果たしている。この点詳しくは前掲注（9）拙稿を参照。

（14）　田中・前掲注（8）二六二―二六三頁。

（15）　国家以外の行政主体について説明がなされている。たとえば、田中二郎『新版行政法中巻〔全訂第二版〕』（弘文堂・一九七六年）二頁以下。

（16）　原田・前掲注（6）論文九八―九九頁。

（17）　もっとも原田氏が、次のように述べられていることについては疑問がないわけではない。曰く、「……君主が主権を有する国家にあっては、行政権は君主の分身として統治権を裸のままで発動することが許された。行政権力は国家の統治権力と同一であるとみなしえたわけである。この意味からすると、立憲君主制下の法治主義においては、行政法規は、行政権力発動のための根拠ではなく、基本的には国民議会が君主の権力行使に対して外部から課した外枠にすぎないということができた。法律の明文の有無にかかわらず、行政権がその固有の公権力を発動する国家の活動領域が、前法律的地盤において理念的に想定される余地が認められえないわけではなかったのである」と（前掲注(6)論文九九―一〇〇頁）。

三　形式的行政行為論とその公権力観

今日でこそ行政行為の権力性について、前節でみたような深刻な疑問が投げかけられているが、かつてそのような疑いはおもいつきもされなかった。行政法の体系が警察行政作用を柱としつつ、今日非権力的行政領域として理解されている公物・営造物法の領域も、特別権力関係論によっておおわれていた時代には[18]、行政行為にかぎらず、公行政の作用の権力性に対しては疑問のさしはさまれる余地は全く存しなかったといってよい。その意味では、主張者の主観的意図はともかく、いわゆる形式的行政行為論の展開は、伝統的行政行為概念、とくにその公権力観に根本的な反省を迫る契機となったように思われる。

一九六六年に、二人の論者が形式的行政行為に言及している。現代行政法現象、とりわけそこにおける非権力的公行政の展開に即して、公法＝行政法理論の将来的課題に言及された中で、雄川氏は次のように述べられた。

「……本来は非権力的な作用であるはずのものが、法律上、形式的には行政行為として構成されていることがあるのも見逃し得ない。……（中略）……法がそこに行政行為を介入させているのは、これらの給付（各種の社会保障や社会保険の給付―引用者）に関する法律関係を処理して行くためのより合目的的な技術として、行政行為に関する法理を用いようとしているのである。その実質的意味は、大量に発生するこれらの法律関係を明確ならしめ、全体として統一を保って処理する必要に出るものであろうと思われる。そこで、これらの給付決定は、形式的・法技術的には『公権力の行使』たる行政行為であるが、それは公権力の発動の実体の随伴しない形式的概念であるといってよい。(19)」

同じ年に今村氏も、行政行為の諸効力の根拠として、「行政主体が公権力の担い手である」点を挙げつつ、設権行為の中に「行為の性質としては、公権力の行使ではないが法技術的に『設権』として構成されているもの」(20)があるとされ、形式的行政行為という表現こそとられていないが、その存在に言及されたのである。特別権力関係論の故に、長い間行政行為たることが疑われなかった公務員に対する不利益処分も(21)、特別権力関係論が批判・克服されてみると、現行法制上の形式はともかく、その実質においてはこれを公権力の概念で把握することができなくなり、新しい説明の仕方が求められることとなる(22)一方、現代行政の展開の中で新しく行政の課題とされるにいたったいわゆる給付行政の領域に、実定法上行政行為の形式が採用されるに及んで、これらを行政法体系に整合的に組みこむために形式的行政行為なる概念が主張されることとなったのである。

もちろん右の主張が、ただちに伝統的行政行為論に根本的な反省を迫ったわけではない。先の引用部分の表現からも明らかなように、右の二人の論者にとって行政行為とはあくまでも「公権力の行使」たる行為の謂であって、形式的行政行為は本来けっして行政行為なのではなく、たまたま法が、当該行為をめぐる紛争を不服申立及び取消訴訟という、もっぱら行政行為をその対象とする争訟手続に従わしめているために、行政行為とみなされている、、、、、、、、と理解するのである(23)。このように、形式的行政行為を訴訟技術ないし法技術上行政行為とみなすだけであって、本来けっして行政行為ではないと考えるのであれば、伝統的行政行為論並びにその公権力観は、何ら批判にさらされることなく、そのまま維持されるのは当然であった(24)。しかしながら、右のごとき理解に立つ形式的行政行為論も、論者の主観的意図と無関係にではあるが、伝統的行政行為論の一つの帰結に、決定的な一撃を用意していたのである。行政行為概念と取消訴訟の対象たる処分概念の分離二元化という理解をもちこむことによって。よく知られているように伝統的行政行為論においては、行政行為と処分は同義語であった。けだし行政行為とは、それが公権力の発動であるが故に公定力等、民事上の法律行為にはみられない効力が付与されているのであり、その権力性の内容たる公定力を排除するための訴訟形式がほかでもない取消訴訟なのであって、そうであるとすれば、行政行為と取消訴訟の対象たる処分が同義であるとされるのは容易に理解しうるところであろう。[25] そしてじつは、この行政行為と処分の同義性こそ、後にみるように行政行為の権力性の神秘的性格＝非合理性を補完する役割を果たしていたものなのである。原田氏がきびしく断定されたように、きわめて素朴な政治学的認識にもとづく公権力観であったにもかかわらず、それが長い間わが国行政法学において通説としての地位を保持しえてきた理由の一つは、まさにこの点に存したといわなければならない。つまり、一方で行政行為が公権力の行使であるが故に公定力を有するとし、この公定力を排除するために取消訴訟制度が用意されたのだとしながら、ひとたびその公権力の根拠たる国家の権威が法外的概念であるとして攻撃されると、こんどは逆に、実定法が当該行為を取消訴訟の対象としているからそれは公定力をもち、したがって公権力の行使たる性格を有するのである、と説明するわけである。このことは論者が、公定力の根拠は「行政庁の判断を尊重し（行政庁が具体的に適切な判断をしうる地位にあるとの前提にたっている）、抗告訴訟の形式によってのみこれを争うことができるものとする立法の趣旨にこれを求めるべき」であるとしているのをみれば容易に了解しえよう。[26] このようにみてくると、伝統的行政行為論の公権力観が不合理なものであるとの疑いをいだかせるものであったとしても、現実に現行法が採用する取消訴訟制度によって公定力ないし不可争力が発生すると考えうる以上、右の疑問は、少なくとも法解釈論上は実益のない議論として無視されえたのはやむをえないところであった。[27]

しかしながらここに、公権力の実体をもたないとされる形式的行政行為が登場するに及んで、右の疑問、すなわち伝統的行政行為論のいう公権力は、前法律的観念であって、そのような公権力の観念をもって行政行為の理論構成を行うことは認められないのではないか、という疑問があらためて浮上させられることとなった。すでに今村氏は、形式的行政行為の存在に言及した同じ著作の中で、公定力について次のように説明されていた。

「行政行為になぜ公定力が認められるのか。それには、統治権の行使として、公の権威をもって行われるからだ、という説明もあるが、これに対しては逆に、それだからこそ法律に違反してはならないのだ、という反論も成り立とう。ただ、行政行為にこのような効力を認めないと、行政がいっぺんに停滞してしまうことは目にみえている。それでは困ることが明らかだから、誰も、この制度を改めた方がよいとはいわないのだと思う。[28]」（傍点は引用者）

もちろん先に言及したように、今村氏はなおこの時点で、行政行為とは行政主体の「優越的な法的地位」にもとづく行為であるとの見解に立たれており[29]、そのかぎりで伝統的行政行為論と同一の基盤に立脚しているとみてよいが、右の主張でみるかぎり、行政行為の公定力は、行政主体の行為の属性というよりは、行政目的の早期達成の要請という、一種の政策的考慮から付与される効力であると解しているとみることはできないだろうか[30]。もしそのように読むことが許されるとするならば、行政行為の要素として、いわゆる権力性を求めることは必須ではなくなるということになるのではなかろうか。けだし、公権力の実体を伴うことのない行為であっても、たとえば行政目的の早期達成の要請が認められるかぎり、これを行政行為として扱うことが可能となるのであって、それがまさに形式的行政行為と称されるものにほかならないのであるから。

形式的行政行為論の登場が、このような理解を導くのは、かりに実体法のレベルで形式的行政行為の形式性、すなわち非権力性（より具体的には命令・強制の契機を含まないということ）が論証されえたとしても、訴訟法のレベルではけっして論証されえないからである。いわゆる優越的地位に立ってなされた行為であることを根拠としてであれ、「大量に発生する同種の行為の斉一化や明確化のため」[31]という政策的考慮によってであれ、取消訴訟の対象とされることに変わりはないのであるから。かくして形式的行政行為論の登場は、必然的に行政行為の二元化、つまり形式的行政行為と実質的行政行為（いわば本来的に行政行為とされていたものの格下げ）への二元化を帰結することとなる。そうして、公権力の観念は、行政行為と処分との接着剤としての役割を喪失することになった。

(18) この点については塩野宏『オットー・マイヤー行政法学の構造』（有斐閣・一九六二年）二四三頁以下、また岡田雅夫「ドイツにおける営造物学説の展開」阪大法学八六号（一九七四年）八三頁以下などを参照。

(19) 雄川一郎「現代における行政と法」『現代法4』（岩波書店・一九六六年）一八頁。

(20) 今村成和著・畠山武道補訂『行政法入門〔第八版〕』（有斐閣・二〇〇五年）七六―七七頁。

(21) この点について参照、高柳信一「公法、行政行為、抗告訴訟」公法研究三一号一〇三頁。

(22) たとえば今村・前掲注(20)八五頁参照。

(23) この点は、先に引用した雄川、今村両氏の叙述から容易に読みとることができよう。

(24) その後あらわれた行政法教科書の多くは、形式的行政行為を行政行為の一つの種類として言及しているが、それが伝統的意味での行政行為とどのように関連づけられるのかについてはほとんどふれるものがない。たとえば南博方・原田尚彦・田村悦一編『行政法(1)』（有斐閣・一九九六年）一四六頁、室井力編『新現代行政法入門(1)〔補訂版〕』（法律文化社・二〇〇五年）一一三頁、なお参照、原田尚彦『行政法要論〔全訂第六版〕』（学陽書房・二〇〇五年）一三七頁。ただ、行政法教科書にみられるこのような傾向の中で、藤田宙靖『第四版行政法Ⅰ（総論）〔改訂版〕』（青林書院・二〇〇五年）が、行政行為の概念は、本来形式的・技術的なものなのであるとし（同書三七四頁）、その体系の中に、形式的行政行為概念（したがって実質的行政行為概念をも）採用していないのが注目される。

(25) たとえば次のごとき叙述を参照せよ。処分の取消の訴えとは、「行政庁の公定力をもった処分の全部又は一部の取消しを求め、その効力を遡及的に消滅させることを本体とした形式訴訟で」あり、「行政庁の処分のほか、『その他公権力の行使に当たる行為』についても取消しの訴えが認められている」と（田中二郎『新版行政法上巻〔全訂第二版〕』（弘文堂・一九七四年）二〇五頁）。

(26)　田中・前掲注(25)一三三頁。
(27)　一連の論稿で市民公法論を展開された高柳氏が、早くより伝統的行政行為論が前提としている公権力＝公定力観に少なくとも現行憲法下では「正当性も論理的整合性ももちえない」ことを説得的に論証された（たとえば前掲注(21)論文一〇一頁以下）にもかかわらず、その後の行政法教科書あるいは判例等でもあいかわらず伝統的見解が維持されつづけた背景には本文で指摘した事情があるように思われる。このことは、正当にも公定力がもたらすとされる「有効性は実体的なそれではなくて、行政行為の法適合性の攻撃について特定の訴訟形態を排他的に法定したことの反射的効果と考えるべき」であるとされながら（同論文一三六頁）、なおも高柳氏が次のように述べざるをえないところにもあらわれている。曰く、高柳氏の「見地に立つと、右に挙げた種類の行政決定以外の行政行為は、必ずしも抗告訴訟形態によってその法適合性を審査しなければならない合理的根拠をもつものではないということになるわけであるが、しかし、だからといって、すべての行政処分の法適合性審査について、一般的に抗告訴訟形態を定めている現行制度を不合理として、これを改めるべきものと筆者が主張しているわけではない」と（同論文一五四頁）。
(28)　今村・前掲注(20)六五頁。
(29)　参照、今村・前掲注(20)六二頁。
(30)　もちろん行政主体の行為だからこそ、そのような政策的配慮が必要なのだと考えられているのであろうけれど、その場合にもその背景にあるのは行政の公共性であって、素朴な政治学的認識たる国家の権威のごときものでないであろう。
(31)　今村・前掲注(20)七七頁。

四　公権力概念の実証化と行政行為の権力性

形式的行政行為論の出現とその判例・学説による受容は、公権力の実体をもつ行政行為（このような表現の仕方そのものに伝統的行政行為論の混乱があらわれている）と公権力の実体をもたない行政行為という、行政行為の二元的理解を媒介して、かつて自明のこととされていた行政行為と抗告訴訟の対象たる処分（以下単に「処分」と略す）の同義性に強い疑念を投じ、今日では、両者は視点を異にする概念であってその内容は必ずしも一致しないとする考え方が有力に主張されている。(32) そしてこのような、行政行為、正確には実質的行政行為と処分概念の二分論は、単に概念の二元化を結果するにとどまらず、行政行為の権力性の意味いかんについての再検討をうながすにいたるであろうことは容易に推測しうるところである。けだし、伝統的行政行為論によれば、行政行為とは公権力の行使にほかならず、公権力の実体を伴った行政行為などという表現は同義反復以外の何ものでもなく、まして、公権力の実体を伴わない行政行為など概念矛盾の典型というほかない。このような混乱を解決しようとするのであれば、形式的行政行為論で用いられる公権力が、伝統的行政行為論のそれとは異質の概念であると考えるのか、(33) それとも、行政行為概念から公権力の要素を排除してしまうかのいずれかでなくてはならない。いずれの場合にも、行政行為の権力性の内容が問い直されざるを得ないことは明らかであろう。

形式的行政行為論を背景として、近年広く支持されつつある処分概念の拡大傾向に、一部の論者より表明されている公権力の不必要な拡大についての懸念に対し、行政行為と処分概念が同義ではなく、処分概念の拡大がけっしてただちには公権力の拡大を意味するものではないことを主張された原田氏が、(34) 時をおかず、行政行為の権力性について考察・検討を行っておられるのは理由がないわけではない。原田氏によれば、伝統的行政行為論が自明のものとして用いている行政行為の権力性も、もしそれを「命令・強制」の意に理解するのであれば、たとえば許可とか特許のごとき、それ自身授益的な行為を行政行為と称することにも疑問があるし、まして、いわゆる給付行政の領域における諸行為を、行政行為と称することは思いも及ばないとされる。そこで、実質的行政行為と形式的行政行為という行政行為の二元的理解を、「実践的な法解釈の基盤とし、現代行政法体系の礎石に据えるためには、従来の行政行為論の根底にある『権力性』(ないし『優越性』)の本体を直視し、その根拠・範囲・内容につき、方法論上、厳密な実証的分析を加え、はたしてそれがかかる検証に耐えうるものかどうかを見極めておくことが要求されねばならない」とされる。[35] 原田氏が指摘されるように、そしてまたそれが今日まで行政法学者に疑われることのない思考方法であるのだが、行政行為が、実体法上の概念であり、右の行政行為の二分論が、「公権力の実体的基盤を区分の標準とする立論」であるとすれば、右のごとき検討が必要とされるのは当然である。このような問題視角から、伝統的行政行為論のいう行政行為の権力性を検討し、その結果原田氏が得られた結論は次のとおりである。

「……わが国の行政法理論も、国家活動の前法律的基盤に着目して、特定の領域における国家の行為には先験的に権力支配的性質を認め、その権力性を前提として行政法の解釈理論を構成してきた。いいかえれば、従来の学説は、国家が本質的に統治団体であり、権力を欠く国家はありえないとの素朴な政治学的認識に基づく国家像を先行的事実として承認し、かかる認識をそのまま直線的に法の解釈に反映させてきた、と考えられるのである。[36]」

従来の学説が行政行為を定義して、「公権力の発動」といい、あるいは「優越的な地位」に基づく行為といっても、かつてその実定法的根拠が明らかにされたことはなく、もっぱら国家の行政主体性＝統治団体としての地位が言及されるにすぎなかったことに思いいたれば、[37] そのような公権力観が明治憲法下で成立しえたかどうかはともかく、少なくとも現行憲法下に存立基盤を見出しえないことはいうまでもない。原田氏の右のごとき結論は、そのかぎりで正当である。

それでは、「すべて個別具体的な実定法規の実現でなければならない[38]」とされる行政行為の権力性は、どのように認識されることになるのであろうか。原田氏が、「実定法に即して」析出される行政行為の権力性は次の二点である。

① 行政庁は、相手方との合意によることなく、一方的に相手方の権利義務その他法的地位を決定することができる。

② 行政庁の決定は、その適法違法にかかわらず、正式に取り消されるまでは原則として民事上の法律関係において有効なものとして通用する。[39]

近年いくつかの行政行為論が提示されているが、行政行為の権力性理解に関するかぎり、右の認識が現在のわが国行政法学の一つの水準を示しているといってよいように思われる。もっとも、乙部氏が整理されている行政行為の「訴訟法的構成説」なるものが、ことばの本来の意味で成立しうるとすれば、この見解の立場からは右の権力性の内容のうち前者は無意味のものとされるであろう。[40] しかしながら、乙部氏の整理にもかかわらず、今日までのところ行政行為を、実体法的メルクマールと無縁のところで、純粋に訴訟法的観点からのみ構成しようとする見解は示されておらず、[41] そのかぎりで、右の原田氏の示された見解は、広くわが国行政法学に受け入れられているといいえよう。そこで以下、原田氏の議論を手がかりとしつつ、最近の行政行為論が依拠している公権力観を整理分析してみることとしたい。

さて先にみたように、行政行為の権力性を実定法に即して考察すると、法律関係形成の一方性と公定性の二つが導かれる、とされるわけであるが、その具体的根拠はどのように説明されているであろうか。

原田氏によれば第一の点については、「行政行為の根拠法条が、一定の要件のもとに一定の行政処分をなすべく行政庁を羈束しあるいはその権限を附与していることをあげれば十分であろう」とされる。[42] 行政行為の一方性については、このような説明がなされることすらめずらしいほどで、一般的には自明の前提とされているように思われる。たとえば次のごとき叙述は、行政行為が、相手方の同意を必要としない、したがって一方的性格をもつ法行為であることを当然の前提としている。

「……道路交通法に基づく自動車の運転の免許や建築基準法に基づく建築の確認は、いずれも国民の側からの申請にもとづいて行なわれるものであるが、これらを契約として把握するものはいないであろう。やはり、契約とは異質の権力的な法行為を指す概念として、行政行為の概念を用いることが必要であると思われる。」[43]

しかし本当にそれほど自明のことであろうか。先の原田氏の説明には、明らかに同義反復があり、結果的には何ごとも明らかにされていないのではなかろうか。すなわち、右の説明は行政行為とは、法律が行政処分をなす権限を付与しているとするのみで、そのような説明で、なぜ行政行為の一方性が論証されたことになるのであろうか。そもそもそこでいう「行政処分」とは何なのであろうか。伝統的行政行為論によれば、それは行政行為のことにほかならず、もしそうだとすればその場合には同義反復以外の何ものでもない。もし、行政処分が行政行為と同義でないとするのであれば、その内容が明らかにされなくてはならないであろう。もっとも、具体例として検討されている公企業の特許に関する見解についてみるかぎり[44]、原田氏の念頭におかれている一方性の根拠は、当該法律関係形成の際の、相手方＝国民の意思（とくに申請）の不存在を意味しているかにみえるが、もしそうであるとすれば、なるほどそれを一方性と称することは不可能ではないであろうけれども、兼子氏が正当に指摘されているように、そのような一方性は民事法の世界にもあるのであって[45]、その意味で、行政行為の権力性は論証されたことにならない。なるほど行政作用の中には相手方の同意を要しない行為があることは事実であり、したがってそれを契約と把握しえないことも明らかであるが、そこではまだ、契約といえないことが論証されたにとどまり、それが権力性のあらわれであり、したがってそのような行為を行政行為と呼ばねばならないとするためには、もう一つの媒介項がどうしても必要とされねばならないであろう。その点の考察は後まわしにすることにして、それでは、もう一つの権力性、すなわち「公定性」がいかに実証的に根拠づけられているかをみておこう。

この点については、この間、わが国行政法学に広く受け入れられている見解をとられる。すなわち「法が行政行為につき取消争訟制度を設け、その争訟期間を制限していることに求めるほかない」とされる[46]。公定性の根拠を、現行行政事件訴訟法の採用した取消訴訟制度とその排他的管轄に求めること自体は、今日学説上ほとんど異論をみないといってよい。そしてこのような理解に立てば、行政行為の権力性の表現たる公定力は、「取消訴訟制度が存在することの結果として、行政行為に生ずる不可争力的効果のことであり、いわばみかけ上の有効性を指すものであって」それ以上の意味をもつものではないとされることは当然の帰結といえよう。(47)

以上、行政行為の権力性の第二点目について原田氏が展開されるところは正当といってよい。そしてそのような権力性の理解に立って原田氏が導かれた左のごとき行政行為論は、そこにいう「特権」の中味をどのように理解するかという問題を留保すれば、伝統的行政行為論にみられた前近代的性格を完全に克服した、現行憲法の法治主義論にふさわしいものとして支持されてよいと思われる。曰く、

「……今日の行政行為は、侵害的行政分野におけるそれをも含めて、たんに行政目的の迅速かつ確実な達成をはかるために法律により個別具体的に行政庁に許容された特殊の活動様式で、行政庁が一方的にかつ公定性をもって行政上の法律関係を形成することを内容とする、特権的法律行為（準法律行為も含む）とみれば十分であって、もはや国家統治権の発現とみるべきではないから、実定法に現われていない権力性を行政行為の属性に加えるべきでない……。」(48)（傍点は引用者）

原田氏が理解される「特権」の中味(49)については疑問なしとしないが、行政行為の権力性＝一方性及び公定性が、抽象的・観念的な「国家統治権の発現」に求められることなく、「行政目的の迅速かつ確実な達成をはかるために」法律によって創設されたものであるとすることによって、すでにそこでは、伝統的行政行為論の前提する権力性とは全く異質の権力性理解が示されているといってよいと思われる。すなわち、国家の権威に由来する、したがって実体（法）的意味での権力性ではなく、行政目的の早期実現といういわば法技術的意味での権力性が含意されているとみることができる。(50)特権的「法律行為」(51)などという民法を連想させる表現は、この間の事情を物語るものであろう。

もし原田氏の理解が以上のようなものであれば、ひるがえって考えるに、権力性の内容の一つとされる「一方性」とはいったい何なのだろうか。先にも指摘したように、相手方の同意を不要とするという意味での一方性であれば、そのこと自体は行政の行為に固有のことがらではないのであって、民事法の世界にもいくらでもこれを見出すことができる。そうではなくて、兼子氏が述べていられるように、当該一方的行為によって発生した法関係を実現する手続過程における一方性（すなわち、民事法の世界では、自己の意思を相手方に強要するためには原則として裁判手続を経ることが必要であるのに対し、行政行為の場合にはその必要がないということ）を意味するのであるとすれば、それは結局のところ行政行為の公定性を意味するのにほかならない。先に問題を留保しておいた点、すなわち一方性が行政行為固有の意義を獲得するための媒介項とは、まさしく公定性なのである。よく行政行為の代表例として命令・強制があげられるが、右の原田氏の主張についての私の理解が正しいとすれば、公定力（および執行力）の裏づけがなければ、行政庁の命令といえども単なる法律行為にすぎないはずである。けだし私人といえども単なる法律行為としてであれば、命令もこれをよくなしうるところである。このようにみてくれば、行政行為の権力性とは結局のところ公定性のことであり、その実定法的根拠は、行政事件訴訟法が採用した取消訴訟制度である、ということになるほかないであろう。

（32）さしあたり原田・前掲注（3）論文を参照。

（33）この点に関連して、仲江利政氏の次の指摘は大変興味ぶかい。

「公権力の行使に当たる行為は、行政庁の行為のうちで行政処分のように権力的要素を含むものをいうものと従来は考えられていた。しかし前述のように最近では公権力の行使には、必ずしも権力的行為のみでなく、形式上行政行為の形態をとり、又は行政争訟の対象とされたと考えられる形式的行政行為（形式的行政処分）をも含むと考えられるようになったので、公権力の行使は権力的行為とは同義語ではなくなったといえよう。」（仲江利政「公権力の行使と仮の救済」『新実務民訴法講座10』（日本評論社・一九八二年）三五頁、なお傍点は引用者）

(34) 原田・前掲注(3)論文三二頁参照。
(35) 原田・前掲注(6)論文九二頁。
(36) 同右論文九七―九八頁。
(37) この点については本章二を参照してほしい。
(38) 原田・前掲注(6)論文一〇〇頁。
(39) 同右論文一〇五頁。
(40) 乙部・前掲注(1)論文九二―九三頁。
(41) 兼子・前掲注(7)で展開される行政処分論がその唯一の例であるように思われるが、必ずしもいうところの訴訟法的観点が徹底させられていないことについては後述するとおりである。
(42) 原田・前掲注(6)論文一〇五頁。
(43) 芝池義一『行政法総論講義〔第四版補訂版〕』(有斐閣・二〇〇六年)一二二頁。
(44) 次のように論じられている。
「公企業の特許等は、同意を前提として行政庁が一方的に決定するのであり、その内容が相手方との合意によって形成されるものではないことは、法律の明文上明らかに読みとれるところであるから、実定法が私人の同意と行政庁の特許行為とを法的に同等の価値をもつものとして扱っているとはいえないとみてよいであろう。」(原田・前掲注(6)論文一〇六頁)
(45) 兼子・前掲注(7)三二頁。
(46) 原田・前掲注(6)論文一〇六頁。
(47) 同右論文一〇六頁。
(48) 同右論文一一三―一一四頁。
(49) 原田氏は、行政行為が法律にもとづく「特権」=公定性をもつだけでなく、その特権故に、行政行為が「通常の契約原理に親しみにくい若干の性質を有する」とされ、行政行為の特権が必ずしも訴訟法上のそれにとどまらず、実体法上の取扱いにも及ぶものと考えておられる(前掲注(6)論文一一四頁以下)。
(50) しかもこの法技術が、取消訴訟制度の採用という手続法の手法で実現されていることが重要な意味をもつ。

（51）　すなわち、実体は民事法上の法律行為と同質であるとの認識があるわけである。原田・前掲注（6）論文一一三頁を参照。

五　行政行為概念の技術的理解とその意義

原田氏の提示された行政行為論は、後述するように主張者自身の不徹底もあり、そのもつ意味が必ずしも深刻に受けとめられていないように思われるが、もし、前節で検討したような理解が可能であるとすれば、単に行政行為概念の問題にとどまらず、行政法体系のあり方そのものにも決定的な意味をもつものとなるように思われる。けだし、原田氏のいわれるように、「行政行為も、一方性、公定性（不可争性）といった特権をもつ点を除けば、法律行為と異質のものとはいえない」とすれば、久しく民事法の体系とは異質の独自の体系を誇示してきた行政法体系は、民法の特別法としての地位に身を落とす（？）ことになりかねないからである。[52] 我々は原田氏の次の文章をどのように理解すればよいのであろうか。

「……通説のいうように、行政上の法律関係をその生活基盤そのものの性質を基準にして包括的に権力関係と非権力関係とに裁然《ママ》と区別し、前者における行政の行為形式は原則として行政行為であり、これに対し、後者におけるそれは原則的に契約原理に服すべきものとするのは、実定法無視の法解釈といった観がないではない。本稿の見方からすると、支配関係と管理関係との区別は、ひっきょう、法律により個別的に行政庁に認められた行政行為特権、行政強制特権等の分布状態の濃淡を相対的に表示する傾向概念であり、法解釈の経験の集積に基づく、いわば、後法律的な観念といわざるをえないのである。[53]」

論旨にほぼ異論はない。しかしもしそうであるとすれば、いったい支配関係や管理関係と、伝統的行政法学がいうところの「私経済的関係」との区別はどうなるのであろうか。それらをもさまざまな特権の分布状態を相対的に表示する傾向概念であるとして説明するのであれば、伝統的行政法学はその存立基盤をどこに求めればよいのであろうか。

伝統的行政法学の展開する行政行為論に、実体法と手続法の未分離という方法論上の問題点のあることを指摘[54]されたうえで、結論的には原田氏と同様、私人の法律行為と同一の基盤の上に行政行為を構成しようとされる[55]兼子氏が、「特殊法」論という方法論上のバイパスを用意しながら提示された行政法体系は、とりあえず手続法の体系であった[56]。そこにみられる行政行為の権力性理解は次のとおりである。

「……これまでよく、『行政の一方的意思に基づく法的効果発生』という特徴が語られたが、法律関係の一方当事者の意思に基づく効果発生は、実体法的には、契約の解除や留置権の行使など、民法・私法の世界にも『一方的法律行為』（相手方のある単独行為）として有りうるのである。ただし、国民個人は一方的に権利主張をなしえても、反対者個人を強制するためには、原則として出訴・裁判を経なければならない。これに対して議会立法の授権に基づく行政による公権力の行使は、裁判を経ずにただちに反対者国民を強制できるとともに、訴訟手続法上の各種の優遇措置をうけている（国民からの出訴の期間制限など）という手続面で、一般的な特徴をたしかに有しているのである[57]。」

兼子氏の見解そのものについての検討は後にゆずることにして、右の主張は、一点を除けば、原田氏のそれと同旨といいうるであろう。その一点とは、原田氏のいわれる「一方性」という特徴である。先に指摘したとおり、原田氏の見解がきわめて重大な意味をもつものであるにかかわらず、必ずしもそのように受けとられていないのは、じつにこの点に帰因する。そしてこの点は、先の引用にある原田氏自身の主張、すなわち、行政行為が「後法律的な観念」であるとする考え方に矛盾するものであるといわなくてはならない。もちろん原田氏は、行政行為の「一方性」が、まさに法律によって根拠づけられているもの、その意味で「後法律的な観念」であるとされていることは先にみたとおりである。しかしその論証は、明らかにトートロギーにおちいっているというほかない。行政行為の権力性が、法律の付与した力であるとする認識は、原田氏が批判の対象にされた伝統的行政行為論にもみられるものであり[58]、行政法が法治主義原則に立脚する以上自明のことがらであるといわなくてはならない。したがってじつは、行政行為の「一方性」の論拠を、「行政行為の根拠法条が、一定の要件のもとに一定の行政処分をなすべく行政庁を羈束しあるいはその権限を附与していること」に求めるという思考方法そのものが、伝統的行政行為論がそうであったように、前法律的な権力性の観念を前提にしているものといわざるをえない。原田氏が次のように言われるとき、明らかにそこには、前法律的観念としての行政行為の権力性理解が存しているといえないであろうか。

「……行政庁が相手方である国民に対し、有無をいわせず服従を強いるところの、命令・強制の意に解せられる。この意味からすると、おそらく行政行為の概念は、沿革的には警察規制の分野における命令強制の作用を念頭におき、これを原型として構成されたものと考えることができよう。警察上の措置のほかに、現行法上では、租税の賦課、土地の収用等の措置が行政行為の典型に該当することに異論はない。[59]」（傍点は引用者）

警察上の諸措置が、概して、行政行為として構成する必要が多いものであることと、それらが現に行政行為として構成されていることとは別のことがらである。原田氏の右の主張に、「素朴な政治学的認識に基づく国家像」を読みとるのは不当であろうか。

ところで「行政における権力性」と題した論稿の中で塩野氏は、行政事件訴訟法の適用される行為の「権力的効果それ自体は、原則として取消訴訟が排他的に適用されるということ」にその根拠を求めうるとされつつ、そこには、公権力の行使という観念と、行政事件訴訟法の適用される行為が権力性を有する、ということとの間に「循環」が存していることを率直に認められている[60]。残念ながら、そこにはこの「循環」を断ち切る方法は示されていないが、取消訴訟を中心とする行政事件訴訟法の制度の存在根拠に関連して、「権力の技術化」という理解が示されているのは注目されてよい。

「……明治憲法の下では、公権力は、そのことだけで、権力性を保持し得たのであるが、ここにおいて、権力が、自覚的に一つの法的道具として、取り上げられ、その限りにおいて、その道具の合理的あり方が、問題とされるに至った、といえるのである。(61)」(傍点は引用者)

ここではすでに、行政行為の「権力性」が、国家の行為という実体からひとまず切りはなされたところに構想されている、少なくとも「命令と強制という単純な図式をもって描くことはできない」ということが意識されているように思われる。そのことは、行政指導、社会的サービス及び行政計画等、いわゆる非権力行政の権力性(この表現がいかに矛盾したものであるかは塩野氏も指摘されているとおりである)(62)に関する考察からも了解できよう。そしてもしそうであるとすれば、塩野氏が指摘される「循環」を断ち切る方途は、国家の権威とか支配力とかいったいわば社会学的事実にはけっして求めえないのであって、そのような作業は一つの技術論として行われることになろう。課税処分が行政行為とされるのは、それが国家の公権力を背景にして命ぜられるからではなく、徴税作用を早期・確実に実現する必要がある、と考えられたからである。あるいは、建築基準法上、違法建築物に対する是正命令が行政行為とされるのも、それが国家の公権力の行使たる命令だからではけっしてなく、違法建築物の是正の早期実現のために必要と考えられているからにほかならない。つまり、「循環」を断ち切る議論とは、ある種の行為を取消訴訟の対象とする、すなわちその意味で「公権力の行使」とすることに合理性があるか否かを検討することである。(63)それにもかかわらず、原田氏が、行政行為の「一方性」にこだわり、また右のごとき見解に立たれながら、塩野氏が非権力行政の権力性の析出に際して、間接的にではあれ、「行政機関の法的意味での権力(64)」や、実質的な「某省、某局という『権威』(65)」に執着されるのは何故であろうか。

(52)　現にそのような考え方が示されている。たとえば兼子氏は、行政に特有な一般法＝行政法を手続法制に見る一方、実体法は、「それが法制として発達するにしたがい、分野ごとにちがう法になっていく必然性があり、これらは行政の具体的根拠法でありながらもはや行政法ではないことになる」とされている（前掲注(7)三八頁、傍点は引用者）。もっとも兼子氏の場合、これらの実体法が「特殊法」として構成されるわけであるが、民法の特別法としての評価との関連は微妙である（参照、同書四〇頁）。

(53)　原田・前掲注(6)論文一一四頁。

(54)　兼子・前掲注(7)八四頁。

(55)　同右一九八頁を参照。

(56)　なお兼子氏の『行政法総論』については別稿（岡山大学法学雑誌三四巻一一号一一一頁以下）で書評を試みているので参照してほしい。

(57)　兼子・前掲注(7)三二頁。

(58)　田中氏の先に引用した部分（注(14)）のほかにも、次のごとき叙述がある。
「……広い意味での行政作用の中に、行政庁が、具体的事実について、公権力の行使として、人民に対し、何が法であるかを宣言する一連の行為があり、これらの行為については、実定法上、その目的と機能とに鑑み、私法行為等とは異なった法的取扱が認められ、特殊の法的性質が認められている……」（前掲注(8)二六一頁、傍点は引用者）。

(59)　原田・前掲注(6)論文八九―九〇頁。

(60)　塩野・前掲注(6)論文二〇二頁。

(61)　同右論文二〇二―二〇三頁。

(62)　塩野・前掲注(6)論文一八五頁は、「非権力行政の権力性とは、矛盾した表現である」とされている。

(63)　阿部・前掲注(1)論文(一)三頁も同旨とみてよいであろうか。

(64)　塩野・前掲注(6)論文一八六頁。

(65)　同右論文一八七頁。

六　行政行為概念の方法論上の意義

行政行為の権力性すなわち公定力の観念について、早くよりその手続法的理解を主張されていた兼子氏は[66]、行政の権力性が「手続面で一般的特徴」となってあらわれているとし、行政法の固有性を手続法制に求める行政法体系を提示された。それは、伝統的行政法学が展開してきた諸理論に対しいくつかの興味ふかい問題提起を行っているが、行政行為論、とりわけその公権力理解は、これを純粋に手続法上の概念とみることによって、原田、塩野両氏の発想を一つの極にまでおしすすめるものとなっているように思われる。すなわち行政処分の公定力が、「取消争訟以外の争訟手続においては裁判所でも当該処分の効果を原則として否定できず承認しなければならないという手続法的効力である[67]」とする点では、原田、塩野両氏をはじめ、最近の有力な考え方と同じ立場に立つものである。しかしながら、行政処分の認定について次のように述べられるとき、そこには、従来の議論にない視角が析出しうるように思われる。

「……日本の現行法制においては、権力行政手続の中核をなす『行政処分』について、行政手続法が決定の事前手続と関係させて一般的に規定しているということがなく、もっぱら行政争訟二法が争訟対象として一般的に規定している。とりわけ取消争訟の対象として一般法的に『処分』が法定されているのは（行訴法三II審査法四I）、旧法制における列記主義を一般概括主義に転換した結果でもある。しかしそれと同時に、列記主義の法制において存した取消争訟の余地を明記する諸規定が失われ、たまたま存する争訟特例規定から窺われるほかは、取消争訟の対象『処分』に当るかどうかが法律規定によって判明する余地は少なくなっている。[68]」（傍点は原文のもの）

ここでは明らかに、法論理としては取消訴訟の対象たる処分が、兼子氏がいうところの権力行政手続法の中核概念たる行政処分なのであって、その逆、すなわち、いわゆる公権力の行使たる行為＝行政行為であるから取消訴訟の対象となるということではけっしてない、という理解が読みとれよう。それは行政行為の権力性を、一つの技術としてすなわち取消訴訟制度とその排他的管轄によって生ずる法効果（公定力、不可争力、執行力等）として理解しようとすれば自ずから導き出されるはずのものである(69)。形式的行政行為論の登場が、そのことを別の角度から暗示していたところである。けだし、伝統的行政行為論にとっては、形式的行政行為概念そのものが一つの論理矛盾（すなわち、非権力的な権力行為ということになるから）であることはすでにくり返し言及したところであるが、かりに、実質的行政行為と形式的行政行為の二元的理解を認めたとすれば、その上位概念たる行政行為概念が存するはずであるのに、この点かつて論じられたことはない。なぜなら、もしそのような概念があるとすれば、それはせいぜい行政主体の法行為とでもいうほかなく、そのような概念は、行政法体系上格別の意義を有さないであろうからである(70)。ということは、元来行政行為の権力性とは、ある種の行為の属性なのではなく何らかの政策的理由で行政主体の一定の行為が、取消訴訟の対象とされた結果生ずるものと考えるほかないであろう。何らかの理由とは、通例、行政目的の早期達成ということになろうか(71)。

いずれにせよ兼子氏は、行政行為の権力性すなわち公定力を、技術的、手続法的に理解する立場を徹底させ、行政行為概念、ひいては行政法体系そのものをも、基本的には手続法の世界で理解されるにいたっているのである。というよりじつは、行政法体系を手続法の体系として理解する立場に立たれたが故に、右にみたごとき行政行為論に到達しえたのであるといった方が正確である。けだし後述するように、行政行為概念は、単なる道具概念にすぎないのではなく、それ自身、「行政」概念のコロラリーとしての意義を有するものであって、いわば方法論上の意味をも有するものであるが故に、行政法体系のあり方と不可分のものといわなければならないからである。そして、伝統的行政行為論はもちろんのこと、その伝統的理論における公権力観念のドグマ性批判に立脚して、公権力概念の実証化を追求する近年の行政行為論が、どうしても実体としての公権力という伝統的行政行為論の思考枠組を克服しきれない原因はまさにここにあるのである。少し考えればわかるように、もし公定力が取消訴訟制度の採用に帰因する法効果であるとすれば、実定法上、行政行為なる概念は不必要である。けだし、行政事件訴訟法が、取消訴訟の対象として予定しているのは、「公権力の行使」（ないし処分及び裁決）の観念なのであって、少なくとも現実の法解釈論上は、これらの概念が何を意味するかが解明されればよいのである。それをことさらに行政行為と名づけるかどうかは解釈論上全く実益のない問題であるといってよい[72]。にもかかわらず従来の見解が、まさしくその行政行為の概念（いうまでもなく実体法上の概念としてのそれ）に執着してきているのはなぜであろうか。「特権的法律行為」という表現にまでいたりながら、なお原田氏が、公定性のほかに行政行為の「一方性」という実体法上の特質にこだわられるのは、原田氏にとって取消訴訟の対象たる処分が、ほかでもない行政行為でなくてはならない理由があるからではないか。また公権力の行使の観念と行政事件訴訟法が適用される行為との間に「循環」が存していること、そしてその「循環」を断ち切る方途が、「権力の技術化」の方向にあることを認識される塩野氏がなおも「行政における権力性」にこだわられるのも、同様の理由があるからではないか[73]。その理由とはいうまでもなく、行政法体系、しかも実体法としての行政法体系の構築ということにほかならない。公定力の付与された行政の行為を「特権的法律行為」と称するだけでは、民法とは異質の独自の体系としての行政法体系を構想することができないのである。権力を技術的に理解すれば、つまり、権力を前法律的概念たる国家の公権力＝統治権から切り離したところで理解すれば、そのような権力を国家等、いわゆる行政主体が独占する理由はただちには出てこないのであり[74]、そうだとすれば、権力作用を規律する法の体系としての行政法理解がその存立基盤の大半を失うことは自明のところであろう。従来の行政行為論が、行政行為の概念にこだわらざるを得ない所以である。広く知られているように、「行政」概念が行政法学方法論としての意義を有するものであるとすれば、そのコロラリーである行政行為概念が、方法論議から免れうるはずはないのである。(75) その意味で、行政概念にネガティブな態度をとり、「特殊法」論を媒介にしつつ、行政法を手続法の体系として構想しようとされた兼子氏の立論は、右にみてきたような行政行為論のデッド・ロックを克服する可能性をもつように思われる。(76) けだし、兼子氏にあっては、実体法としての行政法には行政行為の観念は必要とされないからである。

(66) 兼子仁『行政行為の公定力の理論—その学説史的研究〔第三版〕』(東京大学出版会・一九七一年) とくに三一八頁以下参照。

(67) 兼子・前掲注(7)一九八頁。

(68) 同右二二五頁。

(69) 公定力を、抗告訴訟制度の反射的効果であるとした高柳氏が、「抗告訴訟制度は、行政行為に通説のいわゆる公定力(拘束力あることの承認を強要する力)等特別の優越的効力があるが故に要請されて来るものではなくて、このような権力的契機とは別次元の合目的性の契機によって採用されていると考えなければならない」とされている(高柳・前掲注(21)論文一五六頁)のは注目してよい。

(70) なぜなら、行政主体の法行為には契約が含まれることはいうまでもなく、かりにそれを公法上の契約といってみても、伝統的行政法学の権力説的体系理解と整合しないであろうことは明らかだからである。

(71) 高柳・前掲注(21)論文は、抗告訴訟の対象とされる合目的性に言及し、「国民に義務を賦課しまたは免除し、国民に権利を賦与しまたはこれを剝奪する行政庁の行為」が、その量的・質的重要性の増大の故に、「公正手続」によって行われるべきことが要請されるにいたっているが、「そのような手続(準司法的手続)によって下された決定は、行政庁による職権取消しを許さないと同時に、国民にこれを争わせるに当っても、直接その法適合性を攻撃する抗告訴訟形態に」よらしめているのだとする(同論文一五三頁)。このような場合にも合理性を承認してよいであろう。

(72) もっとも、兼子氏が指摘されているように、取消訴訟の対象とすることに合理性があると考えられる行為でありながら、現行法上その旨の明示規定のないものがきわめて多く、しかも、行政事件訴訟法自身、公権力の行使について定義規定をもっていないという現状からすれば、本文のごとき議論は、現行法運用の実際に大きな混乱を招くことは必至であろう。その意味で、現実問題の処理の仕方は別途考慮される必要のあることはいうまでもないが、法論理的には本文のようにいうほかないであろう。

(73)　本当に権力の技術化を語るのであれば、「非権力行政の権力性」という表現が矛盾した表現である以上に、そもそも非権力行政という表現そのものの意義を問いただす必要があるのではないだろうか。非権力行政の権力性について検討される中で塩野氏が、社会的サービスのそれについて次のように論じられるとき、そこに「権力の技術化」に徹しきれない氏の思考形式を読みとるほかないように思われる。

「それでは、こういった領域では、行政の権力性は語ることを得ないのであろうか。たとえば、すでにみた、行政指導との結合をどのようにみるべきであろうか。くりかえせば、建築行為に対する行政指導の実行性を確保するために、給水契約の締結を拒否するのであれば、これは、すでに行政の権力手段そのものではないか、という見方があるかもしれない。他方、これは、たまたま、結合されている行為が、行政目的追求の手法である行政指導であるため、行政の権力性として、目に映るけれども、事柄の実態は、独占的事業の持つ支配力、つまり、私的経済領域でも生じ得る支配関係と同じであるとすることもできるであろう。」(前掲注(6)論文一八八頁)

(74)　現に弁護士法は弁護士の登録手続をめぐる紛争や懲戒処分についての紛争を取消訴訟の対象としている(同法一六条および六五条)し、商法にも、株主総会の決議に不服がある場合の取消訴訟(もちろんこの訴訟は民事訴訟として行われるのであろうけれど)を定めている(同法二四七条)。前者については、弁護士会を機能的な意味において行政主体と考えれば説明がつくと主張されるかもしれないが、その場合には、そこでいう公権力が、いわゆる国家の公権力とは異質のものであるといわざるをえないであろう。

(75)　渡辺氏が正当にも次のごとき結論に到達されたのも、そしてそれにもかかわらず、その結論が必ずしも行政法学者に受け入れられてこなかったのも、この点すなわち、氏がとりあえず行政法学方法論議に無関心でありえたということにかかわりがあるといえよう。

「……行政行為一般のもつ特色として公定力という統一概念を設定し、それに統一効果を与えるという制度ないし考え方自体を排除するのが、現行憲法のもとでは正しいと私には思われる。むしろ行政行為もまた私人の法律行為と同様に、司法審査を経ないかぎり仮象の法にもとづいて行なわれるものにすぎず、したがって、原則としては、裁判所の決定をまたずして、いかなる法的拘束力をも持ちえない、という考え方から出発することが憲法体制に忠実な所以である。こうして古い意味での、伝統的概念としての公定力概念は一度これを否定したうえで、あらためて、法的安定性その他立法政策のある限度で最小限、仮象の法に実在の法と同様の拘束力を与える手続法的措置を講ずれば足りる。」（渡辺洋三「法治主義と行政権」『現代国家と行政権』（東京大学出版会・一九七二年）七八頁）。

（76）　前掲・拙稿で紹介したように、兼子氏の場合、実体法部分の多くは「特殊法」として行政法体系からは分離・独立化してゆくことが予定されており、わずかに残る実体法は、「行政主体」に固有の法体系とされるところから、本文のごとき理解が可能と考えられる。

七　おわりに

行政行為概念を手続法的に純化してとらえ、現行法上、何が行政処分（兼子氏は行政行為の観念にかえて行政処分の観念を用いておられる）であるかについて、行政争訟二法が一般的に定めるほか、直接法律が明示することがほとんどないとする認識[77]に立つ兼子氏は、それでは行政行為＝行政処分概念にどのような視角から接近されるのであろうか。ポイントは二つある。まず第一は、行政争訟二法が、行政処分につき一般的定めをおいているとはいっても、それは取消争訟の対象となる行為を行政庁の処分、ないし公権力の行使と表現するのみで、それがより具体的に何を意味するかについては何ら定めるところはない。そこで兼子氏は、「各種行政措置の行政処分該当性・『処分性』の認定」が解釈に委ねられている、と主張される[78]。これが第一点。第二は、第一の態度をふまえて、「事物の性質にかんがみた条理解釈によって」兼子氏が導き出される行政処分の内容である。それは本来的行政処分[79]と形式的行政処分に分けられ、それぞれ次のようなものとして説明される。

まず本来的行政処分とは、「①行政機関ないしそれに準じて行政を行なう者（公社・公団など）が、②直接に国民の法益に対し、③公権力の行使として、④継続的な法効果を、⑤具体的に生ぜしめる行為」であり[80]、形式的行政処分とは、法定のものと法解釈上のものとに分けられ次のように説かれる。前者はその根拠については問題とならないが、それが形式的行政処分とされるについては、「①法定された行政決定だけが行政処分で他は非権力的な法律関係（契約関係）と目することができ、②また法定処分の公定力の事項的範囲を、第三者機関による不服審査を保障するなど争訟手続上合理的な範囲に限定解釈して、別種の法益主張は訴訟上自由に認めるという余地が」あるものとされ[81]、後者については、現代の非権力行政が「時に国民の法益に対して強い事実上の支配をもたらすことがあり、しかも日本の現行法制においては、それに対する救済訴訟手続が必ずしも定かでないままに、行政処分取消訴訟の救済的メリット（行政責任の追及のため、直接に行政の行為自体を対象としてその法的否認を、かなり広い訴えの利益で求めうること）が評価」されたために容認されているが故に[82]、そのメルクマールとしては、「一定行政目的のために国民の法益に対し現実に事実上の支配力を及ぼしており取消争訟による救済に値する状況であれば足りる」とされる[83]。

きわめて残念ながら、兼子氏の右の説明が塩野氏の指摘される「循環」を克服しえておらず、しかもいぜんとして実体的な公権力の観念に依拠していることを明らかにするのに多言を費す必要はないであろう。いったい本来的行政処分の要素たる「公権力の行使」とは何なのであろうか。いやそれどころか、本来的行政処分と形式的行政処分の二元的理解そのものが、実体的公権力観を前提とせざるをえないものであることはくり返し指摘したとおりである。

公定力を純粋に手続法上の効力であるとし、実体法としての行政法の存在をごく一部の領域に認めるほかは、行政法を手続法の体系として認識する兼子氏の行政行為＝行政処分論が、何故右のごとき混乱に陥っているのかについては、より突っこんだ検討を要することと思われるが、ここでは本章の問題関心とのかかわりで一点だけ指摘しておきたい。それは、先に指摘した第一の点にかかわるものであるが、兼子氏が行政処分該当性の認定を、法解釈に委ねられたものとして理解された点である。なるほど、「伝統的に行政法が取消争訟の対象として本来的に予定してきた行政処分（行政行為[84]）」の多くが、そしてそれらはいうまでもなく、伝統的な行政行為論のいう権力性をおびていると理解されていたが故に、行政行為とされただけでなく、その多くが、公定力の手続法的理解に立った場合にも行政処分とされるにふさわしい合理的根拠をもつものであるにもかかわらず、きわめて稀な例外を除いて、現行法上、当該行為が行政処分であることの明示的定めをおくものがない、という事情にあり、法解釈でその欠缺を補わないかぎり現実の法運用が混乱するであろうことは十分予測しうるところである。教科書等で行政行為の例としてあげられる警察法上の諸行為、たとえば各種営業許可、その他各種の命令を内容とするいわゆる監督的処分（原状回復命令、営業停止命令等）の多くは、現行法上行政処分たることを明示する規定をもっていない。これらの行為を、法が明示規定をおいていないという理由のみでその行政処分性を否定することはもちろん正当とはいえない。けだし、これらの立法が行われた当時、伝統的行政行為観が何ら疑われることのない通説として受け入れられていたのであるから、それらを立法上の過誤として非難してすませるわけにはゆかないからである。そのかぎりで、従来、判例・学説上行政行為として取り扱われてきた一連の行為については、法の規定いかんにかかわらず、これに行政処分性を認めることはやむをえない措置といわなければならない[85]。しかしながらだからといって、行政のある種の行為を、法の明示の定めなしに法解釈として一般的に行政処分性を認定することが正しい態度であるという主張を認めるわけにはゆかない。けだし、ことは法治主義の理解にかかわる問題といえるからである[86]。

　われわれは前節で、行政行為概念が単なる解釈論上の道具概念であるにとどまらず、伝統的行政法学の行政法体系において方法論上の意義をもたされていたという側面を無視しえない、ということに言及した。けだし、行政行為概念が単なる道具概念にすぎないとすれば、実はそれは皮肉にも、行政行為概念不要論[87]にゆき着かざるをえないからである。本章で検討の対象とした諸見解は、行政行為の権力性をかつての「素朴な政治学的認識に基づく国家像」の法的反映たる公権力観から解放することによって、行政行為概念不要論の一歩手前までたちいたっている、ということができる。原田氏の「特権的法律行為」なる観念はそのことを象徴的に表現するものではなかろうか。そして、実体法としての行政法体系をほぼ断念したとみられる兼子氏の見解が、行政行為概念不要論に一方の足をふみ入れながら[88]、なお実体的公権力観に呪縛されているのは、氏の理解される法技術論としての公権力概念の不透明さに帰因するもののように思われる。そしてその不透明さが法治主義論の欠如をもたらしているのである。論者のいうように、行政行為の権力性が、「もはや嫌悪さるべき権力の手段ではなく、法律の羈束のもとに行政目的を追究する、むしろ民主的な行政の活動様式でもありうる」との認識そのものは正当なものといってよい[89]。しかしながらそのことは、行政行為の権力性——それがいかに法技術上のものであれ——が失われてしまったということを意味するわけではけっしてない[90]。抗告訴訟の対象とされることによって結果的に生ずるものであるとはいえ、公定力なり不可争力を伴い、原則として仮処分が排除されるという意味においてそれはあくまでも権力性をおびるものなのである[91]。そうであるとすれば、そのような権力的行為を、法の明示的定め、すなわち法律の授権なしに、法解釈論としてこれを創設することは、全部留保説に立たずとも法治主義原理からしてとうてい容認されるものではないといわなければならない。すなわちそこには、誰が、ある種の行為を抗告訴訟の対象と認定するのか、という問題があるはずである。もちろん従来の考え方からすれば、具体的な行為を授権している規定そのものがそれにあたるとする反論がありうるかもしれない[92]。しかしそれはすでに、当該行為を前法律的に権力的行為とみることによってしか成立しえない議論であることは明らかであろう[93]。伝統的行政行為論の権力性に対する批判とは、まさしく右のごとき権力観の批判ではなかったのであろうか。

　少なからぬ論者が、いわゆる非権力的行政領域での行政行為形式の採用が国民の権利実現ないし法的救済にとって大きなメリットをもたらすとの認識をもち、法解釈上形式的行政処分の考え方を推進したり、あるいは立法政策上好んで利用されてよいとの主張をしている。[94] もちろんそれらが立法論として主張されるのであれば、そのかぎりで、法治主義との抵触は問題とならないことはいうまでもないが、それが法解釈論として主張されるときいかに危険な結果をもたらすかは、大阪空港訴訟最高裁判決で身にしみて感じさせられたところではないか。いったい「航空行政権」などという権力は誰が創設したのであろうか。[95] 司法権は憲法の番人であるかもしれないが、公権力を創造しうるのは、国民主権を体現する国会をおいてほかにないのではなかろうか。[96] この点に関連して、伝統的行政行為論における公権力観に、「公権力は公権力として直視されなければならない」とする視角の存在を認めると同時に、同様にそのような視角を出発点にしたドイツ法実証主義的公法学の理論的問題点が、そもそも「法解釈理論は、実定法の単なる客観的な認識に止まるのではなく、裁判官が何を〝法〟として適用すべきかを提言する実践的な性質を持ったものである、ということを、充分に考慮に入れていなかった」点にあったことを指摘される藤田氏の次の主張は、十分注目されてよいと思われる。

「……法解釈理論の実践性ということを出発点とするならば、法形式上〝公権力は公権力として皆同じ〟であっても、このような法形式の共通性は、果して、具体的ケースの現実的背景の違いに応じて、適用さるべき法の内容におよそ一切の違いを生じさせることはないのか、ということを問題とする視角を、当然に必要とせざるを得ないこととなるであろう。[97]」

ここではなおかなり抽象的レベルでの視角の提示に終っているが、注記の中で、「〝痛いものはどのように理屈をつけようとも痛いことに変りはない〟ということは、必ずしも〝だから誰にどのようになぐられようとも同じように我慢しろ〟ということと理論的に同じではない」とされているところから、[98] そこに法治主義論の視角が用意されているとみることができるように思われる。この視角の欠如こそ、兼子氏の行政処分論をして、結局のところ伝統行政行為論の前提する公権力観につなぎとめた原因ではないかと思われる。

以上われわれは、最近の行政行為論にあらわれた、伝統的行政行為論の前提とする公権力観念克服の試みを、かぎられてはいるがいくつかの有力な見解を素材として検討してきた。くりかえしになるが、その結果われわれの到達した結論は次のようにまとめておくことが可能であろう。すなわち、本章で取り扱った諸見解は、法技術としての行政行為論という視角からは到達しうるぎりぎりの地点にまでその公権力理解を展開させているといってよいということであり、それにもかかわらず、それらの見解がほぼ例外なく、この行政行為論を行政法体系の中にもちこむとき、結局のところ伝統的行政行為論の公権力観に立ちもどらざるをえなかった、ということである。そして、本稿のごときささやかな作業で断言するのは危険であるが、これらの諸見解に対して右のごとき評価を下さざるをえない原因が、それらが行政行為概念の法技術的性格にのみとらわれ、実はそれが、伝統的行政法学において方法論としての意義を担っていたことを見落としている点にある、ということである。そしていま一つ、議論を錯綜せしめているのは、この領域における法治主義論の不徹底である。

正当にも高柳氏が指摘されているように、ある種の行政の行為を、民事法の法律行為の場合と異なって抗告訴訟制度に服せしめ、あるいはこれに自力執行力を付与するなど、結果的には公法・私法という二元的制度を採用することになっている我が国の現行法制そのものが不合理であるというわけではけっしてない[99]。そうではなくて、行政の行為のうちどの行為をそのような制度に服せしめるかという判断を誰が行うか、という点が重要なのである。そして、法治主義原理からすれば、自力執行力の根拠が法律に求められたと同様に、右の判断も原則として国会に留保されるべきものではなかろうか。

(77)　きわめて正当な認識である。同様の認識は渡辺・前掲注(75)論文にも見出される（同論文七八―七九頁参照）。
(78)　兼子・前掲注(7)二二五頁。
(79)　後にみるように、本来的行政処分なるものがいわゆる実質的行政行為と同義であることは明らかであり、この点で兼子氏の結論が最近の行政行為論のそれをこえないであろうことが予測しえよう。

(80) 兼子・前掲注(7)二二六頁。

(81) 同右二二七頁。

(82) 同右二二八頁。

(83) 同右二二九頁。

(84) 同右二三六頁。

(85) 早急に立法的解決のなされるのが好ましいのはいうまでもない。

(86) 小早川氏の次の叙述は、大変含蓄の深い表現と思われるが、そこにいう「人為」性に、立法のみではなく法解釈を含むとすればやはり同様の疑問が残るといえよう。

「論理的にいえば、実定法は、法律関係の規律を目的とする行政庁のいかなる行為についても、争訟手続上の通用力を認めることによってこれに行政行為たる性質を与えることができるはずである。このような選択可能性のもとでいずれを選択するかは、したがって、その行為が実体において統治権の発動であるかどうかというような、事物の本性によってではなく、その行為を行政行為とすることの利害得失を考慮しつつ立法または解釈によって人為的に決定されるべき問題であることになろう」(小早川光郎「契約と行政行為」『基本法学4』(岩波書店・一九八三年)一一五―一一六頁)。

(87) 誤解を受けるおそれのある表現であるが、いわんとするところは、実体的権力観不要論、すなわち実体法上の概念としての行政行為概念不要論のことである。

この点に関連して、小早川氏の次の叙述は注目されてよい。

「……ここで問題とされなければならないのは、契約と行政行為とを、法律関係の設定・変更についての二つの方式として同一の平面で対置するという、従来の考えかたの枠組みそれ自体の当否である。そのような枠組みから離れて、行政行為の観念を、契約の観念とは別の平面での、もっぱら争訟手続上のものとしてとらえなおすという方向も、十分考慮に値するところであろう。

もちろん、その場合にも実体法の問題は別に残る。行政行為論のひとつの前提をなしていた、ある種の行政活動は合意による拘束から免れさせることが必要ではないかという配慮は、場合によってはやはり尊重に値すると考えられるのであって、行政行為の職権取消ないし撤回の問題も、これと関わっている。ただ、この点に関しては、さらに、それらの問題につき従来の行政行為論において唱えられてきた諸法理が、はたして行政行為に特有のものであるのか、契約その他の法律行為と共通に論じられうるものをも含んでいるのではないか、というような疑問も生じうる」（前掲注(86)論文一二九—一三〇頁、傍点は引用者）。

(88) 兼子氏が、行政行為にかえて行政処分概念を選択しているのはそのことのあらわれではないか。

(89) 原田・前掲注(6)論文一一九頁。同旨、塩野・前掲注(6)論文二〇三—二〇七頁の叙述。

(90) 藤田氏が、「行政手段」論がいう行政手段の法技術性の強調が、ともすると「公権力の行使」なる観念が、法形式「以上のものではない」という受けとり方をされるおそれのあることを懸念され、むしろ同時に「それ以下のものでもない」つまり、「痛いものはどのように理屈をつけようとも痛いことに変りはない」という視角の確立が必要であるとされている（「現代の行政と行政法学」公法研究四六号一三〇頁）のは、きわめて正当な指摘である。なお同様の指摘は、同・前掲注(24)一三四頁にもみられる。

(91) 一部の論者が主張するように、形式的行政行為には公定力が及ばず、したがってまた仮処分の排除も適用されない、と解する場合には、本文のごとき批判は妥当しないことはいうまでもない。しかしその場合には、すでにそこにいう公定力が、単なる法技術上の意味にとどまらないドグマティッシュな意味を帯びざるをえないことについてはすでに論じてきたとおりである。この点に関して、小早川氏が、「今日ときとしてなされるように、権力性の実体を伴う本来の行政行為と、そのような実体を伴わないいわゆる形式的行政行為と区別することには、疑問が生ずる」とされる（前掲注(86)論文一二六頁）のは正当である。

(92) いちいち例をあげるまでもないと思われるが、多くの、というよりはほぼ例外なく、行政法教科書等で、命令や許可、特許等を何らの説明もなしに行政行為の例としてあげているのは、そのような思考方法によっているものである。

(93) ここに行政行為と取消訴訟の対象たる行為との「循環」が生ずる原因のあることは容易に理解しえよう。

(94) たとえば参照、原田・前掲注(6)論文一一九頁、兼子・前掲注(7)二二八頁。

(95) さしあたり参照、原田尚彦「夜間飛行差止却下判決の論理と問題点」ジュリスト七六一号三六—三九頁。

(96) 高柳・前掲注(21)論文が、公法関係において「優越的なものは（公）法なのであって、行政主体ではない」（一一三頁）とされるのも同様の趣旨であろう。

(97) 藤田・前掲注(90)論文一三一頁。

(98) 同右論文一四一頁。

(99) 高柳・前掲注(21)論文一五四頁。

第二章　抗告訴訟制度と行政行為の無効

一　はじめに

行政行為に違法の瑕疵がある場合、その効力については、処分の当初より全く効力を生ずることのない無効の行政行為と、権限ある機関による取消がなされるまでは効力を有する取り消しうる行政行為とに区別されるとするのが、我が国行政法学の一致した理解である。そして、このように行政行為に無効と取消の区別がある以上、行政訴訟の類型として、取消訴訟のほかに無効確認訴訟が認められるのはきわめて自然のなりゆきであるように思われる。しかしながらこの無効確認訴訟は、これを実際に運用しようとするとその性質がそれほど単純なものではないことが明らかになる。そのことは、同訴訟の原告適格をめぐる議論の混乱ぶりにこれをみてとることができるが(1)、それは、無効確認訴訟及びこれと選択の関係にあるいわゆる「現在の法律関係に関する訴え」における仮の権利救済のあり方をめぐる議論、さらには無効確認訴訟への事情判決制度の適用の可否をめぐる議論にも及んでいる。たとえば塩野氏は、行政事件訴訟法三六条の「現在の法律関係に関する訴えによつて目的を達することができないものに限り」という文言について次のような解釈を展開される。

「……例えば、農地が買収され、かつ未だ売渡しの段階に至らないときには、被買収者は、国に対して、買収処分の無効を前提とする所有権確認乃至当該農地の返還請求等の現在の法律関係に関する訴えは、可能である。ところが、他方、このときには、処分庁を相手とする無効確認訴訟が、続行処分としての売渡し処分を防止する最も適切な訴訟方法であり、法は、かような予防目的をも『目的』に包含せしめたものと解することができるであろう」(2)（傍点は引用者）。

一見まことにもっともな説明であるようにみえる。しかしよく考えてみるとどこか奇妙である。前半の論理と後半の論理とが必ずしも整合的につながっていないのではなかろうか。行政行為が無効であれば原告は自らの判断でその効力を無視しうるし、裁判所もこれに拘束されないとするのが従来の学説の無効論の帰結であるから、現在の法律関係に関する訴えが可能であるとするのは明らかに正当である。しかるに後半では原告は、論理的に可能なはずの現在の法律関係に関する訴えでは現実には所期の目的を達成することが困難であり、無効確認訴訟を提起しなければならない、とされるのである。無効確認訴訟が「最も適切な訴訟方法」であるというように、あたかも現在の法律関係に関する訴えもこれと並行して可能であるかのように主張されているが、実際は無効確認訴訟をするほかないのである。けだし、そうでなければ、買収処分が実行されることを防ぐことができないのであるから。(3) ということは、前半の論理とはうらはらに、後半では、現在の法律関係に関する訴えは不可能（所期の目的を達成できないという意味で）である、という全く逆の事態が生じていることになる。いったい何故このようなことになるのであろうか。前半と後半の事情の違いは何か。それは、後半にさりげなく挿入された、「続行処分としての売渡し処分」の存在である。この一文の挿入で事態は全く逆転してしまうのである。しかし何故、前半ではこの与件が無視されているのであろうか。続行処分が最初から予想されているのであれば、そもそも現在の法律関係に関する訴えが可能であるという議論はできないのではないか。そうであれば、右の解釈は最初から誤りということになるであろう。それどころかもっと根本的な疑問も生ずる。論者がいうように続行処分を阻止するために結局無効確認訴訟を提起しなければならないのであれば、この原告は何故取消訴訟を提起しない、あるいはしなかったのであろうか、という疑問である。この疑問に対してどのような反論が可能であろうか。無効の行政行為だから取消訴訟が必要なかったのだ、と説明されるかもしれない。しかし、それなら何故そのような無効の行政行為にもとづいて続行処分が行われるのであろうか。いったいこの続行処分の法的根拠は何であるのか(4)という新たな疑問がわいてこよう。

これはほんの一例にすぎない。しかも不思議なことに行政行為の無効確認訴訟をめぐる議論には、このような論理矛盾が多くの論者に共通して見出される。これはいったい何故なのであろうか。このような議論の混乱のよって来たるところが何であるのか、これを明らかにしようというのが本章の課題である。

いうまでもなく我が国の行政行為論、したがってまたその瑕疵論は、その多くをドイツの学説に負っている。その意味で、右の課題を達成するためには、ドイツにおける議論をも射程に入れなくてはならないのであるが、残念ながら現在の筆者にはその準備がない。本章はとりあえず、我が国の学説を整理検討することによって、問題解決の糸口を見出すことを目標としたいと考えている。

(1)　混乱ぶりなどというと語弊があるかも知れないが、たとえば、よく整理された金子氏の無効等確認訴訟の原告適格に関する学説の説明は、私には必ずしも十分な理解ができない。金子正史「免職処分の出訴期間が徒過したときの訴訟方法――無効確認訴訟――」(室井力・塩野宏編『行政法を学ぶ2』(有斐閣・一九七八年)一二九頁以下)。

(2)　塩野宏「無効確認訴訟における訴えの利益」『実務民事訴訟講座8』(日本評論社・一九七四年)一一八頁。

(3)　しかしよく考えてみれば、買収処分が実行されても、現在の法律関係に関する訴えそのものは可能なのであって、これによっても権利救済は十分果されうるのであるから、何故、無効確認訴訟が最も適切な訴訟方法といえるのか必ずしも明らかではない。

もちろん塩野氏は、続行処分としての売渡処分を防止するという目的を達成するための議論としてそのような主張をされているのだ、という反論はありえよう。しかしそれなら何故無効確認訴訟と選択関係にある現在の法律関係に関する訴えで、仮の権利救済が認められないのか、という疑問が生ずるであろう。いずれにしても不透明な議論というほかない。

（4）　多くの論者が、無効の行政行為は公定力を有しない、と言明しながら、しごくあっさりと、この無効の行政行為が執行されることを論理的に前提した議論をするのは私には理解しかねることである。

二　二つの「行政行為の無効」概念

本章の課題に接近するために我々の作業をどこから始めればよいか、というのはなかなかむつかしい問題である。なぜなら、我々の課題の一つが、というより、主題に対する回答のポイントが、端的にいって無効確認訴訟の存在意義そのものに対する疑問にあるのに、従来の学説が、現行制度上無効確認訴訟が存在するためか、これを所与の前提として議論を展開しており（法解釈論としては当然のことであるが）、したがって我々の作業を、直接、無効確認訴訟の存在意義に関する議論から始めることが困難だからである。そこで我々も、無効確認訴訟の存在そのものは当面所与のものとして、その対象となる行政行為の無効の観念をめぐる議論を検討することから始めることにしようと思う。

ところで、行政行為の無効確認訴訟についての議論は、ほぼ例外なく左のごとき文章によって始められる。

「……無効な行政行為は本来何人もまたどの機関も拘束する効力なく、その無効なることは何時でも主張しうる訳であって、抗告訴訟によって除去されるべき行政行為としての効力を保有していないのであるから、論理的に言えば抗告訴訟による取消の対象とならないということができる（……）。しかし行政行為の無効原因たる瑕疵と取消原因となるに止まる瑕疵との区別は微妙な場合が多く、それを明確にし得られない場合が少くないし、また無効な行政行為と雖も、一応行政行為としては存在する（いわゆる行政行為の不存在とは異なる）のであり、行政行為としての外観を有する。また行政庁はこれを執行する虞れもある。従って、その行政行為の相手方その他の利害関係者は、そのような行政行為としての外観的存在の除去を目的として、その形式的な取消を抗告訴訟の形式で訴求することを否定すべき理由はない。(5)」

右の一文は、雄川氏が行政事件訴訟特例法の時代に執筆された『行政争訟法』の中の一節である。ここで主張されていることは、多くの論者によりほぼそっくりそのまま、現行行政事件訴訟法の下で主張されているところである。今日においても、わが国行政法学の共通認識といってよいであろう。(6)一読して分かるように、その内容はまことに妥当なもののように思われる。しかし仔細に検討してみると、それは以下に示すようにきわめて不透明かつ矛盾に満ちた論理を内包していると言わざるをえない。

先に引いた文章はこれを二つの部分に分けることができる。無効な行政行為は、抗告訴訟による取消の対象とならない、という部分までとその後の部分とにである。前段から検討してみよう。無効な行政行為は何人をも、どの機関をも拘束せず、したがってまた、論理的に抗告訴訟による取消の対象とならない、という命題である。この命題の前半は、明らかに同義反復である。(7)しかしそれ故に誤りといえないことも確かである。問題はその後である。この命題は、当該行為は「抗告訴訟による取消の対象とならない」という部分はどう何人をも拘束する効力をもたないが故に、当該行為は「抗告訴訟による取消の対象とならない」という部分はどうであろうか。この命題は、意図されたものではないと思われるが、きわめて複雑かつ巧妙な構造をもっている。単に誤りであるとはいいえない。というより、右の命題に対する第一印象は、むしろ正当な主張であるということであろう。南氏が、処分が無効の場合には「出訴期間と法的手続に拘束されることなく、国民による否認を認めても」よいとされ[8]、村上氏が、行政処分の瑕疵の種類・程度等のいかんによっては、「取消訴訟の排他的管轄性や不可争力の制約を受けない」ものがあるとされるの[9]も、右の主張と同趣旨のものであり、このような理解はわが国行政法学に広く受け入れられているといってよい。しかしそれは本当に無条件に正しい命題といいうるであろうか。

右の命題には、よくこれを検討してみると、実体法的視点と手続法的視点とがまことに巧妙に組み合わせられていることが分かる。無効の行政行為は何人をも拘束する効力をもたない、というのは同義反復だが、それ故にまた誤りではないことは先に指摘したとおりである。しかしこの言明が、「したがって抗告訴訟による取消を必要としない」という文章とつづけて理解されるのであれば、少し待ってほしいと言わざるをえない。無効の行政行為が拘束力をもたない、というのが正しいというのは、いうまでもないことだが実体法上の議論としてである。つまり正確に言えば、もし行政行為に無効の瑕疵が存在すれば、それは何人をも拘束する効力をもたない、ということである。そしていうまでもなくそれは、無効の瑕疵が存在するのかしないのかということについては未だ何ごとをも語ってはいない[10]。抗告訴訟を必要とするかどうか、すなわちそのような無効の瑕疵の存否をどのような手続で認定するかは、これは文字どおり手続法上の問題である。したがって先の二つの言明を無媒介に接続するわけにはゆかないはずである。

無効の行政行為が、何人をも拘束する効力をもたない、したがって抗告訴訟を必要としないという命題が成立するのは、「効力をもたない」という言明が、単に実体法上の視点からのものであるにとどまらず、手続法的視点からみた場合にもそのように言いうる場合のみである。どういうことか。それは次のいずれかの場合だということである。第一は、当該行政行為が無効であること、つまり無効の瑕疵が存在することについて関係当事者間に見解の一致がある場合であり、いま一つは、取消訴訟の前に、すでに右の点について最終的有権的判断がなされている場合である。これらの場合に、当該行政行為の効力の認定について抗告訴訟が必要とされないのは自明のことであろう。ところで右の後者の場合というのは論理的に考えられないから、結局のところ先の命題は、当該行政行為に無効の瑕疵が存していることについて、関係当事者間に見解の一致がある場合、つまり紛争が存在しない場合には、それについて抗告訴訟を提起するに及ばない、という意味においてのみ正しいということになる。ところでじつは、この正当な言明の中に、まことに巧妙な仕掛がほどこされている。どういうことかといえば、無効の行政行為の観念を右のごとき手続法的視点でみた場合、そこで主張しうるのは、訴訟が必要でない、ということのみであって、抗告訴訟が必要でないかどうかは右の論理からただちには出てこない。にもかかわらず、あたかも無効の行政行為であるから、抗告訴訟＝取消訴訟を必要としないということが主張しうるかのように叙述されているということである。その結果無効の行政行為（正確には無効の瑕疵ある行政行為なのであるが）をめぐって紛争が存する場合に、その有権的解決のために必要となる訴訟が、取消訴訟ではなく無効確認訴訟であることが自明のことがらであるかのようになるということである。

少し考えれば分かることであるが、訴訟を必要としないという意味での無効の行政行為とは、通説がいう無効の瑕疵ある行政行為とは論理次元を異にする概念である。けだし、後者は、学説のいういずれの基準が正しいかはともかく、実体法上の瑕疵類型に応じた区別を示す概念であるのに対し、前者は、いかなる瑕疵であれ（もちろん違法の瑕疵にかぎる）[11]、瑕疵が存することについて当事者間に意見の一致がある、つまり紛争が不存在であるということを表現する概念なのであるから[12]。したがって、前者の意味での無効の行政行為、正確に言えば、当該行政行為が無効であることについて紛争が存しない場合に訴訟は必要でないという論理から、後者の意味での無効の行政行為、すなわち、通説によれば重大かつ明白な瑕疵ある行政行為が、それをめぐって紛争のある場合（瑕疵の存在が明白であるのに紛争があるというのは奇妙であるが）に、取消訴訟の対象とならない、という命題を導き出すことはできないといわなくてはならない。

論者の右の行論の中に、無意識にではあれ、無効の行政行為の観念について実体法上の視点と手続法上のそれとの混同があることは明らかであろう。

それでは後段はどうか。前段での言明、つまり、無効の行政行為は論理的には取消訴訟の対象とならない、という命題がかりに成立するとしても、それにもかかわらず、次のごとき理由から、無効の行政行為も、「その形式的な取消を抗告訴訟の形式で訴求することを否定すべき理由はない」というのである。[13] すなわち、

(1)　行政行為の無効原因たる瑕疵と取消原因たる瑕疵との区別が微妙な場合があること
(2)　無効な行政行為も、一応行政行為としては存在し、行政行為としての外観を有すること
(3)　行政庁が、無効の行政行為を執行する虞れがあること

以上の三点である。その理由が何であれここでは、ともかく無効の行政行為もその「外観的存在」を除去すべく抗告訴訟による取消を必要とする、ということが主張されている。すでにこの点で、前段と後段とで無効の行政行為の意味が異なっていることは一目瞭然であろう。いうまでもなく後段の無効の行政行為は明らかに実体法上の概念である。

ところで右に整理した三つの理由は、前段と後段を矛盾なくつなぐものとして主張されているのであろうが、いずれにも疑問がある。第一の理由はとりわけ不可解である。無効の瑕疵と取消の瑕疵との区別が微妙であり困難であるということと、無効の行政行為でありながら抗告訴訟による取消が必要となるということとの間にはどのような関連があるのであろうか。原告国民が、行政行為に無効の瑕疵があると判断しこれを無視しようとしても、区別が微妙なため客観的（つまり裁判の結果判明するところ）には単なる取消の瑕疵が存するにすぎないと解されるおそれ

があり、前もって抗告訴訟を提起しておかなければ危険である、とでもいうのであろうか。しかしもしそうであるなら、それは文字どおり、正規の取消訴訟が必要である、ということになり、前段の論理と完全に矛盾することになる。あるいは論者の意図は、国民が無効の瑕疵だと考えても、それが微妙な判断を要するものであるときは、行政側が取消の瑕疵と判断することがあり得るのであり、それを執行してくるおそれがあるから訴訟が必要だ、というのであろうか。しかしこれも奇妙である。取消の瑕疵であれ何であれ、違法の瑕疵あることを知りながら行政がその執行を強行するというのは法的にいかなる現象として理解すればよいのであろうか。いずれにしても不可解な理由であるというほかない。

では第二、第三の理由はどうであろうか。この二つの理由はよく考えてみると、同一のことがらを別の側面から表現したものであって、言わんとするところは、処分の相手方たる国民が、ともかく当該行政行為を無視することができない、そのような事態が発生する、ということなのであろう。つまり、当該行為が何らかの法的効力を有している、というのである。別のところで雄川氏は、行政行為の無効確認訴訟とは、「行政行為の無効を確定し、その効力（表見的ではあるが）の除去を目的とする」とし、正面からそのような効力の存在を認めておられるし、[14]また、塩野氏が、無効確認訴訟を「すでに形成された秩序を出訴期間徒過後においてもなお覆滅する」ものとして特徴づけられる際、[15]そこに右のごとき効力の存在を前提されていることは明らかであろう。もし、無効の行政行為にもそのような効力が認められるのであれば、この効力を否定するのに抗告訴訟が必要だとする後半の命題は正しいといってよい。正しいといってよいけれども、しかしこの抗告訴訟はいったい取消訴訟そのものではないであろうか。また右に「表見的効力」といい、あるいは「形成された秩序」といわれるものの正体は、公定力そのものではないであろうか。なるほど出訴期間徒過後の議論である、という事情の相違はある。しかしこの事情は、それなら出訴期間内であれば、それは取消訴訟そのものというのか、それともあくまで取消訴訟とは異なる類型の抗告訴訟であるというのかという疑問を解消せしめるものではないであろうし[16]、それどころか原告は何故出訴期間を徒過したのか、という新たな疑問を生ぜしめることとなろう。この点は後に詳しく言及する。

ともかく、かりに、無効の行政行為でありながら抗告訴訟を必要とする場合があるということを承認したとしても、その抗告訴訟が取消訴訟ではなく、無効確認訴訟である、ということは未だ論理的には証明されていないのである。無効の行政行為は、何人をも拘束する効力をもたない、したがって取消訴訟を必要としない、という、じつは論証されていない前段の命題が必要となるのはまさしくこの場面においてなのである。この命題があると、無効の行政行為を争う訴訟が取消訴訟でないことが自明のことがらであるかのように思われる。しかしながら、すでに指摘したとおり右の命題が成立するのは、行政行為の無効が手続法的な意味で理解される場合、つまり紛争の不存在の場合のみであって、紛争が存在する場合に無効の行政行為が取消訴訟の対象とならないのかどうかは全く未決定のことがらなのである。雄川氏の次のごとき混乱した主張は、右の事情をよく示している。

「私は、前に述べたような意味において、またそのような場合にのみ行政行為の無効確認訴訟を許すとすれば、それは行政行為の無効を確定し、その効力（表見的ではあるが）の除去を直接の目的とする点で、優越的地位においてなされた行政権の行為を争うのであるから、抗告訴訟とその本質を等しくすると考える。ただ、取消しうべき行政行為にあっては、抗告訴訟によることによってのみその効力を否定することができ、従ってそれは形成訴訟の性質をもつのに対し（……）、無効な行政行為の効力は、無効確認の訴訟によらなくても、行政行為の無効を主張しうる点で、確認訴訟の性質をもつ所に両者の差異を見出すことができる……[17]」（傍点は引用者）。

まことに苦しい叙述である。抗告訴訟[18]と本質を同じくする無効確認訴訟の対象となる無効の行政行為は、なんと、無効確認の訴訟によることなくその無効を主張しうるという点で、取り消しうべき行政行為と異なる、というのである。それではこの訴えの原告は、何のために無効確認訴訟を「許される」のであろうか。論者の意図を矛盾なく理解するためには、我々は、従来の議論に、次元を異にする二つの無効の行政行為概念があることを認めなければならない。すなわち無効の行政行為を、後段の命題との関連で理解するのであれば、それはもっぱら実体法上の概念として意義づけられなくてはならない。けだしそうでなければ、取消訴訟であるかどうかはともかく、そもそも訴訟が必要であるという論理が出てこないからである。これが第一の無効の行政行為の概念である。(19)これに対し前段での無効の行政行為は、明らかに手続法上の概念であってそれは要するに紛争の不存在という事実を表現するものであり、後段のそれとは全く別次元のものといわなければならないのである。これがもう一つの無効の行政行為の概念である。次のごとき叙述を参照してほしい。傍点はいずれも引用者のものである。

「処分が無効である場合、すなわち、処分の瑕疵が重大かつ明白である場合には、出訴期間と法的手続に拘束されることなく、国民による否認を認めても、処分の相手方および一般公衆の当該処分に対する信頼を害することにはならない。………

しかし、無効な処分によっても違法な法律状態が惹起され、相手方の法的地位を侵害し、もしくはこれに脅威が加えられていることにおいては、取り消しうべき処分の場合と何ら変わりはない。(20)」

「(八)　執行停止に関する十条の規定も準用すべきである。同条は公権力の発動としての行政行為の執行を、原告の請求の当否の確定をまたずして暫定的に止める手続を定めたものであるから、行政行為を攻撃する理由が違法原因であると無効原因であるとによって区別すべきではない……

(二)　事情判決に関する十一条の規定は準用がない。けだし、同条の適用によって存置されるべき行政行為の効力がないからである(21)」（条文は行政事件訴訟特例法のもの—引用者注）。

もう一つ引いておこう。

「……処分の不存在又は無効を前提とする民事訴訟（争点訴訟）においては執行停止および仮処分のいずれもが排除されているという前提から、保全措置を認めるのでなければ救済の実があがらないような場合には、形式的には現在の法律関係に関する訴えへの還元が可能であっても、執行停止による仮の救済を受けせしめるために、無効確認の訴えの利益が肯定されるべきものとされ……。」[22]

いずれの引用文にも、二つの無効の行政行為概念が登場しているのがみてとれるであろう。無効確認訴訟に事情判決規定の準用がないとする見解の背景には、そのようなケースでは、行政行為が執行されないことが前提されているのであり、実際にそのようなケースが生ずるのは行政側も行政行為の無効を承認している、つまり紛争が存在しない場合にほかならない[23]。同様に、「現在の法律関係に関する訴えへの還元が可能」であるというのは、現実問題としては行政側が当該処分の執行を断念している場合、つまり、当該処分の違法・無効であることに紛争の存在しない場合を前提にした議論にほかならないのである。

以上の考察で我々は、無効の行政行為は取消訴訟を必要としない、という従来疑われることのなかった命題が、当該処分をめぐる紛争の不存在の場合にのみ成立する命題（しかも、正確には、訴訟が必要ない、という意味で）なのであって、紛争が存する場合に取消訴訟の対象とならないということは未だ論証されていないものであることを明らかにしえたと考える。それどころか、従来の論理を前提にすれば、抗告訴訟の対象となる無効の行政行為は、公定力もしくはこれに類する効力をもつと解さざるをえず[24]、また、この効力を否認するために必要とされる訴訟は、これにいかなる名称を付与するにせよ、取消訴訟と構造を同じくするものと考えざるをえないのである。このような結論が、従来の我が国行政法学の、行政行為の瑕疵論及び無効確認訴訟制度論と真向から衝突するものであることは容易に理解しえよう。いったい何故このような事態が生ずるのであろうか。

(5) 雄川一郎『行政争訟法』（法律学全集・有斐閣・一九五七年）七四頁。

(6) たとえば、南博方「無効確認訴訟の訴えの利益」『新・実務民事訴訟講座9』（日本評論社・一九八三年）一五一―一五二頁。我が国の行政法教科書の行政行為の瑕疵及び無効確認訴訟の部分を参照されたい。異なった理解に立つ教科書はほぼ皆無といってよい。藤田宙靖『第四版行政法Ⅰ（総論）〔改訂版〕』（青林書院・二〇〇五年）は、本文に示したような従来の考え方に疑問を投げかけている（同書二四〇―二四一頁）。

(7) 森田寛二「行政行為の公定力と無効（一）」自治研究五三巻一一号一二二頁が、「《無効な行政行為は司法裁判所を拘束しない》という命題は分析命題である」としているのは同趣旨か。なお同論文一三〇頁注(16)を参照。

(8) 南・前掲注(6)論文一五一―一五二頁。

(9) 村上敬一「無効等確認の訴え」『現代行政法大系4』（有斐閣・一九八三年）二六八頁。

(10) この点は古く柳瀬氏の指摘があるのはよく知られているところである、柳瀬良幹「司法裁判所の先決問題審理権」（『行政法の基礎理論㈠』（弘文堂・一九五八年）、以下、「先決問題」と略す）七三頁。このような柳瀬氏の理解を基本的に受け継ぐものとして、藤田・前掲注(6)一六四頁以下。なお参照、森田・前掲注(7)論文一二二頁。

(11) 後にやや詳しく言及するように、この点は実はきわめて重要である。民法の法律行為に無効と取消の区別があるように、確かに行政法にも実体法上無効と取消の区別がある。しかしそれは、違法の瑕疵ある行政行為についてではない。公益違反、つまり不当の瑕疵を念頭においてはじめて民法のそれとパラレルに議論しうるのである。なお後述するところを参照。

(12) 通説は行政行為の不存在という概念を使用するが、紛争の不存在とは根本的に発想を異にする。前者はすでに柳瀬氏が指摘されているとおり、いわゆる行政行為の無効の一形態にすぎない（柳瀬良幹『行政行為の瑕疵』（清水弘文堂書房・一九六九年）、以下『瑕疵』と略す。七六頁参照）のに対し、後者は、両当事者が瑕疵の存在について同一見解に立っている、つまりその意味で手続法のレベルの議論ということである。

(13) 雄川・前掲注(5)七四頁。

(14) 同右九〇頁。

(15) 塩野・前掲注(2)論文一一三頁。

(16) この疑問は、通説にとってかなり根本的・致命的なものであるように思われる。もし、行政行為の無効と取消の区別が、文字どおり法的類型としての区別であれば、無効の瑕疵ある行政行為は通説のいうとおり取消訴訟の対象とならないであろう。しかしその代り、通説が無効確認訴訟を導く背景として主張される、「出訴期間の徒過」という事態は発生しえず、そのかぎりで無効確認訴訟の存在根拠がなくなってしまうことになりかねない。逆に、いや、無効の瑕疵ある行政行為にも公定力はあり、したがって抗告訴訟が必要だ、というのであれば、その場合の訴訟は、やはり取消訴訟そのものであって、この場合には「出訴期間を徒過する」という事態が生じうるが、今度は逆に、出訴期間を徒過した者を何故救済しなくてはならないのか、という問題が生ずるからである。この点なお後述する。なお参照、杉本良吉「行政処分の無効確認訴訟」（判例タイムズ八七号一〇八頁）が次のように述べているのは正しい認識である。

「もっとも、多数の判例は、一方において、無効確認訴訟を取消訴訟とは別個な確認訴訟として容認しながら、他方、無効な行政処分の取消訴訟も許さるべきであるとし、無効な行政処分も取消の対象となりうるとの見解を示している。多くの学者も又、これを支持しているのであるが、論理の矛盾ではなかろうか。」

(17)　雄川・前掲注(5)九〇頁。

(18)　明らかに雄川氏は、ここで抗告訴訟という概念を取消訴訟と同義で使用しておられる。私自身もこの用法が正しいと考えているが、我が国行政法学の一般的理解と異なるのではなかろうか。本稿ではなお十分展開できない（後に簡単に言及する）が、抗告訴訟は出訴期間の制限ある訴訟のことであって、出訴期間の制限を受けない抗告訴訟は概念矛盾であるといわなければならない。けだし行政行為の公権力性、つまりいわゆる公定力は出訴期間の定め＝排他的管轄制度に基礎付けられているからである。このような議論の序論的作業として、拙稿「方法論としての行政行為概念」（岡山大学法学会雑誌三四巻三号〔本書第一部第一章〕）を参照してほしい。

(19)　民法の法律行為の無効が、紛争ある場合にその効力の認定について訴訟を必要とするのはいうまでもない。

(20)　南・前掲注(6)論文一五一―一五二頁。

(21)　雄川・前掲注(5)九二頁。

(22)　村上・前掲注(9)論文二八九―二九〇頁。

(23)　行政行為に執行性がないもの、あるいは続行処分がないものは別である。たとえば申請を拒否する処分のごとし。しかしこれらの行政行為をめぐる訴訟に事情判決制度の適用の余地がないのは取消訴訟の場合でも同様である。逆に、紛争がある場合には、行政事件訴訟法の規定にかかわらず、事情判決規定の類推適用が肯定されるという皮肉な事態が生じているのも最近の判例でよく知られているところである。

(24) 正面からこのことを承認する学説のあることは周知のところである。参照、柳瀬良幹『行政法教科書〔改訂版〕』(有斐閣・一九六三年)一〇九頁。なお、兼子仁「無効確認訴訟の範囲」(公法研究二六号一六九頁)は、重大な違法の瑕疵ある処分を、「制限的公定力ある無効の処分」と称して、「弱い制限的公定力」が認められるとする(同論文一七三頁)。

三 手続法的視点からの行政行為の瑕疵論

1 前節末尾で指摘したように、従来のわが国行政法学における行政行為の瑕疵論、並びに無効確認訴訟制度に関する議論は、これを整合的に理解しようとすれば、こと違法の瑕疵ある行政行為に関するかぎり[25]、これを無効と取消の二類型に分類する伝統的理解を否定するほかないように思われる。このような言明がきわめて重大なものであり、本章のごときささやかな作業で論証しうる問題でないことも十分承知しているところである。しかし、他方、一見ゆるぎなくみえる通説的見解に対し、比較的古くより、方法論的見地からする批判がなされていることも周知のところである。柳瀬氏はいち早く、違法の瑕疵ある行政行為を無効と取消の二類型に分類することについては通説とその見解をともにされながらも、公定力と切りはなされた通説の無効概念が、実体法的視点と手続法的視点を混同させるものであり、論理的に成立しえないものであることを論証することによって、通説の理解する意味での無効と取消の区別を拒否されていた[26]。またこれより少しおくれて白石氏は、柳瀬氏の思考方法をより徹底させ、実体法上の問題としてという留保づきながら、無効と取消の区別が理論的に成立しえないことを正面から主張されていた[27]。その意味で、通説的見解に対する本稿のごとき疑問には全く根拠がないわけではないのであり、今日なお検

討されてよい問題なのである。(28)

しかしながら問題は、右のごとき有力な見解が存したにもかかわらず、行政行為の瑕疵並びに無効確認訴訟に関する通説的見解が、基本において何らの変更も被ることなく今日に至っているということにある。いったいどちらの見解が正しいのであろうか。以下本節では、柳瀬・白石両氏の見解を手がかりに、従来の議論並びに、柳瀬・白石両氏の主張の問題点を明らかにすることにしたいと考える。

2　ところで柳瀬・白石両氏は、通説のいう無効と取消の区別に異論を唱えるにあたっては、通説の論理が、実体法的視点と手続法的視点を混同するところに問題があるとする点で同じ立場に立たれている。(29) このことは白石氏自身自らこれを肯定されているところである。(30) しかるに、それでは通説的見解にかえていかなる瑕疵論を説くかという段になると、両者は、ある局面で真向から対立することになる。両者ともに結論的には無効と取消の区別を肯定されるのであるが、(31) この区別をどのレベルで肯定するかについて正反対の主張を展開されるのである。すなわち柳瀬氏が右の区別を実体法上にも成立すると説かれるのに対し、(32) 白石氏は、無効と取消の区別は手続法のレベルでのみ成立可能であるとし、先に指摘したように実体法のレベルではこれを否定されるのである。(33)

柳瀬氏は、通説と異なり、いうところの無効の行政行為にも公定力の存在することを正面から承認され、(34) また、取消しうべき行政行為についても、「通説が司法裁判所に対して認定権を否定する行政行為の違法も亦法の規定に依り当然且先天的に存在するもので、認定に依つて始めて生ずるものでない」とされるなど、(35) あたかも実体法上行政行為の無効と取消の区別がありえないかのごとき口吻をもらされているが、結局次のように主張することによって実体法上も右の区別を肯定されるのである。

「……純粋の論理から言えば、既に述べた如く、行政行為が違法である場合には、法がその場合行政行為として予想するところに相当する事実は存在せず、即ち行政行為は不存在であり、従って又すべて無効でなければならぬ筈であるに拘わらず、現在の通説がこれに従わず、その中に更に無効と取消とを区別するのは、行政行為は行政の目的を達するための手段として行われるものであるところから、この目的に顧み、その点から見て、瑕疵の結果行政行為としての効果を認めることが絶対に不適当と考えられる場合を無効とし、瑕疵に拘わらず一応効果を認めることが適当と考えられる場合を取消とする結果である。」(36)

後半は、通説の議論として叙述されているが、区別の基準についてはともかく、実体法上無効と取消の区別があるとすること自体については柳瀬氏自身の見解でもあることは明らかである。

これに対して白石氏は、一方で柳瀬氏の見解が、「行政処分の無効と取消との区別の問題に手続法的観点を導入した点」で評価さるべきであるとしながら、この説がなおも、「純然たる実体法上の平面において無効と取消の区別が可能であることを前提として、かくして実体的に区別された無効処分の或る種のものに公定力を認むべき」だとする点で不徹底であるとされ(37)、次のように説かれている。すなわち、「行政処分の適法・有効要件を定めた行政法規は、それが訓示的性質のものでなく、文字どおり行政処分が適法・有効に存立し得るための要件を定めた法規であるかぎり、すべて実体法的には、これに反してなされた処分の効力が否定さるべきことを予想しているものと解さざるを得ない」のであって、したがって「純然たる実体法上の平面において観察すれば、行政処分の無効と取消の区別はあり得ず、むしろ、適法・有効要件を欠く処分は、本来、すべて無効である」(38)と。

いずれの見解が正当であるかは以下の考察を通じて明らかにされるが、通説批判という点では同じ視点に立たれる柳瀬・白石両氏の見解に、なおも右のごとき決定的な意見の対立のあることは、この問題の解決が容易でないことをうかがわせる。同時に、実体法上の区別を肯定する柳瀬氏が、結果的に通説を根底的に批判しきれず、ある論者をして、柳瀬氏の通説批判は理由の不当さをつく「消極的批判」であると言わしめる問題点をもつ(39)ことを予想せしめよう。かくして我々の作業は、柳瀬氏の見解の検討から始められることになる。

3　行政行為の瑕疵に関する柳瀬氏の見解については、すでに藤田氏[40]や森田氏[41]による適確な分析があり、とりわけ、柳瀬氏の通説に対する批判のポイントが、無効と取消という瑕疵類型に、司法裁判所の認定権の有無の問題を直結させて理解した点をつくにあることは、両氏の分析で十分明らかにされているといってよいであろう。たとえば森田氏の次の叙述を参照されたい。

「周知のように柳瀬博士は『通説が、右の如く、同じく法の定むる要件の存否の判断の問題に外ならない行政行為の有効無効の問題に就いては全く反対の主張をなす〔司法裁判所が認定権を有するという〕のは、惟うにその一半の原因は、通説が右の如く無効の実体法上の本質とその認定権の所在とは別個の問題であることを考え』なかったためであると論断しておられる。この言説から、博士は、通説にいう無効概念は『認定権の所在』については何も認めるところがないと理解しておられることがわかる。[42]」

このように行政行為が違法の瑕疵の存在故に無効であるということと、行政行為の無効を認定する手続とは別個のことがらであるとする正しい認識に立たれる柳瀬氏が、それでは何故、なお実体法のレベルで無効と取消の区別を肯定されたのであろうか。残念ながらこの点に関するかぎり、藤田・森田両氏の作業では何らの言及もなされていないように思われる。いったい柳瀬氏は、純粋の論理からすればすべて無効でなければならないはずの違法の瑕疵ある行政行為に、いかにして無効と取消の区別という論理を結びつけられるのであろうか。

「……現在の通説がこれ〔違法の行政行為はすべて無効でなければならない、とする理解―引用者〕に従わず、その中に更に無効と取消とを区別するのは、行政行為は行政の目的を達するための手段として行われるものであるところから、この目的に顧み、その点から見て、瑕疵の結果行政行為としての効果を認めることが絶対に不適当と考えられる場合を無効とし、瑕疵に拘わらず一応効果を認めることが適当と考えられる場合を取消とする結果である」[43]と。

ここでも通説の考えとして叙述されているが、柳瀬氏の見解と異なるのは、「行政行為としての効果を認めることが絶対に不適当と考えられる」瑕疵をいかなるメルクマールでとらえるかという点のみである。すなわち、通説が重大かつ明白な違法たることを無効の基準とするのに対し、柳瀬氏は、「絶対に公共の福祉に反する」違法たることを基準とするというのである。[44]もし、無効と取消の区別が必要だとする柳瀬氏の論理が右のごときものであるとすれば、氏が通説に対して投げかけた疑問が、若干の修正をほどこしてそのまま右の柳瀬氏の論理に向けられはしないだろうか。次のごとく、

柳瀬氏は、絶対に公共の福祉に反する瑕疵ある行政行為は無効なのだから裁判所は無効確認訴訟手続で効力なしと認定できるというが、しかし当該行政行為が無効であるというのは、裁判所がかく判断した結果であり、而して今問題は、裁判所が行政行為の効力を取消訴訟手続によらないで否定できるかどうかにあるのだから、柳瀬氏の掲げる理由は理由になっていない[45]、と。

かくして、柳瀬氏もまた「実体的観点を十分脱却していないものといわねばならない」とする白石氏の指摘[46]は、基本的に正当であるというほかないし、また柳瀬理論の、出発点における正当な問題提起にもかかわらず、それが結果的に通説的見解に変更を加えるまでの影響を及ぼしえなかったことも十分了解しうるところである。しかし、何故かくも容易に通説的見解への転轍が行われたのであろうか。この点を明らかにするためには、柳瀬氏の瑕疵論の出発点に立ちもどって考察する必要があるように思われる。行政行為の瑕疵について解釈理論を創造する必要のあることを説く次の叙述から検討をはじめよう。

「……行政行為に就て特に右の点（無効と取消の区別についての解釈論が必要であるということ—引用者）が問題とな

るのは、全く現在の行政法に於てそれが直接明示に解決を与えられて居らぬ結果であることである。即ち現在の行政法規は、民法が法律行為の要件のみならず、その之を欠いた場合の効果に就ても自ら明示に之を定めているのとは反対に、極めて稀な、殆ど偶然と認むべき例外の場合に就て、而も甚だ不精確な表現を以てするのを除く外、原則としては唯単に行政行為の各種の要件を掲ぐるのみで、その之を欠いた場合に如何なる瑕疵が無効を生じ如何なる瑕疵が取消を生ずるかに就ては全然明示の規定を欠き、進んでは抑々行政行為の瑕疵の効果に無効と取消の二種あることさえ何等示すところはない……。[47]」

よく考えてみればまことに奇妙なことであるが、従来、というより今日でも、行政法学で展開される行政行為の瑕疵論においては、無効と取消の区別の実定法上の根拠について正面からこれに言及するものがほとんどないという状況があるように思われる。多くの論者にとっては、瑕疵ある行政行為に無効と取消の区別があることはある意味では自明の前提であり、その区別の基準を明らかにすることこそが行政法学に課された課題であるかのごとくである。そのような理論状況の中で、右に引用した柳瀬氏の主張は、きわめて重要な意味をもつように思われる。右の主張は一読して明らかなように、きわめて妥当な見解であるようにみえる。それはおそらく、ことさらな言及はないけれども、多くの論者の共通認識とみてさしつかえないのではなかろうか。

しかしながらそこには、二つの基本的な問題が含まれているように私には思われる。そしてじつは、それらが、柳瀬氏の手続法的視点を不徹底なものとし、柳瀬氏をして結果的に通説と同じ立場に立たしめた原因であるように思われる。その一つは、公法・私法二元論にかかわる問題である。先の引用にあるとおり柳瀬氏は、行政行為に瑕疵ある場合の法的取扱いについて、実定法は若干の例外を除いて何等の定めをもしていない、と主張される。これはしかし、行政行為には民法の適用がないとするきわめて素朴な公法・私法二元論の立場に立つことを前提にした主張ではないだろうか。公法・私法の区別の相対化が主張されて久しいが、それはなお、いわゆる非権力的分野で承認されているにとどまり、権力的作用領域に関するかぎり、原則として民法の適用はないとするのが今日においてもわが国行政法学の通説であるといってよく、右の柳瀬氏の議論も、これに従うものと考えられる。(48) ここは公法・私法二元論を論じる場所ではないので詳しく立ち入ることはしないが、たとえば民法九〇条以下の意思表示に関する一連の規定が行政行為には適用されない、つまり、行政行為の瑕疵についての実定法上の根拠とならないとする理解は、前法律的公権力観を基礎にする行政行為論に立脚するものであって、今日では余りにも素朴にすぎる議論といわなければならないのではなかろうか。ただ、近時権力的作用領域への民法適用の一律除外に対する疑問も出され、とりわけ民法一七七条の適用についてはこれを肯定する考え方が示されてはいるが、(49) こと意思表示に関する規定になると、これを肯定的に理解する見解は皆無といってよい状況にある。行政行為の公権力性を、法技術的に理解しようとする最近の考え方を前提とすれば、右のごとき理解も再検討の余地が大いにあると思われる。(50) この点、これ以上立ち入らないが、一つだけ右の議論を正面から行うことを困難にしている問題に言及しておきたい。それは、行政行為の瑕疵論における不当の瑕疵に関する議論の軽視ないし欠落という問題であり、これが、意思表示に関する民法規定の適用問題を一層錯綜せしめる原因となっているように思われる。たとえば民法九五条が錯誤にもとづく行政行為に適用されない理由として次のように主張される。すなわち行政行為は、それが錯誤にもとづくものであっても、その効力いかんの判断に当たっては、行政庁の真意いかんが問題なのではなく、「その外部に表示されるところが、客観的に、根拠法規に適合するか否かであって、右の瑕疵に基づき外部に表示されたところが根拠法規に違反しない場合には、原則として、その意思表示の効力に欠効の問題が生じる余地はない」(51)、と。明らかにここでの瑕疵論は、違法の瑕疵ある行政行為のみが念頭に置かれており、不当の瑕疵についての考慮が欠落しているであろう。なるほど錯誤にもとづく行政行為は、その根拠法規に適合しているかぎり違法の瑕疵ある行政行為とはいえない。しかし事情は民法の領域においても同様なのであって、民法は錯誤を違法の瑕疵の一類型としてその効果を無効としたのではなく、違法の瑕疵ではないにもかかわらず、内心の重視という民法の見地からこれを無効とすることにしているのである。[52] 行政行為の場合にも、それが錯誤にもとづくものであるかぎり、少なくとも公益に反する、つまり不当の瑕疵は存在しているはずであって、[53] この不当の瑕疵ある行政行為をどのように扱うのかという問題は残るはずである。もちろん、錯誤の瑕疵ある行政行為にいかなる効力を認めるべきかは、あくまでも立法政策の問題であり、行政行為について民法の適用を排除することも一つの法政策としては十分ありうることである。しかし、それはやはり法律によって明示的に定められるべき問題というべきではないであろうか。[54]

いずれにしても、旧態依然たる公法・私法二元論によって、行政行為への民法規定適用排除の論拠となすのは余りにも素朴にすぎるといわなければならない。ただ、なおこの点は、より詳細な論証を必要とするであろう。そこで百歩譲って、行政行為には原則として民法の意思表示に関する規定の適用がないとしよう。しかしその場合にも、法的行為に、いやしくも違法の瑕疵ある場合には、その法的行為の効果は実体法上これを無効とするのが、近代法の一般原則というべきではないであろうか。なるほど民法典には、法律行為に違法の瑕疵ある場合の法的効果について一般的な明文の規定はない。しかしそれは、もともと民法が、自由な私人の行為を対象とするものであるが故に、行政法の領域で問題となるような違法の瑕疵の問題が原則として生じない（強行法規との抵触という形で生ずることがあるにすぎない）からであって、違法の瑕疵ある法律行為の効力いかんについて態度決定をしていないがためではない。私自身は、公序良俗に反する法律行為を無効とする民法九〇条の規定に、その実定法上の表現をみることが可能であると考えるが、そのこと自体はさしたる問題ではないであろう。[55] 要は、違法の瑕疵ある法的行為は無効である、という近代法の原則を承認するのかどうかである。もし承認するのであれば、公法・私法二元論をなおも権力的作用領域で肯定するとしても、違法の瑕疵ある行政行為は、右の法の一般原則の適用により無効とするほかないのではなかろうか。もちろん実体法上の問題として。柳瀬理論の誤りの一つはじつにこの点にあり（柳瀬理論を受け継ぐとみられる藤田氏の見解により明確な形であらわれる)、行政行為の違法の瑕疵の扱いについて実定法上根拠規定を欠くとの認識に立ち、その欠缺を法解釈論で補うことが可能である、とした点にあるのである。(56)

もう一つの誤りは何か。それは、実定法の欠缺を補うべく展開された行政行為の瑕疵論において、違法の瑕疵ある行政行為に無効でない場合がある、つまり、実体法上無効と取消の区別があるとされた点にある。民法上の議論であれ行政法上の議論であれ、ある法的行為に違法の瑕疵があれば、当該法的行為は実体法上無効のはずである。問題はその先にある。実体法上ということと、当該法的行為の無効を、誰がどのような手続で認定するかということとは全く別のことがらなのであって、このことは通説の無効概念を批判するに当たって柳瀬氏自身が鋭く指摘されたところである。(57)しからば柳瀬氏の誤りはどこにあるか。無効の認定権に言及する次の文章を参照してほしい。

「……例えば私法の法律行為において、仮令それが実体法上当然に無効である場合にも、私人は自己の判断を以てこれを無効として取扱うことを得ず、権限ある裁判所の認定を俟って始めて無効として通用する力を生ずるのである……。……そして行政行為においては、それは本来の権限者たる行政機関の行為であるから、それは同時にそれを有効とするその判断を表明するものと見るべく、従ってこれに対しては、実際は無効である場合においても、権限ある機関の認定があるまでは、他の機関及び国民はこれを有効のものとして取扱うべきであって、普通に公定力といわれるのは即ち行政行為のこの力を指したものである。(58)」

右に引いた柳瀬氏の論理は、じつに見事であり、この中に論理の矛盾を見出すのは容易なことではない。たとえば、行政行為に即して論じられている部分は、「実際は無効である場合においても」という挿入文を除けば、取消訴訟の説明ではないかとの批判が可能であるようにみえる。しかしこの点を批判すれば、柳瀬氏は、それは当然である、と反論されるであろう。けだし柳瀬氏によれば行政行為の無効と取消の区別は、ただ瑕疵の態様による区別なのであって、いずれも公定力をもち、したがってその効力を否定するためには同じ構造の訴訟すなわち抗告訴訟を必要とするのであるから。両者の相違は出訴期間の制限があるかないかの点にあるにすぎない。

それでは柳瀬氏の右の論理には何の矛盾もないのであろうか。先の引用文のみを、柳瀬氏の他の主張からきりはなして考察するかぎり矛盾はない、といわざるをえない。(59) しかしそのかわり、右の論理のかぎりでは、無効と取消の区別は成立しようがないこととなり、右の引用文を、いわゆる無効の行政行為の効力に関するものとして主張しようとすれば、そこに別の論理を用意しなくてはならない。さりげなく挿入された「実際は無効である場合」という文章が、取消ではなく無効の行政行為に関する議論であることを示そうとするものであろうが、それが無意味なこころみであるのは明らかであろう。けだし、取消の瑕疵ある行政行為も「実際」、つまり実体法上は無効のはずなのだから。

そこでそのために用意される論理は、無効の行政行為＝先天的無効論とでもいうべきものである。次のごとく論じられる。

「……単に違法なるに止まる行為は取消なる別個の行為を俟つて始めて効力を失ふものなるに反し、無効の行為はかかる行為を俟つまでもなく、唯有効要件を欠くといふ事実に基き当然に何等の効果を有しないものであり……。……上に先天的と称したのは之を指して言つたのである。(60)」

右にいう「単に違法なるに止まる行為」がいわゆる取り消しうる行政行為を指すものであることはいうまでもないが、いったいこれらの取消とか無効とかはいかなる概念なのであろうか。これらは論理上明らかに実体法のレベルのものであろう。そのことは論文の構成上からも明らかである。(61)「先天的」に無効である、というのは、まさに、先に言及した近代法の一般原則を適用した結果であるだろう。しかしもしそうであるとすれば、「単に違法なる」という表現にいかなる法的意味があるのかは不明であるが、「違法である」にもかかわらず、なおも、「取消」という別個の行為を介さぬかぎり無効とならない法的行為の存在を認めるほかなくなり、近代法の一般原則に反するという矛盾を内包せざるをえなくなる。なぜこのような背理が生ずるのであろうか。それは柳瀬氏の論理の中で、実体法のレベルの無効と取消の区別の問題と、手続法のレベルのそれとが混同させられているからである。同じ論文の次の叙述を参照してほしい。

> 「……司法裁判所の行政行為の無効認定は決して単に有効要件の欠缺なる既存の事実の確認に止まるものではなく、その重点は寧ろ此の認定を基礎として行政行為を無効として取扱い、従来それが有効のものとして通用していたことから生じた結果を覆すことに在り、……此の点に於て、それは行政行為の取消が単に適法要件の欠缺なる事実の確認に止まらず、此の点に基いて一応発生した行政行為の効力を新に失わしむる行為であるとその本質を同じくする……。[62]」

無効の行政行為でありながら、「従来それが有効のものとして通用していた」ことから生ずる結果がいかなる法的性質の現象であるかも分からないが、いったい裁判所は、「単なる違法」の故に（?）、「一応発生した行政行為の効力を新に失わしむる」ことがいかにして可能であるのだろうか。あるいは、取消訴訟の提起を受けた裁判所は、取消の権限ある機関なのだから当然であるとの反論があるかも知れないが、すでにここに実体法の問題と手続法のそれとの混同＝すり替えが行われていることに注意しなくてはならない。取消権者が取り消すという場合の取消と、裁判所が訴えの提起を受けて行う取り消しとは全く次元を異にする現象である。いうまでもなく前者は実体法上のものであり、後者はあくまでも手続法上のものであって、もし民法の意味における取消の瑕疵ある法的行為であれば、当事者たる取消権者の取消の意思表示なきかぎり、裁判所といえども、その法的行為の効力を「新に失わしむる」権限はないのである。

この間の事情をもう少し詳しく検討してみよう。次頁の表は民法学でなされている無効と取消の区別に関する説明である。[63] 柳瀬氏の叙述と一致するであろう。というより、わが国行政法学に広く受け入れられている行政行為の無効と取消の区別の説明そのものである。そしてここに混乱の原因が伏在しているのでもある。

無　効	取　消
効力のないものとされるために、まず特定の人の主張あることを必要としない（当然効力なし）。	まず特定の人（取消権者）の主張（取消）があってはじめて効力がなくなる（取り消してはじめて効力なし）。
すべての者は、最初から、効力のないものとしてとり扱わねばならない（全然無効）。	取消のない間は、効力あるものとしてとり扱わねばならない（一応有効）。
放置しておいても効果に変更がない（時の経過によって無効は補正されない）。	放置しておくと、無効とすることができなくなる（取消権の消滅）。ただし、取り消されると、最初から効力がないものとなる（取消の遡及効）。

いうまでもなく民法でいう取消とは、当該法律関係の当事者たる取消権者が、取消の瑕疵ありと考える場合に、自らなした意思表示を取り消し、その行為の効力を行為時に遡って喪失せしめる、それ自身一つの実体法上の行為である。したがって、新たになされた取消権者の取り消しという行為が正しいかどうか、つまり、法の要件を充足するものであるかどうかの判断つまり取消の瑕疵の認定は、別個になされる必要があるのはいうまでもない。裁判所による判決手続がまさにそれを行うことになるのである。取消の瑕疵の認定手続だからといって、この判決手続を取消訴訟と呼ばないのはいうまでもない。

これに対して行政行為の瑕疵論でいわれる取消はどうか。取消権者による取り消しがなされるまで有効である、というのは表現としては同じであるが、取消権者は、といえば、行政行為の行為主体たる処分庁に限られない。これにその上級庁たる行政機関、そして裁判所とが加わる。上級庁による取り消しが、不服申立手続によるものであり、裁判所によるそれが取消訴訟によるものであることから明らかなように、少なくともこの両者による取り消しが、手続法上のものであり、したがって、民法の取消とは全く別の観念であることは説明するまでもなかろう。すなわち上級庁及び裁判所による取り消しは、当該行政行為に付着すると主張される瑕疵の存否を認定するだけであって、実体法上有効であった行政行為の効力を新たに無効にするものでは決してない。[64][65] 問題は処分庁自らが行う取り消しである。もっとも、不服申立手続によって行われる処分庁の取り消しは、右の上級庁や裁判所による場合と同じことであって、問題となるのは、処分庁がいわゆる職権取消という形式で行う場合である。この取り消しは、取消の瑕疵が存する場合に、行為者が当該行政行為の効力を、その処分時に遡って効果なからしめるものであるかのごとくにみえ、一見民法の取消と同じレベルの観念であるかにみえる。しかし、じつはやはりそれとは異なるものというほかない。行政行為の取消とは、処分庁の取り消しによって、処分時より無効となると説明されるのが通例であるが、これがじつは誤りである。先の上級庁や裁判所の場合と同様、職権取消も、実体法上有効なものを当該取消行為によって無効にするわけでは決してない。けだし処分の相手方は、処分庁の職権取消の有無にかかわらず、これとは別途に取消訴訟を提起して、その中で当該行政行為の違法・無効を主張しうるのであるから。民法の取消の場合はどうか。ここでは、かりに取消の瑕疵が存するとしても、文字どおり取消権者が当該法律行為の取消を主張しないかぎり、当該法律行為はあくまで有効なのであって、どのような訴訟の場であれ、誰もその無効を主張することはできないのである。何故このような違いが生ずるのであろうか。それは、行政行為の取消に関する議論が、違法の瑕疵を前提としたそれであるのに対して、民法の議論が、違法の瑕疵を前提とするものではない、ということに帰因する。民法の定める代表的な取消の瑕疵は、詐欺及び強迫（民法九六条）であり、それらはいうまでもないことだが、違法の瑕疵ではない。もし違法の瑕疵であれば、それらは民法九〇条に含まれるはずであるから、別途に規定を設ける必要はない。そして違法な瑕疵ある法律行為は、当事者とくに表意者の保護を考慮するまでもなく、その効力を否定すべきである（当然無効）のに対し、詐欺・強迫による場合は、それ自身決して許されるべきものではないが、その民事法上の効力の判断はこれを当事者（＝取消権者）に委ねればよいとするのが、現在の民法の態度なのである。以上のとおり、民法においても違法の瑕疵あるかぎり、その法律行為は実体法的には常に無効なのであって、そこにこれとは区別された取消の場合があるわけではないのである。実体法上の議論として、違法の瑕疵ある行政行為に、無効と取消の区別をするというのは、取消争訟手続の取消（行政庁自身による職権取消も含めて）と民法の取消とを同じレベルのものと誤って理解した結果であるといわなければならない。

忘れてならないのは、柳瀬氏が正当にも指摘されているように、行政行為にも実体法上の問題としての取消の瑕疵があるということである。それは不当の瑕疵、つまり「単に公益に違反するに止まる場合、即ち裁量行為においてその裁量を誤った場合で、この場合には、行為は常に取消し得るに止ま」るのである[66]。柳瀬氏はそれ以上言及されていないが、この取消は民法のそれと同様まさしく実体法上のものであって、いうまでもないことだが取消権者は行為主体のみである。

4　以上の検討を通じて柳瀬理論の誤りはほぼ明らかになったと思われる。そこで次に白石氏の見解について考察を行いたいと思うのであるが、白石氏の見解がその後必ずしも後継者を見出しえていないのに対し、柳瀬理論については、藤田氏の見解にその基本的な思考方法の継受を見出すことができるように思われる。そこで、白石理論を検討する前に、藤田氏の主張をみておくことにしたい。

藤田氏は、柳瀬氏の思考方法を受け継ぎながら、これをより一層徹底させて、「無効確認訴訟と取消訴訟の違いをば、専ら、対象となる行政行為の効力の違いという、実体法的な原因より根拠付けんとすることは、各訴訟手続の現実に即して見る限り、経験的に明らかにナンセンスな思考である」との認識に立たれている[67]。理論的にではなく経験的に到達された認識であるところに後述するような問題はあるが、右の見解は、すでに柳瀬理論をこえて、実体法的に無効と取消の区別を否定する見解に一歩ふみこんでいると解することができる[68]。にもかかわらず、藤田氏は、なおも次のように主張することによって、ギリギリのところで、実体法上の無効と取消の区別を結局のところ維持していられる。

「……先に見た如く、(実体法上、無効と取消の区別をすることが――引用者) 法現象の客観的な認識論としてナンセンスな、〝形而上学的思考〟に止まるものであることは、直ちに実践的な法ドグマティーク構成の為の指導理念としての無意味さを意味するものでないのみならず、〝裁判前における実体法上の権利既存の観念〟が例えば、近代的法治主義の理念に仕えるものとして、裁判権なる国家権力の行使に対する、コントロール手段としての機能を有するものとするならば、まさしく実践的な制度造りの問題である、ここでの議論について、右の〝実体法的考察方法〟に基く論拠が有する意味と機能とは、恐らくこのような見地から、改めて検討され直されねばならぬ側面を有することになるであろう[69]。」

やや抽象的な論述であるが、要するに、たとえば無効確認訴訟への執行停止原則の適用の可否、あるいは同様に事情判決制度の適用の有無を考える場合に、実体法上の無効の観念が有意味なはたらきをする可能性がある、というのである。ただこの点の検討はなお今後の課題とされており[70]、右の引用のかぎりでは論者自身の結論は必ずしも明らかではないが、氏の教科書の中で次のように論じられているところから、藤田氏が行政行為の取消の他に、無効の観念が必要だとされていることは明らかであろう。すなわち、「理論的にいえば、たとえ法治国家においても、行政行為の法定要件が充足されなかった場合に、実体法上これにどのような効果を結びつけるかということは、法律がこれを自由に定め得るはずであり」、また法律がなくても法解釈によって様々な取扱いをすることが可能である、とされ、結論として、行政行為の取消の他に、「〝正規の取消手続外においてその行政行為の効力を否定することができる〟」という意味での無効（これを藤田氏は「〝手続法上の無効〟」と称されている）と、「行政行為の瑕疵の軽重・態様に応じて考えられる、〝実体法上の無効〟」（これを「行政行為の欠効」と称される）とがある、とされるのである[72]。

どこに誤りがあるかもはや明らかであろう。法律ないし法解釈によって、「法定要件が充足されなかった」行政行為、つまり、違法の瑕疵ある行政行為に、いかなる効果を結びつけることも可能であるとする点に根本的誤りがある。この点、すでに柳瀬理論を検討した際に論じたところであり、これ以上立ち入らないが、柳瀬氏が無効の行政行為に公定力を承認されていることについて、これを、理論的にでなく経験的に正しい、とする藤田氏の評価も、氏がこのような視点に立脚されていることからする当然の帰結なのであろう。いうまでもないことだが、藤田氏は、右の柳瀬氏の主張を、理論的には否定されている[73]。

5　そこで最後に白石氏の見解を検討しなければならないわけであるが、以上の考察から、こと実体法上の議論としてみるかぎり、先に紹介した白石氏の主張が正当であることはもはや論証を必要としないであろう。そうだとすれば問題は、どのレベルであれ違法の瑕疵ある行政行為になおも無効と取消の区別が存することを認めるのか否か、もし存すると考えるのであれば、その区別にはいかなる意義があるというのか、またその区別の基準は何か、ということである。前者について白石氏は、次のごとき理由から手続法上無効と取消の区別の存することは自明のこととされる。

すなわち、行政行為については行政権のイニシアティブによる行政作用の遂行を保障し、行政目的の実現を図るべく、その適法性いかんについては行政庁の判断に通用力が与えられている。この通用力こそが公定力と呼ばれるものである。そしてこの効力があるため、処分の相手方たる国民は、違法な処分による義務を免れるために、抗告訴訟を提起して公定力を覆すことが必要とされるのである。つまり、この意味で、違法の瑕疵ある行政行為は、原則として抗告訴訟による取り消しを必要とするわけである。他方しかしわが国法は、行政の側の判断に公定力を認めることが一見不合理で、国民の権利救済を不当・不合理に阻害するものと認められるような場合については、右の例外を認め、抗告訴訟手続によらないで任意に処分の無効を主張しうることを認めており、それが行政行為の無効なのである。以上のごとき理解から、「行政処分の無効原因は、公定力の例外的除外原因として、これまた手続法上の観念であり、行政処分の無効と取消との区別は、民法上の法律行為の無効と取消との区別が実体法上の見地からする区別であるのとは異なり、まさに、手続法的観点からする区別であるということができる」というのである。(74)

まことに説得力ある説明であり、妥当な見解であるといいうるだろう。実際、もし白石氏の見解が、無効な行政行為は抗告訴訟としての無効確認訴訟を必要としない、という意味でのみ理解されているのであれば、後にみるようにそれは正解である、といってよいと思われる。しかし、もしそうではなく、行政行為の無効を認定する手続たる無効確認訴訟を、取消訴訟に準ずる抗告訴訟の一類型として理解されているのであれば、右の見解は、大いに疑問の余地があると思われる。この点の検討は節を改めて行うこととしよう。

(25)　後に詳しく指摘するが、行政行為の瑕疵論を複雑にしている原因に、不当の瑕疵に関する議論の欠如があるように思われる。不当の瑕疵ある行政行為の効力をいかに扱うかは、まさに立法政策の問題であって、ここには、民法と同じ意味で取消と無効の区別をもちこむことが可能である。
(26)　柳瀬良幹・前掲注(10)「先決問題」、それに前掲注(12)『瑕疵』に収録された諸論文を参照。
(27)　白石健三「行政処分無効確認訴訟について(一)」法曹時報一三巻二号一三一頁。
(28)　藤田・前掲注(6)二四〇頁以下は、教科書での叙述ではあるが、重要な作業である。後に言及する。

(29) たとえば柳瀬・前掲注(10)「先決問題」七一頁。
(30) 白石・前掲注(27)論文一三四頁注(一三)。
(31) この点両氏ともになお問題があるが、三及び四でも検討する。
(32) 柳瀬・前掲注(24)一一〇頁。
(33) 白石・前掲注(27)論文一三一頁。なお一三五頁をも参照。
(34) 柳瀬・前掲注(24)一〇九頁。
(35) 柳瀬・前掲注(10)「先決問題」七三頁。
(36) 柳瀬・前掲注(24)一一〇頁。
(37) 白石・前掲注(27)論文一三五頁。
(38) 白石・前掲注(27)論文一三一頁。
(39) 森田・前掲注(7)論文一二五頁。
(40) 藤田宙靖「行政行為の瑕疵論における所謂〝手続法的考察方法〟について――行政行為の〝無効〟に関する一考察――」『行政行為と憲法』柳瀬博士東北大学退職記念（有斐閣・一九七二年)。
(41) 森田・前掲注(7)論文一二一頁以下。
(42) 森田・前掲注(7)論文一二二頁。
(43) 柳瀬・前掲注(24)一一〇頁。
(44) 柳瀬・前掲注(24)一一〇頁。
(45) この文章は、森田氏が、柳瀬氏による通説批判を森田氏流に要約されたものを参考にした、参照、森田・前掲注(7)論文一二五頁。
(46) 白石・前掲注(27)論文一三四頁。
(47) 柳瀬・前掲注(12)『瑕疵』九四頁。
(48) たとえば柳瀬・前掲注(24)一二一―一三頁。
(49) たとえば近時の高柳信一「行政処分と民法第一七七条」『公法の課題』田中二郎先生追悼論文集（有斐閣・一九八五年）を参

照。

(50)　高柳・前掲注(49)論文三五五—三五七頁を参照。

(51)　参照、杉村敏正『全訂行政法講義総論（上巻）』（有斐閣・一九六九年）五四—五五頁。

(52)　参照、我妻栄『新訂民法總則（民法講義Ⅰ）』（岩波書店・一九六五年）三〇二頁。

(53)　柳瀬氏は、実はこの点に言及されている、参照、前掲注(24)一〇九頁。

(54)　たとえば鉱業法五二条が、錯誤による処分について、それを取消の対象としているが、これは明らかに同条が、民法九五条の規定の例外たることを明示的に示す例であるといってよい。

(55)　民法学者は、次のように述べて民法九一条にその根拠を求めている。

「強行法規、すなわち、公の秩序に関する法規は、個人の意思によって左右することを許さないものであるから、法律行為の内容がこれに違反するときは、その法律行為は無効である。このことは、法律行為制度の理念からいって当然のことであるが、第九一条は間接にこのことを規定している……」（我妻・前掲注(52)二六二頁）。

(56)　柳瀬・前掲注(24)一〇九頁。

(57)　柳瀬氏は、通説に対し疑問があるのは、それが無効の本質についての理解からただちに司法裁判所の無効認定権を結論した点にある、とされ、次のように批判されていた。

「……行政行為の無効が法の規定に依り当然に存在するものであることは前記の通り真実であるが、併し今問題は特定の行政行為が此の如く実体法上無効なりや否やに在るのではなく、何人がそれを認定する権限を有するか、此の点に関して何人の判断が権威あるものとして通用する力を有するかに在るのである。……(中略)……然るに通説が、右の如く、同じく法の定むる要件の存否の判断の問題に外ならない行政行為の有効無効の問題に就ては全く反対の主張をなすのは、惟ふにその一半の原因は、通説が右の如く無効の実体法上の本質とその認定権の所在とは別個の問題であることを考へず、無効が実体法上当然に存在するものであることから何人も亦当然にその認定権を有すると考へる点に在るものと推測せられる」（柳瀬・前掲注(12)『瑕疵』七一—七三頁）。

(58)　柳瀬・前掲注(24)一〇八—一〇九頁。

(59)　もっとも、厳密に言えば、巧妙な論理のすり替えがある。私法の法律行為について、裁判所の無効認定のみが通用力を有するということはいうまでもなく正しいが、行政行為については、権限ある機関の認定あるまでは、裁判所といえども、その効力を無視しえない、という論理は保留なしに正しいとはいえない。けだし、権限ある機関の中には、柳瀬氏の理論でいえば、無効確認訴訟を受理した裁判所がはいるのであり、この裁判所は処分庁の認定いかんにかかわりなく、行政行為の効力を無視しうるのであって、このかぎりで私法の法律行為と何ら変わるところはない。

(60) 柳瀬・前掲注(10)「先決問題」六九頁。

(61) 同右七一頁。

(62) 同右七六頁。

(63) 我妻・前掲注(52)三八五―三八六頁、ただし、枠は引用者がほどこした。

(64) 柳瀬氏自身、このことを認めておられる。前掲注(10)「先決問題」。

(65) この意味で通例言われている、取消訴訟は形成訴訟であるとの言明は誤りである。なお後述するところを参照。

(66) 柳瀬・前掲注(24)一〇九頁。もっとも柳瀬氏は実定法上の根拠は示されていない。特別の規定なきかぎり、錯誤により裁量を誤った場合は民法九五条の適用があり、したがって無効ということになり、詐欺・強迫により裁量を誤った場合には、民法九六条により取消と解すべきであろう。

(67) 藤田・前掲注(40)論文一九四頁。

(68) たとえば次のようにさえ言明されている。

「実体法上の法概念は、行政機関乃至裁判所によって適用されることにより、初めて国民にとって現実の法となることは、明白な経験的事実であって、行政行為の〝無効〟と〝取消〟の別も、その意味において、差当り訴訟前には、国民にとって現実に存在しない」(藤田・前掲注(40)論文一九八頁)。

(69) 藤田・前掲注(40)論文一九五頁。

(70) 同右論文一九四頁以下、とくに一九八頁。

(71) 藤田・前掲注(6)二四〇頁。

(72) 同右二四一頁。

(73) 藤田氏のいう「手続法上の無効」は、「いい換えれば〝『公定力』が認められない〟という意味での」観念である(藤田・前掲注(6)二四一頁)。

(74) 白石・前掲注(27)論文一三三頁。

四　抗告訴訟制度と行政行為の無効確認訴訟

実体法上の問題として、違法の瑕疵ある行政行為に、無効と取消の区別がありえないことについてはすでに十分明らかになったと思われる。行政行為の無効という場合、それは実体法上の効果のことを言っており、これに対して、瑕疵ある行政行為の取消というのは、取消訴訟手続を通じてなされる取消のことを言っているのであって、両者は次元を異にする現象といわなくてはならないのである。

このように通説の方法論上の混乱を批判し、実体法的視点と手続法的視点の峻別の上に立って、違法の瑕疵ある行政行為は、実体法上無効であるほかないとして、このレベルにおける無効と取消の区別を否定された白石氏は、行政行為の瑕疵論ならびに無効確認訴訟制度をめぐる議論の混乱に終止符をうつことを可能にする理論的地平に到達されていた。前節で紹介した白石氏の見解によれば、違法の瑕疵ある行政行為は、実体法上無効であるが、行政権のイニシアティブによる行政目的達成確保のため行政側の法判断に通用力が付与されている結果、取消訴訟による判断がなされるまでの間、行政行為は実効性をもつこととなる。したがってこのような行政行為に不服のある国民は、すべからく取消訴訟を提起すべきであって、それ以外に自らの権利・利益を守る方法はないのである[75]。つまり、ここまでの論理からは、行政行為の違法の瑕疵の存否をめぐる紛争について、取消訴訟の他に抗告訴訟としての無効確認訴訟が登場する余地は全くないのである。

しかるに、先に言及したように白石氏が、「行政庁の認定に公定力を認めることが一見不合理で、国民の権利救済を不当・不合理に阻害するものと認められるような場合については、右の制度に例外を認め、特別の争訟手続によらないで任意に処分の無効を主張し得る」とされるとき[76]、その例外的取扱いの理解いかんによっては、これにただちに賛成するわけにはゆかないといわなくてはならない。そこで以下、白石氏が、「公定力の例外的除外原因」をもつ行政行為について、どのような理解をされておられるか検討してみよう。

まず無効原因について、次のように述べられる。

「……行政処分の当然無効原因を公定力の除外原因として手続法的性質のものと解するかぎり、いかなる場合に行政処分が当然無効と認められるかは、手続法的観点、すなわち、行政庁の認定に公定力を認めることが一見不合理で、国民の権利救済を不当・不合理に阻害するものと認められる場合であるかどうかということによって決定すべきことは当然である。この点について、わが国の有力学説が、無効の一般的基準として瑕疵の重大かつ明白性という要件をかかげるのは、その趣旨を、『行政庁の認定に公定力を認めることが一見不合理と認められる程度に違法が重大かつ明白である場合』の趣旨に解するかぎり、その正当であることに異議をさしはさむ理由はなかろう[77]。」

右にいう瑕疵の重大かつ明白とは、行政庁の認定にそのような瑕疵のあることをいう、という補足的説明[78]があるとはいえ、無効の行政行為を判断する基準が、白石氏がきびしく批判される通説と同じである、というのは大変興味深いところである。いうまでもなく通説（含、柳瀬説）は、行政行為の無効と取消の区別を実体法上のものとして考え、これに手続法上の区別を対応させたわけである。つまり、前者は無効確認訴訟、後者は取消訴訟、と。したがってここには、前者、すなわち無効の行政行為は論理的に取消訴訟の対象とはならない、という思考がある[79]。この対応関係そのものは、もし、実体法上の区別が成立するのであれば論理的には決して誤りではない。通説の誤りは、実体法上、違法の瑕疵ある行政行為に無効と取消の区別が成立しうると考えた点にあったのである。それでは白石氏の場合、その手続法上の区別とされる無効と取消は、それぞれ実体法上の何に対応すると考えられているのであろうか。この問いに対しては、そんなものはありえない、という答えがあるいはなされるかも知れない。けだし実体法上には理論的に無効と取消の区別はありえない、とするのが白石氏の見解であるから。しかしそうだとすれば、実体法上区別はありえないが手続法上は区別がある、ということになるが、いったい本当にそんなことがありうるであろうか。違法の瑕疵があれば、それがどのような態様のものであれ、実体法上は無効である。しかし、その瑕疵が、手続法的観点からみて重大かつ明白であれば、当該行政行為は、手続法的に無効であるという。白石氏がいわれるところの「手続法上の区別としての無効」が、紛争の不存在を意味するのであれば、右のごとき議論も成立しうるであろう。白石氏が、その論述の中で、「行政処分の当然無効原因を公定力の除外原因として手続法的性質のものと解するかぎり、いかなる場合に行政処分が当然無効と認められるかは……」というように[80]、「当然無効」という表現をとられているのは、あるいは右のごとき理解を前提としているのかも知れない。しかしながら、結局のところ白石氏の意図が右の点にないことは、無効と取消の区別の基準を、手続法的観点からの理解だとの留保つきにせよ、「重大かつ明白」に求められた点から明らかである（けだし、紛争の不存在であれば、行政庁が瑕疵あり、と判断しさえすればよいのであって、瑕疵の重大性・明白性は要件とならないからである）が、なお、その後の白石氏の理論展開からより明瞭になるであろう。

右に見たように、行政行為の無効と取消の区別を手続法上のものであるとし、その手続法上の観点よりする無効の基準を、奇しくも通説と同様「重大かつ明白」性に求められた白石氏は、その見解の正しさを論証するため、民事訴訟における再審手続にその対比を求められ、次のように論じられる。

「……民事訴訟においては、判決が形式的に確定し既判力を生じた後は、再審事由に当る重大な瑕疵があっても、判決の当然無効（既判力の当然除外）の事由とせず、再審の訴えという特別の訴において判決の取消を求めることができるに過ぎないものとしているが、なお、判決に極めて重大かつ明白な瑕疵があるものと認められる、極めてかぎられた例外的場合には、理論上、判決の当然無効（既判力の当然除外）を主張することができると解されている。……（中略）……同様のことは行政処分の公定力についても考えられるわけであって、出訴機関の徒過等により公定力が一応最終化された後においては、或る種の重大違法（重大ではあっても明白とはいえない違法がこれに当ることは後に述べる。）は、公定力の当然除外事由とはせず、その取消事由として、特別の訴訟手続においてのみ主張し得るものとし、公定力を認めることが一見不合理と認められるような重大かつ明白な違法がある場合にかぎって、特別の訴訟手続によらず、公定力の当然除外を主張することができるものと解し得るわけである。わたくしの考えでは、右のように考えた場合の特別の訴訟手続がすなわち、従来の学説や実務上の見解がとらえようとしてとらえ得ていなかった無効確認訴訟の純化された姿にほかならない。(81)」

手続法上の区別として無効と取消の区別が可能であるとし、その基準として、瑕疵の重大かつ明白性をあげられた直後に、白石氏は突然右のごとく論じられる。一読すれば明らかなとおり、ここでは、重大な瑕疵ある行政行為と重大かつ明白な瑕疵ある行政行為との区別が、それまでの議論との脈絡なしに語られている。右の議論の前提は、「公定力が一応最終化された後」つまり出訴期間の徒過後の話であるということであるが、何故このような前提がおかれるのか必ずしも説明はない。しかしじつは、この前提の導入こそ、後にみるように、理論的に成立する余地のない手続法上の無効と取消の区別を可能にするために不可欠の手続なのである。

先に白石氏は、無効と取消の区別を、後者が、「行政庁自ら処分の違法を認めてこれを取消すか、もしくは特別の争訟手続で裁判所の認定を得た上でなければその実体的違法・無効を主張し得ない場合」であるのに対し、前者が、「無効の主張方法につきかような制限がない場合」である点に求められ、前者の基準として重大かつ明白な瑕疵の存在を主張されていた。(82)しかるに、右に引用したところでは、突如「或る種の重大違法」と「公定力を認めることが一見不合理と認められるような重大かつ明白な違法」との区別が語られ、後者が「特別の訴訟手続によらず」その無効を主張しうるのに対し、前者は、「公定力の当然除外事由とはせず、その取消事由として、特別の訴訟手続においてのみ主張し得る」と説かれるのである。いったい、単なる違法の瑕疵ある行政行為はどこへ行ってしまったのであろうか。巧妙にも白石氏は、後段の「重大かつ明白」な瑕疵ある行政行為のことを当然無効と称していない。けだし、前段での論理の展開に際して、白石氏はすでに行政行為の「取消」に対比する意味において、「特別の訴訟手続」（この場合は取消訴訟手続）を要せず無効を主張しうる行政行為のことを、「当然無効」と称しており[83]、したがって後段のそれをも当然無効と称すれば、後段も、結局のところ無効と取消の区別を論じているにすぎないことになってしまうからである。そうなれば何が不都合か。それは右の引用の最後の部分を読みかえせば一目瞭然であろう。すなわち白石氏によれば、「重大」な瑕疵ある行政行為は、特別の訴訟手続たる無効確認訴訟を必要とするとされるのであるから、後段の論理に、行政行為の「取消」が登場することはあってはならないことがらなのである。しかしながら、白石氏も、思わず重大な違法のことを「取消事由」であると記しておられるように、氏のいわれる無効確認訴訟も、実のところ公定力を「取消」す訴訟なのであって、その点では取消訴訟と本質を同じくする、というより取消訴訟そのものなのである。そう解さなければ、後段の主張は、前段での氏の論理そのものに矛盾することとなろう。けだし白石氏は、明確に「行政処分の無効原因は、公定力の除外原因」である、とされていたのであって、そうであれば無効の行政行為は、特別の訴訟手続＝抗告訴訟の対象となることはありえないからである[84]。

右の矛盾をなんとか取り除くために考え出されたのが、まさに先の「出訴期間の徒過による公定力の一応の最終化」という前提条件の導入だったのである。不思議なことに、この前提が導入されると、そこでは、行政行為の取消の問題が姿を消してしまい、後は、行政行為の無効の議論のみがなされているような錯覚に陥る。つまり、すでに無効と取消の区別が自明の前提となっているのである。いつ白石氏は右の区別の存在を論証されたのであろうか。

この点において、実体法上、無効と取消の区別を否定するという正当な見解に立たれた白石氏も、「手続法上の」という留保を付してではあれ、結果として柳瀬氏及び通説と合流してしまうことになったのである。その意味で白石氏に対しても、何故原告は、出訴期間内に取消訴訟を提起しなかったのか、という設問を投げかけざるをえないのである。

無効確認訴訟という類型を明文ではもたなかった行政事件訴訟特例法の時代に、「特別法による短期の出訴期間の制限や訴願前置主義のために、取消訴訟による救済の機会が大幅に制約されたことによる実務上の必要性があった」(85)ために、大量の無効確認訴訟の提起があり、ために裁判所もこれを認めてきたものであることは周知のところである。訴願前置主義による制約とは、結局のところ訴願期間の徒過によって生じる問題であるから、無効確認訴訟が登場してきたについては、不適切な、あるいは不統一な出訴期間の定めによる、国民に責任を問えない出訴期間の徒過が原因となっているのである。自作農創設特別措置法にもとづく農地買収処分をめぐる紛争は、まさにその典型例であった。すなわちそこでは、出訴期間内に取消訴訟（ないしは訴願）をしなかったことが、当事者の責に帰しえない、つまり制度上の欠陥が存していたのであって、そのような制度の不備を補うべく例外的に無効確認訴訟が承認されたのである。白石氏が、公定力を認めることが一見不合理な場合といわれるのは、まさに右のごとき事情を念頭におかれているのであろう。そしてもしそうであるとすれば、そのような制度上の欠陥が取り除かれれば、無効確認訴訟は不必要な存在ということになるはずである。けだし、しばしば指摘したとおり、出訴期間の経過前であるか、それとも経過後であるか、という事情を除けば、無効確認訴訟と取消訴訟とは全く同一の訴訟構造をもっているのであって、無効確認訴訟を認めようとすれば、何故原告は取消訴訟を提起しなかったのか、という疑問が必ず生ずるからである。瑕疵の態様が異なる、という理由はもはや通用しない。違法の瑕疵に実体法上の区別がありえないことはすでに詳しく論証したところである。出訴期間を徒過した場合に、国民の権利救済を図るために無効確認訴訟が必要だとする通説の説明が、逆に皮肉にも、瑕疵の態様による区別の不可能性を証明している。もし瑕疵類型に応じた訴訟類型があれば、出訴期間を徒過する、という事態は生じようがないからである。けだし、無効の瑕疵ある行政行為は取消訴訟の対象となり得ないのだから、出訴期間を徒過しようがないであろう。そうであるとすれば、現行の無効確認訴訟を必要とする場合がもしあるとすれば、それは処分の相手方が、その責に帰すべき理由で出訴期間を徒過した場合以外には考えられないということになる。しかし抗告訴訟制度は、そのような者の救済まで考えなければならないのであろうか。私にはとうてい理解できない。

従来の学説が、その理論構成において矛盾にみちた無効確認訴訟を、それにもかかわらず肯定してきたのは、右のようなケースを考えてのことでは決してないはずである。本当のところは何か。それは、重大かつ明白な瑕疵が存する場合には、行政側もこれを無効と認めて、当該行為をそのままでは執行しないであろう、とする一つの願望を表現している、ということではないか。意識的に主張されてはいないが、元来、行政行為＝取消訴訟＝公定力制度は、国民の権利を犠牲にして、公益の実現を図るという制度であって、違法の瑕疵が存在する蓋然性が高いのに、一時的にせよその効力の通用性を認めるという点でやはり反法治主義的制度なのである。したがって、いかに公益実現のためであるとはいえ、重大かつ明白な（この明白はしたがって、良識的判断にもとづいて明白、という意味であろう）瑕疵が存する場合にまで、この制度の利用を認めるのはゆきすぎである、とする考慮があるのである。白石氏が、公定力を認めるのが一見不合理な場合、といわれるのもそのような趣旨であろう。私もこのような考え方自体には異論はない。しかしこれは理論ではなく、あくまで一つの願望にすぎないのである。「行政庁はこれを執行する虞もある」という表現[86]にも、右のニュアンスがよくあらわれているのではないだろうか。この願望が破れたとき、すなわち、裁判所による審理の結果「無効」の行政行為である、すなわち違法の瑕疵があると判断される蓋然性がきわめて高いにもかかわらず、行政側がなおも当該行為を執行しようとするとき、まさにこのとき、この執行（これは公定力によるのでなければいったいどのような力で通用するのであろうか。これが無効の行政行為の公定力の問題である）を止めるため執行停止制度を利用すべく無効確認訴訟を提起させよう、というのである。(87)

重大かつ明白な瑕疵が存する場合（このような言い方の中にすでに実体法的視点と手続法的視点の混同がある。これは司法審査の結果判明することであって、事前には一方の当事者の主張にすぎない）に、まさか行政庁もその執行を強行することはないであろうと予測することは自由である。しかし、その予測を、行政行為の無効論という理論の基礎にすえることは決定的な誤りである。従来の学説のいう、その認定に特別の手続を必要としないという意味での行政行為の無効とは、当該行為をめぐる紛争の不存在という事実を表現しているにすぎない。塩野氏の左の叙述は、まさに右に述べてきたことを証明してはいないか。

「……この問題を考察するに際しては、単に裁判手続というきりはなされた場面にのみ着目すべきではなく、より広く行政過程との関連における紛争状況に注意する必要がある。すなわち、行政過程のある段階において、直接、私人の具体的な権利・利益を侵害する行為がなされ、しかも、その上にたって、爾後の法律関係が形成されている（あるいは形成されようとしている）場合に、私人が、取消訴訟以外の裁判的手続において、その無効を主張して、私人が現に受けている（または受けようとしている）不利益を裁判によって除去しようとするのが、ごく一般化された意味での紛争の状況であるといえよう。そして、その際、当該行為をなした行政庁が、その有効性を主張しているというのが、まさに、その際の一般的な特徴なのであって……」(88)（傍点は引用者）。

このような「紛争状況」は、法的にいかなる現象として説明しうるのであろうか。この原告は何故取消訴訟を提起しなかったのであろうか。ここでも私はこう問わざるをえない。また、行政庁が不注意（たとえば調査不足）からであるにせよ、ともかく良識的な判断にもとづいて当該行為を適法・有効と考え、公益実現のためこれを執行しようとするのに、いつでも、つまり出訴期間の制限なしにこれを阻止しうる訴訟手続があるとすれば、いったい行政庁は、いかにして行政責任を果せばよいのであろうか。

(75)　この点は、建前論としてではあるが、雄川氏も認めておられたところである。次のように述べておられる。

「……行政行為に対する通常の争訟の手段としては、広義の訴願制度を別にすれば、行政訴訟制度があるだけであり、行政行為に不服があり、その効力を否定しようとする者は、この手段により、またこれのみによって不服を主張し得るのが建前であった。従って、この建前で制度を割り切れば、行政訴訟の途をとらなかったり、出訴期間を徒過したりすれば、行政行為についてはもはや不服を主張し得なくなる訳である」（雄川・前掲注(5)二二一頁）。

(76)　白石・前掲注(27)論文一三二―一三三頁。

(77)　同右論文一三三頁。

(78)　同右論文一三四頁。

(79)　もっともこの点、通説の思考は一貫していない。この点につき、杉本・前掲注(16)論文一〇八頁参照。

(80)　白石・前掲注(27)論文一三三頁。この文脈で突然「当然無効」の観念が出てくるのはきわめて不可解であるが、白石氏の思考過程をフォローする上で興味深い。この点、後述するところを参照。

(81)　同右論文一三八頁。

(82)　同右論文一三三頁。

(83)　同右論文一三三頁。

(84)　同右論文一三三頁。

(85)　雄川・前掲注(5)二二二頁。

(86)　同右七四頁。なお柳瀬・前掲注(24)一〇八頁。

(87)　たとえば、塩野・前掲注(2)論文一一八頁。

(88)　塩野・前掲注(2)論文一一六頁。

五　まとめと展望

土地を所有してもいないのに、土地の譲渡による所得ありとして課税されれば、この被課税者は、あるいは驚きあきれて出訴期間（税法上の紛争の場合不服申立前置主義がとられているから六〇日間の不服申立期間）を徒過してしまうということが生じうるかもしれない。(89) 所得もないのに課税されているのであるからこれ以上重大な違法の瑕疵はない。また被課税者本人からすれば、土地を所有していないのはかくれもない事実であって、これほど明白なことはない。それがたまたま六〇日間の不服申立期間を徒過したという理由のみで、もはや当該課税処分を法的に争うことができず、納税義務を免れえないというのであればそれはいかにも不合理である。この意味で、取消訴訟のほかに出訴期間の制限や不服申立前置主義が及ばない無効確認訴訟を認めようとする多くの行政法学者の考え方は、それとして十分理解することができる。しかし看過してならないのは、右のごとき事情は、あくまで被課税者の一方的・主観的な主張にすぎないということである。誠意ある調査を尽したかどうかはともかく、ある土地が誰の所有に属するものであるかは、行政の側にとってそれほど自明のことがらではない。瑕疵の重大性が分かるのは、土地所有者についての判断が誤りであることが判明した上での話なのであり、いうまでもなく、これらの事実が有権的に認定されるのは裁判手続を通じてである。単に処分の相手方が、重大かつ明白な瑕疵を理由に処分の無効を主張しているからといって、行政側が処分の執行を断念しこれを放置すれば、その怠慢は行政責任の放棄として非難されよう。

もし当初より、処分に違法の瑕疵あることが行政側にも判明しておれば、その違法の瑕疵（重大であろうがなかろうが）を取り除くべく、行政庁が自ら当該処分を取り消し、正しい処分をやり直すべきであり、やり直すはずである。それにもかかわらず、当該処分を執行しようとするのであれば、それは行政庁の権限乱用というほかないのであって、その行政責任がきびしく追及されなくてはならない。しかしそれにしても、出訴期間内であれば、被課税者には取消訴訟という救済の途があることも忘れてはならない。

以上の考察で我々のとるべき結論は明らかであろう。違法の瑕疵ある行政行為に関するかぎり、現行法上、実体法的にも手続法的にも無効と取消の区別は成立しえないということである。それは、実体法的にはすべて無効であり[90]、手続法的には、抗告訴訟による取消の対象となるということになる。

右のごとき論理の帰結からすれば、現行の行政事件訴訟法が定める無効確認訴訟制度は、明らかに立法の誤りといわなければならない。このことについてはなお論ずべき点がなくはないが、それらは今後の課題としたい。ただ、今後の検討の方向を示すために一言指摘しておきたい。それは、理論的には右のように言うほかないにもかかわらず、実際問題としては、これまで少なからぬ無効確認訴訟が受理されており、しかもその数はかぎられているとはいえ、これに原告が勝訴するという事例のあることである。個々の事例を詳細に検討しなければならないが、かりに、出訴期間を徒過してもなお所期の行政目的が達成されておらず、しかもそれによって何ら公益の侵害が生じていないのであれば（無効確認訴訟が容認されるというのは以上のような状況の下においてであろう）、当該行為をなおも行政行為と構成しなくてはならない理由が改めて問われなければならないであろうし、あるいは出訴期間の長さの見直し、もしくは不服申立前置主義の必要性が再検討されねばならないように思われる。少なくとも、右のごとき判例の存在をもって、行政行為の無効と取消の区別の論拠にしようとするのは本末転倒の議論というべきであろう。

(89)　最高裁昭和四八年四月二六日判決（民集二七巻三号六二九頁）はそのようなケースであろう。

(90)　もっとも、行政行為がその根拠法規ではなく、他の法令に違反する場合の議論は別の問題であり、民法でなされる議論と同様の問題があることはいうまでもない。参照、我妻・前掲注(52)二六二頁以下。

第三章　行政行為の無効と取消の区別について

一　はじめに

かつてわたくしは、わが国における行政行為の無効理論について若干の考察を行ない、「違法の瑕疵ある行政行為に関するかぎり、現行法上、実体法的にも手続法的にも無効と取消の区別は成立しえない」[1]との考え方を提示した。しかしながらそれは、わたくしの論証の不十分さの故に、学界での活発な議論を引き出すことができなかった。

ところで、近年いくつかの注目すべき行政法テクストが公にされてきており、そこでは行政行為論全般にわたって意欲的な見解[2]が展開されているけれども、こと行政行為の無効理論にかんするかぎり、必ずしも新たな理論展開があったとは思われない。わたくしによれば、そこには依然として方法的混乱が克服されずに残っているように思われる。たとえば次の叙述をみてほしい。

「無効の行政行為と取り消しうべき行政行為の区別の問題は、行政行為の側からみると、取消訴訟の排他的管轄の下における特権を享受しうる資格の問題である。これに対して、相手方たる私人に着目すると、本来ならば、出訴期間内に取消訴訟によるべきであるにもかかわらずこれをしなかった者について救済の途を開くかどうかの問題である。つまり、定期のバスに乗り遅れた者について特別の救済を認めるかどうかということになる。[3]」

無効確認訴訟を定期バスに乗り遅れた者の救済になぞらえるなど、まことに分かりやすい説明であり、一見なんの矛盾もない一文のようにみえる。しかし論理を詳細に追ってみると、そこに次のような論理的混乱の孕まれていることが理解できよう。すなわち一方で無効と取消の区別は、「取消訴訟の排他的管轄の下における特権を享受しうる資格」の問題であるとして、無効と取消が取消訴訟の対象となるか否か、の区別の問題として論じられている。つまり違法の瑕疵ある行政行為のうちのある種のもの、すなわち無効の瑕疵ある行政行為は、はじめから取消訴訟の対象とならない（したがって出訴期間の徒過という問題は生じない）とするわけである。これに対してもう一方で、無効と取消の区別は、「本来ならば、出訴期間内に取消訴訟によるべきであるにもかかわらずこれをしなかった者について」、これに「特別の救済を認めるかどうか」を判断するために意義をもつ区別である、とする。論理矛盾の存在は明らかであろう。けだし、後者においては、「特権を享受しうる資格」のある行政行為、すなわち取消の瑕疵ある行政行為のみが前提されているはずであり、「特権」を享受しえない行政行為、すなわち無効の瑕疵ある行政行為はこの文脈には登場しようがないからである。

なぜこのような混乱が生じるのであろうか。その原因は、行政法の解釈方法論にまで遡るように思われるが、本章では、この問題についていくつかの学説の論理をあとづけ、問題の所在を明らかにしてみることとしたい。

（1）岡田雅夫「抗告訴訟制度と行政行為の無効」（岡山大学法学会雑誌三六巻三＝四号）三五六頁（本書第一部第二章）。

（2）たとえば塩野宏『行政法Ⅰ〔第四版〕』（有斐閣・二〇〇五年）では、行政裁量に「時の裁量」の観念を導入する必要が説かれたり、職権取消や撤回論についてあらたな位置づけが試みられているし、芝池義一『行政法総論講義〔第四版補訂版〕』（有斐閣・二〇〇六年）は、行政行為の撤回論に大きなスペースを割いているほか、行政裁量論を行政行為論から独立させるなど、注目すべき論述がなされている。
(3)　塩野・前掲注(2)一四六―一四七頁。

二　無効と取消の区別にかんする学説とその問題点

1　手始めに、戦後の行政法理論全般にわたって決定的な影響を与えた田中氏の見解[4]から取り上げよう。行政行為の瑕疵論を展開するにあたり、議論の出発点として次のような認識が示される。

「……瑕疵ある行政行為が、法律上、どのような効力を生ずるかについては、実定法上、別段の定めがないのが通例で、解釈理論によって決するほかはない。[5]」

実定法から出発するというのであれば、民法に法律行為の瑕疵にかんする規定（九〇条～）がある以上、それらの規定の行政行為への適用いかんの問題に決着をつけておかなければならないはずである。その点に言及しない右の言明は、いうまでもなく行政行為への民法の適用を原則的に否定するかつての公法・私法二元論の前提にたってのものであることは明らかである。この点は、公法・私法二元論の相対化が一般的に受け入れられている今日においてもなお、行政行為の瑕疵論においてわが行政法学説の共通してとる立場であるようにみえる。[6]この点再検討の必要があるように思われるが、ここでは問題点の指摘にとどめる。

ところで、行政行為の瑕疵論を展開するにあたっては、実定法上明文の規定がないにもかかわらず、そこにともかく無効と取消の区別のあることが自明のこととされている。この点について従来格別の異論がなげかけられたことはないが、行政法理論における瑕疵論のありようからすれば奇妙なことである。なぜなら、行政行為の瑕疵論においては、瑕疵の実体に応じた類型、民法でいえばたとえば公序良俗違反の瑕疵とか、錯誤あるいは詐欺・強迫の瑕疵といった類型は基本的には問題とされず、ただ不当の瑕疵と違法の瑕疵の二類型が論じられるのみであり、しかもこの二つの類型と無効と取消の区別は対応させられてはいないからである。それどころか、ありていにいえば、不当の瑕疵の取扱いはそれとして問題とされることがほとんどなく、(7)したがって学説上議論の前提とされている行政行為の瑕疵の類型は実は違法の瑕疵一つなのである。瑕疵の類型が一つなのであるから、ごく普通に考えれば、これに対する効果は、無効であるか取消であるかはともかく、一つだということになるのではなかろうか。にもかかわらず、違法の瑕疵ある行政行為に、無効と取消という区別の存在を主張するこの論者の見解が、格別の異論をみることなく今日まで維持されているというのは奇妙というほかない。いったいわが国の伝統的学説はどのようにして、行政行為に二つの瑕疵類型を導きだすのであろうか。

田中氏は次のように論じはじめる。

「……わが国の通説は、ドイツの学説に従い、私法上の法律行為について認められる無効と取消の区別のアナロギーにより、……無効の行政行為と取消し得べき行政行為とを区別している。(8)」

そもそも行政行為を、民法の法律行為に対比して構成してきたと思われるわが国行政法学の文脈からすれば、ここに示された説明はある意味ではきわめて常識的である。しかしながら後に詳しく考察するように、先の引用部分とあいまって、このような、あえていえば観念的な理解（わが国行政法学ではわりと気楽にこのような解釈方法論が採用される）こそ、行政行為の瑕疵論に重大な混乱をもたらしている原因であるように思われる。ここでは論者の議論をもう少しフォローして、その問題点を析出しておこう。

さて、先に指摘したように民法には、まず様々な態様の瑕疵類型がある。たとえば公序良俗違反（民法九〇条）、錯誤（同九五条）あるいは詐欺・強迫（同九六条）。そしてこれらの瑕疵の態様に応じて、それぞれの法律行為に無効と取消という効果が割り振られる。これに対して行政法学ではどうか。そこでは瑕疵の態様についての議論はなく、いきなり次のように論じられる。

「……行政行為としては存在するに拘らず、正当の権限を有する行政庁又は裁判所の取消あるをまたず、初めより行政行為の内容に適合する法律的効果を全く生じ得ない行為を無効の行政行為といい、これに対し、行政行為の成立に瑕疵があるに拘らず正当の権限を有する行政庁又は裁判所による取消のあるまでは有効な行政行為としてその効力を保持し、ただ正当な権限を有する行政庁又は裁判所がその取消をなしてはじめてその効力を失う行為を取消し得べき行政行為という。(9)」

いったいこの議論のどこに民法の法律行為へのアナロギーがあるのだろうか。ここにはすでに、行政行為の瑕疵論における混乱の規定要因たる実体法の議論と手続法のそれとの混同がある。それは、行政行為の瑕疵の類型論を展開するにあたって、瑕疵の内容＝実体から出発せず（先に指摘したように、ここで念頭に置かれているのは違法の瑕疵ある行政行為だけなのだから、実は瑕疵の実体からは出発しようがないのであるが）、いきなり訴訟手続から議論を始めている点にみることができる。周知のように、民法の瑕疵論は明らかに実体法のレベルの議論である。つまり、いかなる要件があればいかなる法効果が生じるのかあるいは生じないのか、というレベルの議論である。たしかに民法においても、無効とは、法律行為が行為のなされた当初より何らの効果の生じないことを意味し、これに対して取消とは、取消権者による取消の意思表示があってはじめて、行為の時点に遡って効果が失われるものとされる。行為の当初より効果がないとか、取り消してはじめて効果が失われる（しかも遡及的に）、という部分だけを比較すれば、行政法理論の説くところとなんら異なるところはないようにみえる（民法の法律行為論のアナロギーがあるとすればこの点であろう）。しかしながらよく考えてみると、民法の議論は無効にせよ取消にせよ、それらに結びつけられた効果はあくまでも実体法上のものであって、それらが実効性をもつ、すなわちたとえば錯誤にもとづく法律行為が実際に無効として通用するためには、原則としてこれを肯定する裁判判決（たとえば無効を前提とした何らかの請求の認容という形の）を得なければならないのである。同様の手続が必要な点では取消の場合も異なるところはない。しかも、この手続のレベルでいえば、無効と取消の区別はそれとしては存しない（あたりまえのことであるが、詐欺・強迫の場合でも、当該法律行為の取消を求める訴訟をするわけではなく、取消の意思表示にもとづいて、当該行為の無効を前提とした何らかの請求をするという形をとる）のである。したがって、右の引用部分において説明されている無効と取消は、その表現上の類似にもかかわらず、民法九五条や九六条にいう無効と取消とはまったく次元を異にする観念であるといわなくてはならない。けだし右の部分で主張されていることは、違法の瑕疵ある行政行為のなかに、その効果を否定するために取消訴訟を必要とする場合と、取消訴訟を必要としない場合があり、取消訴訟を必要とするものを取り消しうる行政行為、必要としないものを無効の行政行為と呼ぶ、ということがいわれているにすぎないのである。つまりそれは、あくまでも訴訟手続上の区別であって、民法の無効と取消の区別とはまったく次元を異にするものである。かくしてここまでのところ、違法の瑕疵ある行政行為に、実体法上無効と取消の区別が成立しうるという点についての論証は行われていないというほかない。

（4）引用は、田中二郎『行政法総論』（法律学全集・有斐閣・一九五七年）＝田中・全、『新版行政法上巻〔全訂第二版〕』（弘文堂・一九六八年）＝田中・上と表示する。

（5）田中・全三二四頁。

（6）たとえば田中・全二一六頁、同・上八〇頁、南博方・原田尚彦・田村悦一編『行政法(1)』（有斐閣・一九九六年）三七頁、成田頼明『行政法序説』（有斐閣・一九八四年）九二頁、南博方『行政法』一〇九頁等参照。

（7）じつはこれも奇妙なことであるが、行政行為の瑕疵論が、訴訟手続との関連でのみ論じられてきたので、訴訟の対象とならない不当の瑕疵については、議論らしい議論がなされてきていないのである。

（8）田中・全三二四頁。

（9）田中・全三三二頁。

2　以上のことからわかるように、行政行為に瑕疵ある場合、これに実体法上無効と取消の区別が存することは必ずしも自明のことではない。にもかかわらずなぜ、わが国行政法理論において無効と取消の区別がひろく支持されてきたのだろうか。通説的理解における無効と取消の区別の意義を検討することによって、この点を明らかにしてみよう。

行政行為の瑕疵に無効と取消の区別をみとめる必要はないとする見解に対して、田中理論は次のように反論する。

「……行政事件については、その特殊性に鑑み、……そこに一般の民事事件に関する民事訴訟法に対する種々の特例を認め、行政行為の効力を争う抗告訴訟については、一応、行政庁の判断を尊重する見地に立って、司法権と行政権との間の調整を図っていることを注意する必要がある。……特例法（行政事件訴訟特例法のこと——引用者）のこれらの規定が、一切の行政行為について——明白且つ重大な瑕疵のある行政行為についてまで——一応にしろ、行政権の判断を尊重し、取消し得べき行政行為と全く同様に特例法の定める手続上の制約に服せしめ、裁判所の直接的介入を否定する趣旨であるとは解せられない……ここに、その争訟手続に関し、特例法の適用外に置かれるべき瑕疵ある行政行為の態様として、無効の行政行為の観念を認める必要がある……。(10)」

一読のかぎりではそれなりに説得力のある叙述であるように思われよう。(11) しかし、ここにも論理レベルの混乱があることは容易に了解しえよう。いったいなぜここで民事訴訟との対比が語られるのであろうか。わたしたちが議論しようとしているのは、違法の瑕疵ある行政行為に無効と取消の区別が成り立ちうるかどうかであって、それが紛争となった場合に、民事訴訟の対象となるかそれとも取消訴訟の対象となるか、といった問題ではないはずである。訴訟手続の問題としていうのであれば、違法の瑕疵ある行政行為が取消訴訟の対象となるのは、行政行為の公定力の故であって（ただ、周知のように無効の行政行為には公定力がない、とするのが通説の理解であり、議論はそれほど単純ではない）、当該行政行為に取消の瑕疵があるからというわけではけっしてない。民事訴訟との対比でいうならば、ここで取消訴訟とは抗告訴訟、つまり公権力の行使を攻撃する訴訟（取消という表現にこだわるならば、取消訴訟で取り消されるのは公定力の効果であって、行政行為の効果ではない）の謂である。違法の瑕疵ある行政行為が取消訴訟の対象になるからといって、そこに取消の瑕疵の存在が証明されるわけでないことは明らかだろう。かくして右の主張も、取消と無効の区別を論証するには程遠いといわねばならない。

さて、田中理論が無効と取消を区別する論拠を、民事訴訟と取消訴訟の構造の違いに求めたのに対して、今日の通説はどのような論理で無効と取消の区別に意義を見出し、またその根拠を何に求めているのだろうか。説明の仕方にニュアンスの差はあれ、通説が依拠する論理は、取消訴訟の排他的管轄という理解を軸に構成されている。排他的管轄の意味をわかりやすく説明する塩野氏の論述を引いてみよう。

「取消訴訟の排他的管轄とは、瑕疵ある行政行為でもその効果を裁判上否定するには取消訴訟によらねばならないことを意味する。そして、取消訴訟の排他的管轄には不可争力、執行力が連動しているので、行政行為は民法の法律行為と比較すれば大きな特権を有するのである。しかし、形式的に行政行為であれば、その瑕疵の程度がいかなるものであってもかかる特権を享受しうるものであるかが問題となる。……取り消しうべき瑕疵と無効の瑕疵とは、かかる問題意識の下に立てられた区別であって、取消訴訟の排他的管轄に服する行政行為は取り消しうべき瑕疵を有するものを限度とし、無効の瑕疵を有するものは、もはや排他的管轄に服さないものとされる。[12][13]」

田中理論とは異なりここでは、取消訴訟制度の特徴を民事訴訟との対比で考えようとする思考方法はとられていないようにみえる。そのかわりに取消訴訟の排他性、そしてそれと結びついた不可争力および執行力が、民法の法律行為に対して行政行為がもつ特徴＝特権として主張されている。このような理解は、今日ほぼわが国行政法学の通説的見解となっている。権限ある国家機関による公式の取消があるまで当該行政行為に拘束され、その取消を求める訴訟は出訴期間の制約を受け、しかも行為によってはいわゆる自力執行力が認められるというのである。そうだとすれば、ここに特権の存在を認めるのはきわめて自然なことのように思われよう。そして瑕疵ある行政行為のなかに、この「特権」を享受するものとしないものが区別され、そのかぎりでなお、違法の瑕疵ある行政行為に無効と取消の区別を認める必要があるとするのである。そこで以下、このような理解の下で、どのように無効と取消の区別が根拠づけられるのかをみてみることにしよう。

さて、取消訴訟の特質を以上のように説明する今日の通説は、それでは無効と取消の区別の意義をどのように説明しているのであろうか。冒頭に引用したところであるがもう一度引いておこう。

「無効の行政行為と取り消しうべき行政行為の区別の問題は、行政行為の側からみると、取消訴訟の排他的管轄の下における特権を享受しうる資格の問題である。これに対して、相手方たる私人に着目すると、本来ならば、出訴期間内に取消訴訟によるべきであるにもかかわらずこれをしなかった者について救済の途を開くかどうかの問題である。(14)」

確認するまでもないが、ここでも無効と取消の区別は結局のところ取消訴訟の対象となるかどうかである。そのかぎりで田中理論と異なるところはない。(15)

このような理解は、わが国行政法学でほぼ一般的に受け入れられているといってよい。たとえば芝池氏は、行政行為の無効の主要な意義は、「取消訴訟の排他的管轄が妥当し取消判決があってはじめて行政行為が無効になるのではなく、その他の訴訟形式によっても行政行為の無効の認定を求めることができる点にある」としつつ、他方で、それは「行政行為に対する原則的な訴訟方法である取消訴訟の提起が行なわれなかった場合において救済がなおも必要であると考えられるところから創りだされたもの」であると説明している。(16) いかにも説得的な説明であるようにみえるが、この説明はしかし、先に指摘したように明らかにその前段部分と後段部分とが矛盾している。それはこういうことである。前段部分でいわれているのは、無効の行政行為はそもそも取消訴訟の対象とならない、いいかえれば、取消訴訟以外の訴訟形式によって当該行政行為の効力を争うことができる、ということである。とすれば、無効の行政行為にかんするかぎり、そもそも出訴期間を徒過するという事態は生じようがないはずである。これに対して後段部分は、「取消訴訟によるべきであった」行政行為、すなわち取り消しうべき行政行為を対象にしている。そうだとすれば前段と後段とは全然別のレベルの議論であり、その両者をなんの媒介項もなく直結させる右の説明には、明らかに論理矛盾があるといわざるをえない。かくして田中理論と同様、ここでも無効と取消の区別の論証は成功していないといわざるをえない。

　ところでこのような議論がわが国行政法学でごく一般的に行われており、これに対していささかの異論もみられないのは不思議というほかはない。なぜこのような論理矛盾が生じるのであろうか。いやそれよりも、なぜこのように明らかな論理矛盾が存するにもかかわらず、これに対してまったく異論がみられないのであろうか[17]。次にその原因を探ってみることにしたい。

　繰り返しになるが、実体法のレベルでいえばここで議論されている行政行為の瑕疵は一類型のもの、すなわち違法（不当の瑕疵は訴訟の対象とはならない）の行政行為のみである。そしてわたくしの理解によれば、近代法の論理を前提とする以上、この瑕疵から帰結する法的行為の効力は無効あるのみである[18]。いうまでもないことだが、ここでいう無効とはあくまでも実体法上の効果のことである。それが実際に無効として通用するためにはそれなりの手続が必要となるが、それは次元を異にする問題である。そして周知のとおり民事訴訟法は、瑕疵ある法律行為の効果を実現させるための手続として当事者訴訟という形式を用意しているのに対して、行政事件訴訟法は瑕疵ある行政行為の訴訟形式として取消訴訟を採用しているのである。ここで注意しておきたいのは、行政事件訴訟法が採用している取消訴訟の「取消」という表現である。ここまでの議論を前提にすれば誤解は生じないと思われるが、取消訴訟とは、違法の瑕疵ある行政行為の無効を確認する手続であって、実体法上有効な行政行為の効力を取り消す手続ではけっしてない、ということである。この点に関するかぎり、違法の法律行為の無効を認定する当事者訴訟（ちなみに、詐欺や強迫の場合は、取消権者が取消権を行使し、その結果当該法律行為が実体法上無効となり、それが訴訟手続をとおして無効と認定されることになるのであって、訴訟手続上は、無効の瑕疵の場合と異なるところはない。その意味で、民事法の世界においても訴訟手続上は、無効と取消に対応する区別は存しない）と何ら異なるところはないのである。この意味で取消訴訟の「取消」という表現から、違法の瑕疵ある行政行為に、あたかも実体法上「取消」の瑕疵があるかのように考えるのは早計である。すなわち実体法上には、違法の瑕疵ある行政行為の効果としては無効が存するのみであり、これと区別される「取り消しうる行政行為」なるものは存しようがないのである。前述したように当事者訴訟と取消訴訟の違いは、前者が法律関係の有効・無効を争わせるのに対して、後者が法律関係を形成する行為を争わせる点にあるにすぎず、それ以上でも以下でもない。

しかるに通説は、取消訴訟の「取消」という表現をひとり歩きさせ、それがあたかも実体法上の効力を取り消すものであるかのごとく理解しているようにみえる。先の引用部分で論者が、取消の瑕疵ある行政行為が、[19]「取消訴訟の排他的管轄の下における特権を享受」するといわれるとき、この「特権」は民法の法律行為に対するものとして理解されている。そしてここから、通説は民法の法律行為が服する当事者訴訟の役割が単なる無効の確認あるいはそれを前提とした何らかの給付等の請求という形をとるのに対して、取消訴訟が、公定力のゆえに通用している行政行為の効力の取消であるとして、両訴訟形式が根本的に異なるものであるかのように理解する。このようにして、この取消訴訟の対象となる違法の瑕疵ある行政行為を、無効の行政行為ではなく取り消しうべき行政行為だとする理解を導くわけである。ここで見事に、違法の瑕疵ある行政行為＝実体法上無効の行政行為は「取り消しうべき行政行為」＝実体法上有効な（ないしは通用力のある）行政行為にすり替えられる。ここに論理の混乱のあることは明らかであろう。[20] なぜこのような混乱に陥ったのか。そのことを次に検討してみよう。

(10) 田中・全三三四頁。
(11) もっともこの叙述のうち、抗告訴訟制度を「裁判所の直接的介入を否定する」ものとしている点は、当時の訴願前置主義を前提とするものである。
(12) 塩野・前掲注(2)一四五―一四六頁。
(13) 同旨、芝池・前掲注(2)一四七頁他多数。
(14) 塩野・前掲注(2)一四六―一四七頁。
(15) ただ無効の瑕疵は、とりあえず取消訴訟の出訴期間を徒過した場合に問題とされる点で、田中理論と異なるようにみえる。なぜなら田中氏が取消訴訟の特徴を民事訴訟との直接的な対比で捉え、したがって取消訴訟の対象とならない無効の瑕疵ある行政行為は、あたかも民事訴訟の対象となるかのごとく捉えられる余地を残し、その点で論理的混乱を免れなかったのに対し、ここでは無効の瑕疵ある行政行為も抗告訴訟の対象として捉えられている点で、とりあえず田中氏が陥った混乱から免れているといえよう。参照、田中・上一三七頁。
(16) 芝池・前掲注(2)一五六頁、一六二頁。
(17) 高柳信一『行政法理論の再構成』（岩波書店・一九八五年）一三一頁以下は貴重な例外である。
(18) 参照、高柳・前掲注(17)一三四頁。
(19) ここにすでに論理的混乱がある。論理的にいえばここでは、「取消の」ではなく違法の瑕疵ある行政行為、というべきである。なぜならこの時点ではまだ無効と取消の区別は論証されていないのであるから。
(20) 取消訴訟を形成訴訟とする通説の理解や、無効確認訴訟が当事者訴訟かそれとも抗告訴訟かをめぐってかわされた議論は、明らかにこのような思考の延長線上にある。

3　原因は二つあると思う。その第一はやはり公法・私法二元論であり、いま一つは取消訴訟のいわば実体法的理解である。

第一の論点は、紙数の関係でここでは詳細に論ずることはできない。ただ、違法な法律行為を無効とする民法（近代法）の態度＝原理を、行政行為の瑕疵論においてどのように処理すべきかを正面から議論すべきであった。しかるに、公法・私法二元論は、そのような議論の展開を阻止する役割を果したし、現在も果たしている、ということである。すなわち、もしわが国行政法学が徹底した二元論をとらなかったら、行政行為も法律行為である以上、その瑕疵論の少なくとも出発点は民法九〇条以下の規定に置かれざるをえないはずである。それによれば、違法の瑕疵ある法律行為にかんしては、無効の取扱いがなされることになっている。もちろん民法が想定している違法の瑕疵は、通常、強行法規違反であり、それが、適法要件を欠くという意味での違法の瑕疵ある行政行為にただちに適用されうるかどうかについては、議論のありうるところではあるが、少なくとも、違法の瑕疵に二つの異なった効果を結びつけるについては、もう少し慎重な議論がなされえたと思われるからである。この点の議論の欠如は、違法の瑕疵ある行政行為に、きわめて安易に無効と取消の区別があるはずだという、根拠のないおもいこみを根づかせることになったのである。なお詳細な検討を必要とするがここでは論点の指摘にとどめる。

さていま一つの論点、すなわち取消訴訟制度の実体法的理解についてやや立ち入った検討を行っておきたい。すなわち、取消訴訟を実体法レベルの法律効果の有効・無効の認定ではなく、公定力のゆえになおそこに通用する法効果を、いわば形成的に「取り消す」ことを内容とする訴訟形式である、とする思考形式についてである。(21)

通説がこのような理解をするのは、通説が依然として、行政行為の公定力を結局のところ実体的に捉えているからである。すなわち行政行為には公定力があり、その結果行政行為は暫定的ではあれ効力をもつ。この効力を取り消すのが取消訴訟であると。たしかに近年、公定力の実定法上の根拠を、取消訴訟の排他的管轄に求めることについてはほぼ共通の認識が存しているといってよい。(22)ところでわたくしの理解によれば、公定力の根拠を取消訴訟の排他的管轄に求めるということは、公定力が手続（法）的効果であるということ、つまり公定力は行政行為の固有の効力ではなく、取消訴訟という訴訟形式の構造から生ずる効果だということを、当然の前提にしているはずである。[23]もう一歩踏み込んでいうならば、行政行為が違法の瑕疵の存在にかかわらず当面その相手方を拘束するのは、当該行政行為が実体法上有効だからというわけではなく、取消訴訟という訴訟形式が、当該行政行為の有効・無効の認定権を処分の相手方等（当事者訴訟を受理した裁判所も含む）に許容しないからである。このような理解を、公定力の根拠を取消訴訟の排他的管轄に求める今日の有力説が受け入れていれば、取消訴訟が、実体法上の効力を形成的に取り消すものでないことは容易に理解できるはずである。いま少し敷衍すれば、公定力は、行政行為の効力を実体法上支えているのではなく、裁判所が、取消訴訟という訴訟形式以外の形式で、当該行為の無効の認定をすることを否定しているにすぎないのである。この意味で公定力は、瑕疵ある行政行為の効力を手続上支えているのである。換言すれば、違法の瑕疵ある行政行為といえども、取消訴訟という訴訟形式を用いさえすれば、その無効を認定しうる（取り消すのではけっしてない）のである。裁判所が取消訴訟をとおして「無効」を認定するまでの間、当該瑕疵ある行政行為は通用することになる。この現象を公定力と呼んできたにすぎない。

しかるに通説は、公定力の実定法上の根拠を取消訴訟の排他的管轄に求めながら、他方で行政行為の公定力をあくまで行政行為の「公権力の行使」に固有の効力として捉える立場に固執している。そのため取消訴訟の「取消」を、あたかも「公権力」の実体に支えられた実体法上の効力の取消であるかのように理解し、行政行為の無効と取消を区別するという誤った論理の前提をつくりあげてしまったのである。[24]

かくして、違法の瑕疵ある行政行為は取消訴訟の対象となるが、その訴訟で行われるのは実体法レベルでの無効の確認であって、実体法上有効な行政行為を取り消して無効とするわけでないことは明らかであろう。このみやすい道理を通説がなぜ受け入れられないのか。それは、公定力の手続的理解になお不徹底なものが残っているからであるが、より直接的には、次のような取消訴訟制度の特質＝「特権」の理解が原因となっているように思われる。

最後にこの点に言及しておこう。

「取消訴訟の排他的管轄とは、瑕疵ある行政行為でもその効果を裁判上否定するには取消訴訟によらねばならないことを意味する。そして、取消訴訟の排他的管轄には不可争力、執行力が連動しているので、行政行為は民法の法律行為と比較すれば大きな特権を有するのである。」(25)（傍点は引用者）

ごくあたりまえの論述である。しかしここにいう「特権」の理解如何によっては重大な誤りに陥りかねない。まず確認しておく必要があるのは、ここで対比されているのは民法の法律行為と行政行為だ、ということである。ということは、ここでは法律行為と行政行為が異質の法行為であることを前提にしているはずである。しかるに、これに続けて次のようにいわれるとき、この「特権」は二重の意味を帯びさせられ、それが取消訴訟の実体法的理解を生み出しているように思われる。曰く、

「……形式的に行政行為であれば、その瑕疵の程度がいかなるものであってもかかる特権を享受しうるものであるか、が問題となる。むしろ、特権を享受するためにはそれに値するものでなければならないと考えられる。取り消しうべき瑕疵と無効の瑕疵とは、かかる問題意識の下に立てられた区別であって……」(26)

論者によれば、この「特権」を享受しえない瑕疵ある行政行為が、もちろん無効の行政行為である。もし先の引用部分における「特権」とこの文章におけるそれが同じものであるならば、無効の行政行為は民法の法律行為と同質の法行為だということになる。(27) 行政行為を公権力の実体をもった法律行為だとする通説の立場からすれば、この結論は受け入れるわけにはゆかないであろう。けだし、無効の行政行為といえどもそれが行政行為である以上、公権力の行使としての実体をもつはずであり、そのかぎりで民法の法律行為とは異質の法行為であるはずだからである。そうだとすれば、先の引用部分で用いられる「特権」と後のそれとが異なる意味をもたせられていると解するほかない。そして注意深く読めば、前者の「特権」が、「取消訴訟の排他的管轄」、すなわち行政行為の権力的契機

に由来するのに対して、後者のそれは出訴期間の制限が契機となっていることに気付かされる。このことは、行政行為の無効の観念が必要とされる直接の契機が、出訴期間の徒過（このこと自身は行政行為の権力的契機と無関係である）であることを想起すれば容易に納得できることだと思われる。いうまでもないことだが、民法の法律行為との対比では出訴期間の徒過は問題にならない。ここで最初の論点に帰り着く。すなわち、民法の法律行為との対比でいえば「無効の行政行為」も「特権」を享受しうるはずなのである。このように民法の法律行為との対比でいえば、無効の行政行為も明らかに「特権」をもつのであり、[28]論者が、行政行為の無効の観念を認めるかどうかの問題を、おもわず「出訴期間内に取消訴訟によるべきであるにもかかわらずこれをしなかった者について救済の途を開くかどうかの問題である[29]」としたのはこのためである。けだし通説の論理にしたがえば、出訴期間内であれ、無効の行政行為は取消訴訟ではなく無効確認訴訟に服すべきものだから、その論理矛盾は容易に理解しえよう。

それではいったい後者の意味での「特権」、つまり無効の行政行為が享受しえない「特権」とは何なのだろうか。通説の説くところにしたがえば、それは無効の行政行為は、取消訴訟の対象になるという「特権」を享受しえないということである。ところでこの「特権」の内容は具体的にはいったい何なのだろう。この点従来は次のように説明されてきた。取り消しうべき行政行為は当面、つまりそれが取り消されるまで相手方を拘束するのに対して、無効の行政行為はそのような効力をもたない、と。本当にそのような違いがあるのだろうか。

すこし掘り下げて考えてみよう。手続的視点からみた場合、取消訴訟と無効確認訴訟との差異はなにか。それは前者には出訴期間の制約があるのに対して後者にはそれがないという点のみである。出訴期間を徒過すれば、違法の瑕疵があってもその効力の有無を追及されない、すなわち不可争力が発生する、これがいうところの「特権」なのであろう。たしかに、通説のいう無効の行政行為には公定力がなく（この発想がすでに、公定力を実体的に捉えるものであることはすでに繰り返し指摘した）、したがって取消訴訟の対象とならないのだから不可争力は発生しない。このかぎりで両者の間に差異があることは否定しえない。もう一歩踏み込んで考えてみよう。では出訴期間内であれば両者の間に差異＝「特権」の存する余地はあるのだろうか。論者は、取消の瑕疵ある行政行為には公定力がはたらき、したがって出訴期間内、しかも取消訴訟係属中であっても執行力がはたらくのに対して、無効の行政行為にはそのような効力は発生しない、この点に「特権」がある、と主張するであろう。一見正当な見解であるかのようにみえる。しかしこの主張には明らかに論理矛盾がある。なぜなら通説の見解によるならば、執行力を含めて、この「特権」は本来民法の法律行為に比してのそれだからである。いったい誰が、そしてどのような手続で無効の行政行為を認定しうるのであろうか。出訴期間内に、それがいうところの無効の行政行為であれ、行政行為の執行力を阻止しうるのは、処分行政庁がその違法＝無効たることを認めた場合を除けば、無効確認訴訟ないしは争点訴訟を受理した裁判所（出訴期間内であるから取消訴訟をすべきではないかと思うが、通説によれば無効の行政行為は、「特権」を享受する資格がないのだから無効確認訴訟ないしは争点訴訟を起こすほかない）あるのみである（ここでは不服申立手続は考慮の外に置く[30]）。ことばをかえていえば、じつはこの無効の行政行為も執行力をもちうるのである。現行の行政事件訴訟法が、無効確認訴訟にも取消訴訟手続の執行停止にかんする規定を準用しているのはこのためである[31]。とすればこの無効確認訴訟はいったい取消訴訟とどこが異なるのだろうか。

以上要するに、違法の瑕疵ある行政行為にかんするかぎり、手続的にも無効と取消の区別は成立しようがないのである。

(21)　南博方編『注釈行政事件訴訟法』（有斐閣・一九七二年）二二一頁。
(22)　たとえば塩野・前掲注(2)一三〇頁以下、芝池・前掲注(2)一四七頁、室井力編『新現代行政法入門(1)〔補訂版〕』（法律文化社・二〇〇五年）一五四頁他多数。
(23)　高柳・前掲注(17)四七一―四七二頁。宮崎良夫「行政行為の公定力とその意義(一)」社会科学研究三九巻三号一三五頁。

(24)　ところで先に述べた取消訴訟＝公定力についての理解が正しければ、行政行為に格別の「特権」は見出されないようにみえる。けだし取消訴訟を提起しさえすれば、行政行為の公定力を阻止しうるのであるから。そうだとすれば行政行為を取消訴訟の排他的管轄に服させることにした意味はいったいどこにあるのか、といった反論があるかもしれない。それはそのとおりである。ただ、取消訴訟には、どんな場合でも原告は必ず処分の相手方であり、処分を行った側つまり行政側はけっして原告になることがないという特徴がある。いってみれば処分の相手方に「出訴責任」とでもいうべきものが負わされるということ、これが民事訴訟との対比における取消訴訟＝抗告訴訟の「特権」にほかならない。通説が無効確認訴訟を抗告訴訟だとするのは、この意味、すなわち処分の相手方が必ず原告となるという意味では正解である。けだし、無効の行政行為が抗告訴訟の対象とならないのであれば、たとえば無効の課税処分をめぐる紛争は、行政庁の側が、税金の支払を求める給付訴訟を起こすのが通例となるはずだから。

(25)　塩野・前掲注(2)一四五頁。

(26)　同右一四五頁。

(27)　無効確認訴訟が抗告訴訟かそれとも当事者訴訟か争われたことがあるが、その原因はここにある。

(28)　この文脈でいえば争点訴訟がなぜ許容されるのか、あるいは同じことだが、無効確認訴訟の原告適格についての行政事件訴訟法の文言、すなわち現在の法律関係にかんする訴えで置き換えられることを前提にしている点は疑問である。

(29)　塩野・前掲注(2)一四七頁。

(30)　無効確認訴訟を必要としない、行政行為の不存在なる観念を説く者もあるが、処分行政庁の判断と無関係にそのような論理が成り立ちうるであろうか、疑問である。参照、田中・全三二六頁、同・上一三六頁。

(31)　その脈絡でいうならば、無効確認訴訟に事情判決手続にかんする規定を準用しなかったのは理解できない。

三　おわりに

なお細部については検討の余地があるけれども、以上の考察で、少なくとも違法の瑕疵ある行政行為にかんするかぎり、無効と取消の区別が成立しえないものであることが明らかになったと思う。それにしてもなお次のような疑問が残るかもしれない。曰く、なるほど取消訴訟制度が採用されている以上、違法の瑕疵ある行政行為は取消訴訟によって争わざるをえず、しかもそれには出訴期間の制約があるため、この期間内に訴訟を提起しないかぎり、たとい行政行為に違法の瑕疵があるとしても、以後この行政行為は拘束力をもって通用することを認めざるをえない。しかし、「違法性のはなはだしい行政行為についてまでこのような原則を貫くことは、国民に酷な結果をもたらす(32)」ことになりはしないか、と。

取消訴訟を、行政行為にとっての「特権」と理解する立場からすれば、どのような場合でも行政行為がこの「特権」を享受しうるというのは、いかにもゆきすぎであると感じられるであろう。とくにその「特権」の内容が、違法の瑕疵をもちながら相手方国民を拘束するというものであってみれば、あたかも法治主義の精神が蹂躙されたかのごとく感じられるのはしごく当然のことであるように思われる。そこで行政行為がこの「特権」を享受するためには、それにふさわしい資格がいるはずだとする主張は、それなりの説得力をもっている。通説が、その論理の混乱にあるいは気付きつつ、なおも無効の行政行為の観念を維持している背景にはこのような事情があると思われる。しかしながらここには二つの落とし穴があると思う。

その第一は、この「特権」なるものが決定的に誤って理解されていると思われる点である。違法の瑕疵ある法行為が国民を拘束する、といえば、いかにも国民に酷な「特権」であると思われよう。しかしそれは、出訴期間を徒過した場合の話である(33)。出訴期間内であれば、国民が取消訴訟を提起しさえすれば（もう少し厳密にいえば、執行力のある行政行為の場合には、取消訴訟の提起と同時に執行停止を申し立てこれが認められれば）、行政行為もいってみればただの法律行為にすぎない。もう少し突っ込んでいえば、取消訴訟の俎上では、行政行為は民法の法律行為と択ぶところはないのである。もちろん行政行為にまったく「特権」がないわけではない。しかしそれは、常に処分の相手方国民が訴訟を提起しなくてはならない（執行停止をかかわらせれば、本訴の適法な係属が条件である）、という点のみである。

処分の相手方がいわば「出訴責任」とでもいうべきものを負担させられるということであり、それほど酷なものということはできないだろう。(34)

もう一つ落とし穴がある。出訴期間を徒過した場合には不可争力が発生し、そのためたしかに違法の瑕疵ある法行為が、あたかも適法であるかのごとく相手方国民を拘束することになる。とすればそれはやはり国民にとって酷な事態であることは否定しえない。しかもその行政行為が「ひどい」違法性を帯びている場合には、法治主義の精神からしてそのままこのような事態を認めるわけにはゆかないと考えるのも無理はない。このような事態をさけるために、学説・判例が、出訴期間の制約をうけない無効の行政行為の理論を生み出した動機については、これを肯定するにやぶさかではない。しかしそれはやはり考え違いというほかない。現行の出訴期間を遵守することが国民にとってそれほど困難であるならば、期間を長くするなり、あるいは適切な教示制度を設けるなど、国民が出訴期間を簡単に徒過することがなくなるような工夫をすべきである。出訴期間を徒過したという条件と、もともと取消訴訟の対象とする必要のない行為である、という二律背反する条件を同時に満たす違法の瑕疵ある行政行為の類型が、解釈論上矛盾なく析出しうるならば、無効の行政行為の理論を構築することも意義のあることではあろうが、そのような二律背反の条件を満たす瑕疵類型は析出しようがないであろう。

最後に出訴期間を徒過した瑕疵ある行政行為の再審、という文脈で、無効の行政行為の理論を展開するという立場(35)がありうるようにみえる。不可争力の発生のみを理由として、違法の瑕疵ある行政行為を通用させるのに疑問が残るほどの「重大かつ明白」な瑕疵があれば、これに再審の機会を与えることはそれほど不合理なこととはいえないであろう。しかしそれにしても、それはあくまでも取消訴訟の再審であって、無効の行政行為の問題とはおのずから別の次元の問題であると思う。

(32)　芝池・前掲注(2)一五五―一五六頁。
(33)　だからこそ通説の無効の理論は、常に出訴期間の徒過を前提にしているのである。しかしそれが論理矛盾であることはすでに指摘したとおりである。
(34)　もちろん、行政行為が多用されている結果、国民にかなりの負担となっていることは否定できないが、それは別の次元の問題である。
(35)　参照、白石健三「行政処分無効確認訴訟について㈠」法曹時報一三巻二号三〇頁。

第四章　公権力の行使と仮処分の排除

一　はじめに

揺るぎない概念＝理論であると思われていた公権力＝公定力理論が、きわめて根源的な批判にさらされ、なお共通の理解がえられているとはいえないにせよ、かつてのような実体的な権力観のみによってこれを説明しようとする見解はもはや存せず、公定力を基本的には行政処分が排他的に取消訴訟の対象とされることから生ずる暫定的効力であるとする点においてほぼ異論はないといってよかろう。(1) そのような理論状況の下で、行政処分及び公権力の行使をめぐる紛争の、仮の権利保護の制度について定める行政事件訴訟法（以下行訴法）四四条について、それが「公権力」の観念を要件としているかぎりにおいて再検討する必要があることはあきらかであるように思われる。しかしながら現実には、今日にいたるまでそのような作業は残念ながら誰によっても試みられてはいない。そこで本章では行訴法四四条の解釈論の現況を整理し、その問題点を明らかにするとともに、問題解決の手掛かりをうるための作業を試みることとしたい。

（1）　たとえば参照、阿部泰隆「取消訴訟の対象」『現代行政法大系4』（有斐閣・一九八三年）一九九頁以下、浜川清「行政訴訟の諸形式とその選択基準」『行政救済法1』杉村古稀記念（有斐閣・一九九〇年）四七頁以下。

二　問題の所在

下水道の利用を拒否された住民が、その利用を求めて申請した仮処分に対して、東京地裁八王子支部が、下水道の使用に関する法関係が公法上のものであることを理由に、これを退ける判断をしたことはよく知られている。この決定に対する学説の反応がおおむね批判的であったのはいうまでもないが(2)、そこには行訴法四四条の解釈に係わって看過しえない問題点が孕まれているように思われる。簡単に論点を整理してみよう。

下水道使用に関して仮処分を退けるという判断をするにあたって同決定は、次のように論じている。原告の申請が、公共下水道使用に対する市の妨害を排除することを求める趣旨を包含しているとしても、「公共下水道の使用関係は契約に基づかない公法関係であつて」、事業主体たる市が申請人の「公共下水道使用を制限する行為はいわゆる公権力の行使に該当」し、行訴法四四条により仮処分の対象とならない、と(3)。

このような判断に対して原田氏は次のように批判される。曰く、下水道法は「下水道管理者に利用者に対して施設の改善や利用の中止その他利用制限を命ずる強制権限を何一つ付与していない」、したがって、市が申請者の下水道使用を阻止するためにとった措置は、「いかなる意味でも公権力の行使にあたる行為とはいい難い」のであって、東京地裁八王子支部決定が、「具体的な実定法規に根拠を求めることなく、下水道の利用関係は包括的に公法関係であるから、これに関する行政庁の行為は、法的権限に基づかないものをも含めて一切公権力の行使であるかのように論じ、仮処分の申請を却下したのは、公法関係というマジィク・ワードにまどわされて、不当に権力性を拡大して承認するという、誤った論理に陥ったものと評さざるをえないとおもう」、と。(4) この批判は、とりあえず正当な批判といってよい。しかしながらこれに続けて同氏が次のように述べられるとき、そこには若干の疑念を感じざるをえない。曰く、

「……仮処分が排除されるというためには、法律によって行政庁に個別具体的に優越的な意思の発動が許容され、行政庁がこうした法律の授権に基づいて行為するものでなければならない。つまり、行訴法四四条が仮処分を禁じているのは、行政庁が法律に基づいて行うところの行政行為や行為《ママ》(行政?—引用者)強制の効力を仮処分という安直な手続によって妨げることを禁ずる趣旨であると解すべきであろう。(5)」(傍点は引用者)、と。

みられるとおりここでは、行訴法四四条の立法趣旨が仮処分という手続の「安直」さに求められている。(6) なるほど行訴法の執行停止制度に比較すれば容認されやすいという意味で、仮処分制度を「安直」と評するのを認めるにやぶさかではないが、そのことが仮処分の適用排除の理論的理由であるとするのであれば、それには疑問なしとしない。けだし、この間の公権力の観念をめぐる議論は、取消訴訟という訴訟形式との密接な関連の下で論じられてきたのであり、公定力＝公権力が取消訴訟の排他的管轄の故に生ずる効果であるという点については、今日ほぼ異論をみないところである。そうであるとすれば、行政訴訟からの仮処分の排除が、訴訟類型と無関係に論じられうるはずはないと筆者は考える。本件に即していえば、下水道の利用拒否に関する紛争がいかなる訴訟形式で争うべく予定されているかにかかっているのであって、現行下水道法によれば、下水道の使用が開始された場合には、当該下水道の排水区域内の土地所有者等は、遅滞なく下水を公共下水道に流入させるために必要な施設を設置するよ

う義務づけられており（法一〇条）、下水道の利用の開始に関するかぎり、行政庁の法的行為は何ら介在しない。したがって、市による下水道の利用拒否は事実上の行為であり、当然のことながら取消訴訟の対象となる行為ではない。そこに公定力の発生する余地はなく、したがって仮処分を排除しなければならない理由がないのは明らかである。原田氏が、「仮処分が排除されるというためには、法律によって行政庁に個別具体的に優越的な意思の発動が許容され、行政庁がこうした法律の授権に基づいて行為するものでなければならない」と述べられるとき、その紛争解決手続として取消訴訟が念頭に置かれていることは疑いないが、その訴訟形式と仮処分の排除とは関連させられてはいないように思われる。そうでなければ、仮処分の排除の理由として「安直」さなどという相対的な観念を持ち出すはずはないからである。さらにいえば、このような理解が、いわゆる争点訴訟における仮の権利保護のあり方をめぐる解釈論の混乱をもたらしているのであり（民事訴訟であるとされるにもかかわらず仮処分が排除されるとする見解が有力である）[7]、また東京地裁八王子支部のように、訴訟形式と無関係に公権力の存在を認定し、安易に仮処分の排除という判断を導かせる原因となっているのではないかと思われる。このように本件判例を含め、いくつかの事例において仮の権利保護のあり方が曖昧にされているのは、行訴法四四条についての通説的理解に原因があるように思われる。そこで以下、仮処分の適用を排除していることの意味を理論的に掘り下げて考察してみることにしたい。

（2）　とりあえず次のものを参照、原田尚彦「新判例評釈」、判例タイムズ三三五号一〇七頁以下、中西又三「最新判例批評」判例時報八一九号一二八頁以下、藤田宙靖・昭和五一年度重要判例解説三一頁以下。
（3）　東京地裁八王子支部決昭五〇・一二・八判例時報八〇三号一八頁。
（4）　原田・前掲注（2）一一〇頁。
（5）　同右一一〇頁。

（6）　同様の見解を示すものとして、濱秀和「行政訴訟に対する仮処分の排除」『実務民事訴訟講座8』（日本評論社・一九七四年）三二二頁。

（7）　参照、南博方＝高橋滋編『条解行政事件訴訟法〔第三版〕』（弘文堂・二〇〇六年）七四六―七四七頁以下〔鈴木庸夫執筆〕。

三　行政事件訴訟法四四条をめぐる学説の現況

行訴法四四条の趣旨については、これまで次のように説明されるのが通例であった。

「……民事訴訟法（現民事保全法――引用者）の仮処分は、本来、私法上の権利を当事者間の利益の調整を図りながら、比較的容易に認められる建前となっているので、これをそのまま、行政庁の処分その他公権力の行使にあたる行為について適用することは、必ずしも適当ではない。[8]」（傍点は引用者）

ここでは基本的に先の原田氏と同じ認識が示されているが、この他に、行政処分の執行停止は行政権の作用の性質を持ち、司法権の固有の作用には属さないという認識を前提に、行政処分の公権力性に強い影響力を与えるものであるから、特殊の配慮を必要とする、といった見解[9]が示されている。これらの見解は行訴法四四条について何を語っているのだろうか。

第一に指摘できることは、このような見解によれば行訴法による仮処分の排除は公権力の行使を対象とする訴訟一般に向けられており、その訴訟形式に関する限定がない、ということである。もちろん公権力の行使を攻撃する訴訟であるから、通常の民事訴訟が含まれないはずであるが、のちにみるように間接的に行政処分を攻撃するにすぎないいわゆる争点訴訟にも仮処分の排除が及ぶと解する学説もある。抗告訴訟と解されている無効確認訴訟がその対象とされるのはいうまでもない。

第二に次の点も指摘しておかなければならない。すなわち従来、「公権力の行使」概念は取消訴訟を前提とせず、つまり当該行為を争う訴訟形式と切り離して理解されてきたため、「公権力の行使」概念が一人歩きし、具体的な訴訟形式との関連なしに、公権力性を帯びるとされる事実行為についても、仮処分の排除が自明のものと解されている、ということである。武蔵野マンション事件における下水道の使用を求める仮処分に対する東京地裁の判断はその好例である。(10)

以上のような伝統的な考え方はどのように評価されるべきであろうか。この説の特徴はその立脚点が基本的に公法・私法二元論にある、ということである。実体法に公法・私法の区別があるように、民事訴訟法と行政事件訴訟法がそれぞれの法体系の手続法として存しており、前者の制度である仮処分が、原則として後者の訴訟において適用がないのはある意味では当然のことなのである。すなわち、行政行為ないし公権力の行使をめぐる紛争は公法上の法関係に属するがゆえに行政訴訟の対象となり、したがってまた仮処分の適用が排除されるというのである。(11)仮処分適用排除の理由が、民事訴訟法の仮の権利保護制度の「安直さ」に求められ、またそれが公権力を直接攻撃する訴訟形式である抗告訴訟に限定されないのは、この文脈でよく理解しえよう。(12)しかしながらこのような解釈は、公法・私法二元論がほぼ否定されたと思われる今日、根本的な批判にさらされなければならないだろう。行政行為が取消訴訟の対象となるのは、それが公法上の法律関係に属するからなのではなく、それが公権力の行使たる実体＝公定力をもつからなのだとされ、また、公法上の当事者訴訟に関する規定もこれを死文とみる見解もあるなど、(13)行政事件訴訟法を公法体系の手続法とする理解は厳しく再検討を迫られている。そうであれば、行訴法四四条の立法趣旨として、仮処分の「安直さ」をあげるのはいかにも説得力を欠くし、たとえば公定力を前提としない争点訴訟にも仮処分の適用を排除するという解釈は、必ずしも論理的とはいえないように思われる。

これに対して次のような少数説がある。それによれば、行訴法四四条は、「行政庁の公権力の行使ないし行政処分を直接攻撃する訴訟形式として抗告訴訟を利用した場合に」、その仮の権利保護手続として民事保全法の仮処分を排除しようとするものである、とする。(14) この見解によれば、仮処分の適用が排除されるのは行政訴訟のうち取消訴訟と無効確認訴訟に限られることになる。この説は公法・私法二元論には立たず、民事訴訟と抗告訴訟の構造上の違いに着目して立論しているようにみえる。そのことは千葉地裁の判決（昭五一・八・三一）(15)を肯定的に紹介しているところから読み取りえよう。すなわち、「非権力的行政処分に対しては、法益救済の便宜からみても、訴えの利益をもつ者において、取消訴訟、執行停止申請の手続によつて救済をうけることができるほか、原則として権力的な行政処分のごとく公定力および不可争力をともなわないので、右救済を利用せず仮処分を含む民訴法などを選択して法益主張することも許されるとする。」(16)（傍点は引用者）ここでは仮処分の制度が、公法上の訴訟ないしは抽象的な公権力一般を争う訴訟と相いれないというのではなく、公定力、あるいは不可争力という効力との関係で排除されるのだ、との理解が示されているように思われる。行訴法四四条の射程を、「行政処分を直接攻撃する訴訟形式として」(17)の抗告訴訟に限定するのは、そのような理解の必然的な結果である。このような理解によれば、争点訴訟はもちろんのこと、公共工事についても、それが行政処分を前提にしている場合はともかく、公共工事「それ自体に対しては民事訴訟法に定める仮処分の適用を認め」るべきだとされることになる。(18)

この説に対しては、もともと行訴法四四条の立法趣旨が、「主としてほんらい仮処分の適用があるとみられる処分の無効を前提とする現在の法律関係に関する訴訟――これには行政事件である当事者訴訟と民事事件である争点訴訟がある――等について仮処分を制限することを目的とした」（傍点は原文）ものであることに反する、という批判(19)が寄せられているほか、明文上仮処分が排除されている無効確認訴訟とのバランスをどう考えるか、という困難な問題がある。

さて以上のような学説の現況に対して、私たちは行訴法四四条をどのように理解すればよいか、以下論点を整理しながら検討を加えてみたい。

(8) 南博方編『注釈行政事件訴訟法』(有斐閣・一九七二年)三七九頁。
(9) 雄川一郎『行政争訟法』(有斐閣・一九五七年)二〇七頁。
(10) 大阪空港騒音公害訴訟大法廷判決もそのような論理に立脚するものであった。参照、岡田雅夫「公共施設論」『現代国家の公共性分析』(日本評論社・一九九〇年)二二四頁以下。
(11) もっと徹底した考えもみられる。たとえばみよ、仲江利政「公権力の行使と仮の救済」『新・実務民事訴訟講座10』(日本評論社・一九八二年)二八頁。曰く、「しかし非権力的行政作用は、あくまで行政上の行為であって私法上の行為ではない。したがって、仮の救済としてこれに無条件で仮処分を適用することには問題がある。」
(12) 言及されることはないが、いわゆる実質的当事者訴訟に仮処分の適用があるのは、行訴法七条に根拠が求められる、ということになろうか。
(13) もっとも最近これを活用しようとする見解が有力に主張されている。参照、南博方編『条解行政事件訴訟法』(弘文堂・一九八七年)一六二〜一六四頁〔碓井光明執筆〕、なお参照、同書八五頁以下〔高木光執筆〕。
(14) 村田哲夫「仮処分禁止」山田他編『演習行政法(下)』(青林書院新社・一九七九年)一五〇頁。
(15) 判例時報八三六号一七頁。
(16) 村田・前掲注(14)一五二頁。
(17) 同右一五四頁。
(18) 同右一五二頁。
(19) 越山安久「行政事件と仮処分」判例タイムズ一九七号一〇九頁。

四　取消訴訟と仮処分

現行法上明らかに取消訴訟の対象となる紛争には仮処分の適用はない。それはなぜか。行訴法四四条がそれを禁じているからである、というのがその答えである。では行訴法四四条を廃すれば取消訴訟にも仮処分の適用がありうるのか。このような問いに対して、行訴法四四条の立法理由を仮処分の「安直さ」に求める通説からは、あるいはこれを肯定する答えが導かれるかもしれない。[20] しかしもちろん通説の立場からしても答えは否、であるはずである。仮処分排除の根拠に、民事法の法律行為との質的違いをもたらす契機である行政処分の「権力性」をあげるのは、そのことを推測させる。[21] とすればそれはけっして仮処分の「安直さ」ゆえではないはずである。この点、通説の見解は余り踏み込んだ説明をしていない。一般に次のように主張されるのみである。曰く、それは行政処分が公権力の行使たる実質を有しており、仮処分がこれと相いれないからである、と。この理解は必ずしも誤っているとはいえないが、いくらか曖昧な部分を含んでいる。なぜ公権力性が仮処分と相いれないのか。相いれないとは具体的にどういうことなのか。通説の見解はこの点必ずしもはっきりとは説明していない。

よくもちだされる例で考えてみよう。たとえば農地買収処分をめぐる紛争において、この農地を国に引き渡すことを妨げることを内容とする仮処分は許されないということになろう。通説の理解によれば、農地買収処分が公権力の行使たる性質を持つから仮処分が適用されないということになる。ではそこで仮処分を排除させる「公権力」とは具体的にいったい何なのだろうか。それは農地買収という行政作用を確実に実現させる力のことであるらしい。あるらしいというのはいかにも曖昧な表現であるが、この点通説にとっては自明のことであるらしく、掘り下げた議論が見当たらない。たしかに「公権力の発動」たる行政処分は公定力を持ち、それは相手方国民の意思いかんにかかわらず、農地買収という行政作用の実現を担保すると解されている。そしてこの延長線上に仮処分の排除があるのであろう。すなわち公定力によって裏打ちされた通用力を、民事訴訟の仮処分による「妨害」から守るというのであろう。しかしこれで本当に納得のゆく説明になっているであろうか。問題は公定力が行政作用の実現を担保しているということの意味である。はっきりといいきっているものはいないが、それは行政処分が目指す目的を確実にないしは最終的に実現することを意味するかのように理解されている。たとえば次のような叙述をみてほしい。

「……埋め立てを希望するものに対して、法が当該公有水面の管理者の長をしてかかる権利の創設、授与を許容したのは、公有水面の埋立は、元来国土の狭小な我国において土地を造成するのであるから、これが公共の福祉に寄与するものであること勿論であるけれども、反面当該水面に権利を有するもの（法第五条）や施設を有するもの（法第一〇条）に対して少なからず被害を与え、更には対象が自然の公物であるだけに地元住民などその他の利害関係人に及ぼす影響も少なくないために、激しい利害の対立を招き、もし工事施工者においてそのすべての利害関係者の同意承認を得なければ工事に着手できないとするならば、事実上この種工事は実施不可能となるところから、法は公共の福祉増進の見地から国の公権力をもつて一定の要件と手続のもとに多数の権利者の意思如何に拘らず埋立に関する法律関係を一律に形成させ、その形成された法律関係を実現する埋立工事自体に対してはなんぴとも直接これを阻止し得ないものとし、もつて当該水面の埋立工事の遂行を容易ならしめようとしたものと解される。」(22)（傍点は引用者）

「なんぴとも直接これを阻止し得ない」のであれば、なるほど仮処分の適用も許されないということになるであろう。行政処分の「権力性」がそのような効力を意味するのであれば、行訴法四四条は明らかに注意規定ということになろう。しかしそれならば法治主義も何もあったものではない。けだし、かりに当該工事を根拠付ける法行為が行政処分であったとしても、それが違法であれば裁判所がこれを「阻止」し得る——但し取消訴訟手続によってのみではあるが――ことは、それこそ「なんぴとも」これを否定しえないであろう。したがって前述の主張の趣旨も、民事訴訟手続を通じるかぎり、という留保付のことでなければならない。けだし、行政処分といえどもそれが違法であれば、取消訴訟手続を通じてこれを阻止しうることは明らかだからである。通説の見解ではこの留保が曖昧にされているのではないか。

再び農地買収処分に話を戻して考えてみよう。もし国民の側の主張に理由があれば、農地買収処分といえども、取消訴訟を提起することによって、また同時に執行停止を申し立てることによってその実現を阻止しうるのである。すなわち、行政処分の「権力性」といっても、それが公定力を意味するかぎり、取消訴訟による取消判決確定までの暫定的なものにすぎないし、なによりも明らかなのは、司法権の前では（もちろん取消訴訟手続を通じてのみではあるが）ただの法律行為にすぎない、ということなのである。

少し整理してみよう。たしかに公定力は、その適法・違法いかんにかかわらず行政処分を通用させる効力であることは疑いない。しかしそれは、あくまでも取消訴訟によってその効力を取り消されるまでの暫定的な効力にすぎないのである。つまりあたりまえのことであるが、公定力は、裁判所に対しては――繰り返しになるが、取消訴訟という形式でなければならないが――無力なのである。もちろん取り消す旨の判決がなされるまで実効性を持つのであり、そのかぎりでこれを「権力性」の現れとみることに異論はない。しかしそれ以上でも以下でもない。つまり「公権力」といっても、処分の相手方が、処分後ただちに取消訴訟を提起し、同時に執行停止を申し立てれば、その申立てに根拠があれば、論理的にはその実効性を完全に阻止しうるのである。このように考えてくれば実は、執行停止と仮処分の間には質的な差はほとんどないといってよい。先程の例に戻れば、農地買収処分の効力を阻止するのが執行停止であり、農地の所有権を保全するのが仮処分なのであろうが、実際上の効果からすれば同じことであろう。もちろん執行停止には本案訴訟の係属が前提とされ、仮処分にはその必要がない（そしてそれこそが、行政処分から仮処分を排除する理由なのである)、という違いはあるが。少し先を急ぎすぎたようである。もう少し通説の論理を追ってみよう。

では通説の問題点はどこにあるのであろうか。それは通説的見解には公権力、したがって公定力についての、古い実体的・観念的理解がなお克服されずに残っているということである。それはこういうことである。たとえばある論者が、行政処分の執行停止は行政権の作用の性質をもち、司法権の固有の作用には属さないのだというとき、(23) そこでは権力性＝公定力が絶対的なものであり、あたかも司法権をも破る効力であるかのように理解されているのではないか。考えてみれば、かつて明治憲法下では公権力の行使たる行政処分を争う訴訟は、行政権の裁判所たる行政裁判所の管轄に属せしめられており、司法裁判所の管轄には属さないとされていたのである。もちろん現行憲法下では、行政処分といえども取消訴訟という形式の下においてではあるが、司法裁判所の管轄に属するわけであるが、なお右のごとき見解が通説の底流に流れていはしないか。そしてこのことが、公法・私法二元論の影響とあいまって、取消訴訟＝抗告訴訟と当事者訴訟の、いわば排他的並立という理解につながり、取消訴訟からの仮処分の排除という論理が導かれてもいるのではないか。有力説が、仮処分の排除を取消訴訟に限定せず、広く抗告訴訟を越えて争点訴訟にまで押し及ぼしているのは以上のような公権力理解があるからであろう。

前述したように通説は、行訴法四四条についてほとんど掘り下げた議論をしていないので、以上の要約は私の推論にすぎない(この点反論をお願いしたい)が、以下においてはこのような理解を前提に批判的検討を加えておきたい。

周知のように今日では、行政行為の公権力性の核心をなすとみられる公定力について、その実定法上の根拠が取消訴訟の排他的管轄にあるとの理解が広く受け入れられている。つまり行政行為が暫定的通用力を持つのは、行政行為を攻撃する訴訟が取消訴訟に限定されているからである。すなわち、公定力は取消訴訟のいわば反射的効果なのであり、取消訴訟という訴訟形式と離れては生じえないのである。誤解を恐れずにいえば、公定力とは行政行為に固有の効力ではなく、行政行為が取消訴訟の対象とされた場合に生ずる効果なのである。[24] そうであるとすれば、仮処分の排除を定める行訴法四四条も、訴訟形式と切り離して論ずることはできないのではないか。

ここで便宜上仮説として私見を提示しておこう。取消訴訟の対象となる行政行為には、行訴法四四条のあるなしにかかわらず仮処分の適用がない。けだし仮処分は公定力と矛盾するからである。その意味で同条は注意規定である。そのかぎりで通説の見解は支持しうる。しかしながらその理由は、行政行為が公権力の実体を持っているからというのではない。そうではなくて、取消訴訟――抗告訴訟一般ではない――の構造が仮処分の制度と矛盾するからだ、ということである。「公権力の行使」たる行為が対象となる訴訟[25]一般ではなく、取消訴訟の構造がである。つまりこういうことである。取消訴訟とはいうまでもなく、そこで対象となる行政庁の処分に公定的効果を付与する訴訟形式である。判決によって取り消されるまで暫定的効果をもつわけである。すなわち、取り消すということはその対象たる法行為が「通用している」ことを前提としているはずである。公定力があるとはそういうことであろう。そうであれば、その紛争の保全手続として、この暫定的効果、すなわち、行政行為が「通用している」ことから生ずる効果と矛盾する内容の仮処分の適用が許容されないのは自明のことである。[26] 仮処分は取消訴訟という仕組みの意味を没却するからである。

さて根拠はともかく、取消訴訟に仮処分の適用がないとする点では通説を支持しうる。問題は通説のいう、公権力の行使にかかわるその他の訴訟および「権力的事実行為」の取扱いである。次にこれらについて考察しようと思うが、その前にいわゆる形式的行政処分について触れておこう。

形式的行政処分についての仮処分適用の有無をめぐってはいくつかの見解があるが、[27] 排除説が有力といってよいであろう。ところで通説的見解によれば、形式的行政処分とは本来公権力の行使としての実体をもたない行為のはずであり、だとすればこの有力説の見解はいかなる論理で論証されるのであろうか。残念ながら、この点について正面から論じている見解はほとんどない。[28] 通説の立場に近いと思われる論者が次のような主張をされているのが見出されるのみである。

「……最近では公権力の行使には、必ずしも権力的行為のみでなく、形式上行政行為の形態を取り、又は行政争訟の対象とされたと考えられる形式的行政行為（形式的行政処分）をも含むと考えられるようになったので、公権力の行使は権力的行為とは同義語ではなくなったといえよう。ところで、この種の行政行為に対する仮の救済としては執行停止（行審三四、行訴二五）があるのみで、民訴法の仮処分は許されない（行訴四四）。[29]」（傍点は引用者）

「……学説は、形式的行為について行政訴訟と民事訴訟の両種類の兼備を認めるいわゆる『併用説』を展開しているが、公権力の行使の一類型として処分性の拡大を容認する以上単なる便宜論というほかなく、実務上は受け容れ難い……[30]」

「公権力の行使は権力的行為とは同義語ではなくなった」（！）という論者の認識が何を意味するのか私にはまったく理解できない。この論者は「民訴法の仮処分は、元来、私法上の権利関係について調整を図るのが目的であり、比較的簡単に認容されているのが実状であるため、これをそのまま行政訴訟に適用するのは妥当でないとの考慮から行訴法四四条が制定された」とし、また、行政事件であっても、「公権力の行使を阻害することとならないときは、仮処分が可能である」としている[31]が、ここで引用したような見解を持ち、かつ、いわゆる非権力的行政作用について「通常の民事訴訟と同一の訴訟手続、執行手続を適用することは疑問が多」いとしている[32]のは論理が一貫していないといわざるをえない。通説がこのような見解をとるかどうかはさだかではないが、いずれにしても通説の立場にたつ場合、この点の処理がポイントになる。

私見は取消訴訟の対象とされることを仮処分排除の根拠と考えているので、いわゆる形式的行政処分についても仮処分が排除されるのは当然のことだと考えている。

(20) 参照、『行政事件訴訟特例法逐条研究』（有斐閣・一九五七年）豊水発言「最高裁の判例だと、兼子先生のお話と違って、一応特例法の施行前は仮処分できるという前提に立っているのでして、この七項は注意的規定ではなく、創設的規定としているのですね」（同書四〇八頁）。

(21) 参照、同右田中発言「……私は、裁判所は、一定の裁判的手続で審理をし、その結果、法律的な判断として、処分の適法か違法かについて判決するという権限をもっているわけですが、そのことから、これも一種の裁判といえるのかもしれないけれども、普通の裁判の手続を経ないでする仮処分決定とか、執行停止とかのような一種の行政処分的な性質をもっている行為をする権限をも当然にもっているとは言えないのではないかというふうに考えるのです……」（同書三四一頁）。

(22) 津地判昭和四四・九・一八下民集二〇巻九＝一〇号六五八頁。

(23) 雄川・前掲注(9)二〇七頁。

(24) たとえば参照、阿部・前掲注(1)論文、ただ、この点なお突っ込んだ議論はなされていない。

(25) じつをいえばこのような表現のなかに重大な問題が含まれている。けだし、権力性が行政行為の固有の属性ではなく、取消訴訟の排他的管轄に根拠があるとすれば、取消訴訟という訴訟形式を離れて権力性を論ずることはできないはずだからである。その意味で、私見によれば抗告訴訟とは取消訴訟と同義である。

(26) もっともいま少し掘り下げて考えれば、執行停止制度でも公定的効果を妨げるものであるのだから差異はないのかもしれない。違う点があるとすれば、仮処分が行政処分が向けられている対象の保全を内容とするのに対して、執行停止が処分そのものを対象とする点にある。

(27) 参照、南編・前掲注(13)八八九—八九一頁。

(28) 兼子氏は、「ひとたび形式的行政処分と見たてて取消争訟手続を選択したならば、そのかぎりでは争訟期間の制限等その法制に従って救済を期待することになり、現行行訴法下では民事の『仮処分をすることができない』（四四条）ことになってもやむをえないとも考えられるであろう」（杉村敏正＝兼子仁『行政手続・行政争訟法』（筑摩書房・一九七三年）二九七頁）とされているが、その根拠は必ずしも明らかではない。

(29) 仲江・前掲注(11)三五頁。

(30) 同右五三頁。
(31) 同右五一頁。
(32) 同右五三頁。

五　無効確認訴訟と仮処分

では其の他の抗告訴訟についてはどうか。その他の抗告訴訟といっても、不作為違法確認訴訟は被保全利益が存在しないと解されるので、問題となるのは無効確認訴訟ということになる。現行法上、無効確認訴訟に仮処分適用排除の規定が及ぶのは疑いない。通説的見解もこれを認めている。しかしここには次のような解釈論上の問題点と、そのことと密接にかかわる理論上あるいは立法政策上の問題点が孕まれている。すなわち無効確認訴訟の双生児とでもいうべき争点訴訟について、執行停止制度が適用されないと解されているという問題であり、また逆にいえば、公定力をもたない、したがって公権力の行使といえない無効の処分を争う訴訟に関して仮処分を排除する（いったいこの仮処分の排除は行政処分のいかなる効力を守ろうというのであろうか）ということの意味という問題である。

通説的見解によれば、争点訴訟における仮の権利保護に関しては、それが間接的にではあれ行政処分を攻撃するものであるが故に行訴法四四条の適用をうけ、仮処分が認められないとされる一方、執行停止制度の準用がなされていないために、その恩恵にも浴せないと解されている。しかし考えてみれば無効確認訴訟と争点訴訟の差は、訴えの利益（原告適格）の差にすぎない。それにもかかわらず、前者には仮の権利保護があり後者にそれが認められないというのは、そこに明らかに論理矛盾があることを示しているといわざるをえない。つまりこういうことである。先の通説の見解に則していえば、もし争点訴訟の対象となっている無効の行政行為に関して行訴法四四条の適用があるのであれば、その無効の行政行為は明らかに公権力性を帯びているのであり、そうだとすれば民事訴訟である争点訴訟で争うことはもともと管轄外ということになり許されないはずである。なぜこのような矛盾が生じるのであろうか。それはいうまでもなく行政行為概念に内在する論理矛盾に起因する。

通説の論理にしたがえば、そもそも「無効の」行政行為という概念そのものが不可解な観念である。通説のいうように、行政行為がそれ自身の固有の属性として公権力性を帯びるものであれば、そしてその「公権力」の内実が公定力なる効力を意味するのだとすれば、処分行政庁、不服審査庁そして取消訴訟を受理した裁判所の判断が下される以前に、これに「無効の」という表現を付することはできないはずである。いいかえればこの三つの国家機関以外の何人も、行政行為の無効を判断しえない、それが公定力があるということの意味であろう。もちろんこのような批判に対しては、「無効の」行政行為は公定力をもたないのだ、との反論がなされるかもしれない。しかしだとすれば、ここに公定力をもたない、換言すれば「公権力」性を帯びない行政行為という観念――明らかに概念矛盾である――を認めざるをえないであろう。いや、無効といえども行政行為の外観があるかぎり、ある種の権力性(この権力性といわゆる取消の行政行為の権力性とどのように異なるのであろうか)を帯びるのであり、したがってまた抗告訴訟たる無効確認訴訟の対象とされるのだ、との反論があろうが、ではなぜ、権力性ではなく原告適格の有無により争点訴訟との振り分けがなされる(行訴法三六条は、無効確認訴訟の原告適格を定め、同訴訟を限定するという形をとっているが、じつをいえば、処分の相手方にとっては無効確認訴訟のほうが負担が重いのであって、原告側にとっては原告適格を認められないほうが有利であるという奇妙なことがある)のであろうか。

通説は次のような巧妙な論理で、「権力性」と原告適格の有無の判断をクロスさせ、この矛盾の解決を図ろうとしている。行訴法三六条は、無効確認訴訟の原告適格を判断する基準として、当該処分の続行性、執行性をあげている。これまで無効確認訴訟の原告適格が認められた事例を検討すれば直ちに判明するが、それらのケイスではほとんど当該処分が執行性をもつ（例外は申請に対する却下処分の無効確認を求める場合である）。たとえば課税処分、農地買収処分等。そしてこの続行性、執行性が「ある種の権力性」の正体なのである。もちろんこのような効力を支えているのは公定力に他ならない。しかし無効の行政行為であるから正面から公定力を認めるわけにはゆかない。これを認めればそれは取消訴訟の対象となる行政行為であって無効の行政行為などではありえないから。そこで処分の続行性、執行性の「権力的」イメージを利用するのである。行訴法三六条が、「当該処分又は裁決に続く処分により損害を受けるおそれ」といっているのは、まさにそのようなイメージの利用といってよい。ここに「行政行為の外観の存在」という「超論理」を導入してとりあえず矛盾の解決を図ってきた（？）のである。つまり、公定力に言及することなく、行政行為の外観→執行力→損害を受ける恐れ→訴えの利益（原告適格）という図式で。これが超論理だというのは明らかであろう。この執行力は法的正当性の根拠を欠いている。けだし続行性といい執行性といっても、公定力の裏付けがないかぎり法論理的に存しようがないからである。(33)

村田説によればどうなるか。先に言及したように(34)この説は、争点訴訟については行訴法四四条の適用はないと解し、仮処分の適用を認めている。そのかぎりで、無効確認訴訟との極端なアンバランスは克服されてはいる。しかしながらこの説も、四四条の適用排除の理由としては、「法益救済の途が行政訴訟においても必ず確保されるべきとの立場」（この立場そのものはそれとして正当なものではあるが）をあげるにすぎず、なぜ無効確認訴訟と異なって仮処分の適用が肯定されるのか、必ずしも説得的な根拠を示しえていないように思われる。

以上の説とはやや論理を異にするものに塩野氏の見解がある。それによれば行訴法四四条の法意は、「仮処分の禁止ではなく仮処分の制限である」とし、次のように論じられる。

「……執行停止制度との関係を考慮すれば、行政行為の無効の主張を前提とする本案訴訟との関連における仮処分権の限界とは、行政庁の第一次判断権を先取りするような形での仮処分の方法の禁止を意味するものと解するのが妥当であると思われる。したがって、行政庁の処分によって表見的に形成された法律関係と抵触するような処分、あるいは、処分前の現状における法律状態に基づく仮処分については、すでになされた行政庁の第一次判断のレビューの結果なされるものであって、それ自体としては、公権力の行使の積極的な侵害ないし先取りを意味するものでないので、執行停止の要件と同じ判断基準による限り許されるものと解する。」(35)

この見解は、氏の行訴法三六条の解釈から、実際に争点訴訟の対象となるのが執行性を備えない処分であるという現実的判断を前提にしている。(36) 執行性を備えた処分は通常無効確認訴訟の対象となるから、争点訴訟に残された処分の特徴は、いかなる意味においても執行性という意味での「権力性」と関係がない、というところにある。ではこの見解に問題はないであろうか。

解釈論としてはともかく、この見解にも理論的には次のような疑問がある。すなわち、同じく無効の行政行為にもとづく紛争であるにもかかわらず、しかも原告適格の差があるにすぎないのに、無効確認訴訟では執行停止しか認められず、争点訴訟では仮処分が認められるということのアンバランスである。もちろんこのアンバランスは従来の説に比べるとはるかに小さい。というより内容的には差はない。しかし、後者は本案訴訟の提起を必要としないのであるから（加えて、仮処分は執行停止に比べると「安直」に認められる可能性もある?）、その差はけっして小さくない。もちろんこれは基本的には立法論にかかわる論点であり、筋違いの批評であるとの誹りを免れないが、国民の裁判を受ける権利の問題であることに鑑みれば、もうすこし掘り下げた検討がなされるべきであると考える。

なぜ、同じ無効の行政行為を対象とする無効確認訴訟と争点訴訟の間に右のような差があるのだろうか。それは塩野氏による無効の行政行為の理解（それが通説であるが）に論理矛盾があるからである。塩野氏は無効確認訴訟を「時機に後れた取消訴訟」であると認識される。(37) そのかぎりで無効確認訴訟に仮処分の適用がないのは自明のことといってよい。けだし論理的にはこの無効の行政行為には公定力があるといわざるをえないのだから。しかしながらこのような理解にたつのであれば、争点訴訟はいかにして成立しうるのであろうか。この点について明確な言及はないが、結局、争点訴訟の前提となる無効の行政行為には、公定力がないとの理解にたたれるものと思われる。そうするとここに、公定力のある無効の行政行為と公定力のない無効の行政行為が想定されざるをえない。無効の行政行為の理解に論理矛盾があると解される所以である。(38)

以上見たように、これまでのいずれの解釈理論も、いわゆる行政行為の無効理論の矛盾といわなくてはならない。その意味で根本的には立法的解決を図るほかないと思われるが、現行法の解釈としては次のように考えておきたい。別の機会に論じたように、(39) 現行の行政事件訴訟法の定める無効確認訴訟は、論理的には取消訴訟の一種の再審手続（厳密にいえば最初の訴訟であるから「再」審ではなく、塩野氏がいわれるように「時機に後れた」取消訴訟というのが正しい）と理解するほかない。問題は行訴法三六条の解釈である。この点にかかわって私は、いわゆる行政行為の無効を処分庁と処分の名宛人との間の「紛争の不存在」と解すべきであり、行訴法三六条はその場合の原告適格を排除する規定であると解すべきであると考える。行政庁とのあいだに処分の適法・違法をめぐって紛争が存すれば、「時機に後れた取消訴訟」たる無効確認訴訟の原告適格が認められることになる。そうであればそれはあくまで「取消訴訟」なのであるから、これに仮処分の適用を認めないのは自明のことということになる。これに対して行政庁とのあいだにそのような紛争が存しなければ、当該処分の効力を適用させなければならない法的必要性はない（公定力の不存在）のであるから、その余の紛争は民事訴訟、すなわち争点訴訟に委ねられることになり、これに仮処分の適用を認めてもなんの不都合もないことは明らかである。

(33)　無効確認訴訟にいわゆる事情判決が準用されていないのはその論理的帰結。ただし他方で執行停止制度を準用するという論理矛盾をおかしている。

(34)　本書一一三頁。

(35)　塩野宏『行政法II〔第三版〕』(有斐閣・二〇〇四年)一九〇―一九一頁。この点、行政事件訴訟法の改正を受けて、次のように論じていられる。「争点訴訟における仮の救済手段としては、ミニマム、無効確認訴訟における仮の救済としての執行停止と同程度の仮処分は排除されていないとみるべきものと解される」(同書〔第四版〕二〇〇五年。二〇六―二〇七頁)。

(36)　次のように論じられる。「無効確認訴訟は時機に後れた取消訴訟であるということに留意する必要がある。すなわち、取消訴訟の機能(前出六四頁)のうち、原状回復機能は現在の法律関係に関する訴訟により満足させることが可能であるが、差止機能、再度考慮機能、合一確定機能は現在の法律関係に関する訴訟によっては達成し難いものである。そして、原告の求めるところが判決のかかる機能である場合には、無効確認訴訟の訴えの利益が認められてよい。」(塩野・前掲注(35)一七一頁、傍点は引用者)

(37)　塩野・前掲注(35)一八三頁。

(38)　もっとも塩野氏は、別のところで、無効の行政行為は「いかなる訴訟でも、その無効を前提として自己の権利を主張できる」とされており(『行政法I〔第四版〕』(有斐閣・二〇〇五年)一三六頁)一貫していない。なお一般に「確認の利益があると無効確認訴訟を提起できる」(たとえば塩野・同上)とされるところから明らかなように、争点訴訟ではなく無効確認訴訟を提起することが原告にとって利益であるかのように捉えられているが疑問である。行訴法三六条は、原告に抗告訴訟の提起という負担を課すものではないか。

(39)　岡田雅夫「行政行為の無効と取消の区別について」阪大法学四三巻二＝三号(一九九三年)下巻四五五頁以下〔本書第一部第三章以下〕。

六　公共工事と仮処分

最後に公共工事を争う場合の仮処分の適用の問題がある。学説は仮処分の適用に概ね肯定的である。その根拠は、公共工事そのものは権力性を帯びないというように尽きる。[40] 結論そのものは正解である。しかしながらこのような論理では、たとえば公有水面埋立免許と埋立工事とにかかわって、工事を全面的に禁止することは実質上免許処分の効力を停止する作用をもつことになるから、後者に対する仮処分は不適法であるとする見解[41]に対しては必ずしも的確な批判がなしえないように思われる。たとえば阿部氏は、「結論的には、埋立権の成立自体を争う場合は埋立免許を攻撃するのと実質的に同様になるので仮処分は許されないが、埋立権の成立自体は認め、工事方法等が私権を侵害するとして争う場合は仮処分が可能と解される（ただ、なお両者の区別の困難な場合があることは認めなければならない[42]）」としている。

このような困難も、公権力の観念を取消訴訟と切り離して用いることから生ずるのである。仮処分の排除が取消訴訟の構造から導かれるものであるとすれば、原則として取消訴訟の対象とならない公共工事に、行訴法四四条の規定の適用がないのはむしろ自明のことといってよい。公共工事に仮処分を認めると、先行する行政処分を争うのと同様の結果になる場合があるとすれば、それは間違いなく公共工事が先行処分の射程内にあるはずである。ある論者が、「公共工事に先行する行政処分を行うにおいて行政庁の判断に認められる優越性には自ずから一定の限界が存し、その限界を超える部分には公権力性は及ばない。行政庁はその行政処分を行うにおいて公共工事が影響を与えるであろうすべての権利・利益を考慮するわけではなく、考慮したとしても、それによって人格権、財産権等に基づく差止請求権が封じられるとするためには、それらが具体的に工事によって必然的に影響を受けるものと予定されていると解されえない限り、特段の根拠を要すると思われる[43]」とするのは、この論者がそのことを自覚されているからにほかならない。

(40)　参照、南編・前掲注(13)八九三頁以下。
(41)　津地判昭四四・九・一八下民集二〇巻九＝一〇号六五八頁。
(42)　阿部泰隆「公有水面埋立免許と救済手続」ジュリスト四九一号九九頁。
(43)　岡村周一「仮の救済」ジュリスト九二五号一八〇頁。

七　おわりに

行訴法四四条の仮処分適用排除の射程は、理論的には取消訴訟のみである、というのが本稿が到達した結論である。この結論は、行政行為の公定力＝「公権力性」の根拠を、取消訴訟の排他的管轄に求める近年のわが行政法学の共通理解の、いわば必然的帰結であると思う。それならばなぜ、通説がそのような見解を採用しないのであろうか。この点を解明するためにはなお多くの作業が必要である。ここではそのような作業のための論点整理を行うことによって、本稿のまとめとしたい。

第一に検討しなければならないのは、なお合意がえられていない取消訴訟の「排他的管轄」の対象となる行政の法行為の認定方法に関する議論である。通説は依然として行政行為の「権力性」の判断基準を当該法行為の実体に求めている。これに対して私見は、個別の法律の授権が必要であると考えているが(44)、取消訴訟のいわば「優先的」管轄を説く浜川説(45)もあり、なお掘り下げた議論が必要であると思う。

第二は、第一の論点と密接にかかわっているのではあるが、排他的管轄が認められる訴訟形式にかんするものである。わが国行政法学においては、取消訴訟と抗告訴訟が、その概念の相互関係について必ずしも厳密な吟味なしに用いられているように思われる。すなわち、通説、そしてそれにしたがった現行法によれば、取消訴訟は抗告訴訟の一類型に過ぎず、この他に不作為違法確認訴訟、それに無効確認訴訟が法定の抗告訴訟に属することとされているほか、学説上は無名抗告訴訟も主張されているが、このような理解には重大な疑問がある。実定法が選択したシステムに異を唱えるのは、解釈論としてルール違反であるとの誹りを免れないかもしれないが、行政事件訴訟法全体にかかわる重要な問題であると思われるのであえて論及しておきたい。それは、通説、現行法の公権力理解が、依然として実体的になされているということである。換言すれば、いわゆる公定力を、ある法行為に固有の、それに本来的に帰属する効力としてみ、この間の共通理解である、行政処分に関する取消訴訟の排他的管轄と切り離して理解しているのである。そこで「公権力の行使たる行政行為」が一人歩きし、それが論理矛盾だということが分かっていても、取消訴訟以外に抗告訴訟の他の類型を作りだす必要があるわけである。もっともこの共通理解が真に共有されているかどうかが問題ではあるが。

私の理解によれば、行政処分にいわゆる公定力を生ぜしめるのは、取消訴訟の排他的管轄であり、ここで取消訴訟とは、文字通り取消訴訟のみを意味すべきものである。ある論者が次のように主張されるとき、農地買収処分を受けた者が、取消訴訟のみを提起すべきだという点はともかく、民事訴訟ではなく、まずは取消訴訟を提起することになるとする根拠はいったい何に求められているのであろうか。

「……農地買収処分を例にとると、農地買収処分を受けた者がこれに不服がある場合、取消訴訟を提起して、その処分の取消しを求めることができる。この法律には、買収処分の効力を否定するのはこの取消訴訟だけである、ということはどこにも書いていない。しかし、法律がせっかく取消訴訟制度を用意しているのは、この制度を使うのが便宜であるというにとどまらず、訴訟の段階で処分を直接に攻撃できるのはこの訴訟だけであるということを含んでいる、と解するのが素直ではないか。これが、昨今、取消訴訟の排他的管轄と呼ばれているところであるが、これを前提とすると、その取消訴訟以外では裁判所といえども処分の効力を否定できない、という公定力を示す効果が処分に認められることとなるのである。(46)」（傍点は引用者のもの）

取消訴訟の排他的管轄が公定力を導き出すという理解にかんするかぎり正当といってよい。しかしここから、だから行政行為は権力性を帯びた法行為であり、取消訴訟の対象となる、したがってこれを攻撃する訴訟はすべからく抗告訴訟でなくてはならないと主張するとすれば（ここに行政行為概念の一人歩きが始まる、もしくは行政行為概念と公権力概念のトートロギー）それは明らかに論理のすり替えであるといわざるをえない。

（44）　岡田雅夫「方法論としての行政行為概念」岡山大学法学会雑誌三四巻三号三一頁以下〔本書第一部第一章以下〕。

（45）　浜川・前掲注(1)論文。

（46）　塩野・前掲注(38)一三一—一三二頁。

第二部　行政主体と公権力の概念

第一章　行政主体論
――行政権、行政権の主体、行政主体

一　問題の所在

わが国行政法学においては、行政法学を体系的に論ずる際に、しばしば「行政主体」なる観念が用いられる。行政法とは、行政主体たる国・地方公共団体その他の公共団体と国民との間の法関係に適用されるものである、とされ、あるいは、行政組織法とは、行政主体の組織に関する法である、とされるのがその例である。[1]いうまでもなく行政主体の観念は講学上のものであり、実定法上、行政主体に関する定義的意味をもった規定は存していない。したがって、行政主体が何であるかについては、もっぱら理論的に明らかにされるほかない。

一般に行政主体とは、行政上の法律関係の当事者のうち、行政を行う権能を有する側を指称するものとされ、[2]その意味で行政主体とは、行政権の主体あるいは統治権の主体と同義に理解されている。[3]このような理解に立てば、統治権の主体たる国、およびその権能の由来をどのように理解するかはともかく[4]国と並んで統治権の担い手とされ

る地方公共団体が行政主体とされることに異論はないだろう。[5] 問題は、国・地方公共団体のほかに行政主体とされる「その他の公共団体」が具体的に何を意味するかである。

行政主体が、行政上の法律関係の当事者であって、行政を行う権能を有するものであるとすれば、右の問題に対する回答は一見簡単なもののようにみえる。ところが、じつはこれがそれほど容易なものではない。けだし、行政を行う権能といっても、肝心の行政が何であるかが明らかでないからである。行政とは何か、にこたえることが行政法学の出発点におかれた課題であり、ドイツにおいて行政法学が成立して以来、一世紀にわたって問われ続けてきていながら、未だに意見の一致をみていないものであることは周知のところである。[6] かくして、行政とは何かが明らかにされない以上、行政主体の観念はついに定義不可能であるかのようにみえる。

右のごとき事情にかかわらず、従来わが国では行政主体とは「公法上の法人」であるとする見解が、さしたる異論もなく広く受け入れられてきた。[7] なぜ行政主体＝公法人という理解が、長い間通説的地位を占めてきたかは、学説史的により詳細に検討する必要のある問題であるが、きわめて図式的にいえば、公法と私法の二元論が行政法学の思考枠組として成立しえた段階では、右のごとき理解は理論的にだけでなく、現実的＝実定法的にも妥当しえたということであろう。[8] 実定法上の根拠はともかく、国・地方公共団体も理論的には公法人と解しえたから、[9] 伝統的行政法学の思考枠組にあっては、行政主体＝公法人論はかなりの説得力をもって通用しえたのである。こうして伝統的行政法学は、行政とは何かを未決定のままに、行政主体を定義することに成功していたのである。[10]

現代行政の展開はしかしながら、行政法学における公法・私法二元論の思考枠組を崩壊させ、そのことによって、行政主体に関する右のごとき理解に根本的な反省を迫るに至った。国民の生活のすみずみにまで及ぶ現代行政の展開は、今日、国・地方公共団体、その他これに準ずる公共団体のみによってはその責を果たしえなくさせた。そこには、従来の公法・私法二元論の思考枠組にはまりきらないさまざまな法形式の組織、団体が公行政の遂行主体として登場してきている[11]。それらの多くは、直接個別の法律に根拠を有するいわゆる特殊法人[12]であるが、その内容については公社・公団のごときわめて公的色彩の強いものから、公私混合の株式会社のように私的会社とほとんど区別しえないものにいたるまで及んでおり、これを何らかの法的メルクマールで統一的に把握することは非常に困難である。ましてこれらの団体から、公法人性をメルクマールに行政主体を析出することは不可能といわなければならない。この間、後でとりあげるように何人かの論者によって、公法・私法二元論の地平から離れたところで、行政主体論の再構成の試みがなされているのは、右のごとき状況の必然的帰結といってよい。

本章では、現代行政が行政主体論に投げかけた問題提起を念頭におきながら、行政法学における行政主体概念の存立基盤を解明することにしたい。なお、後述するように行政主体概念は、全体としての行政法体系の鍵となる観念であって、以下の作業は作用法にも及ぶこととなる。それどころか、従来の行政法学は作用法中心に論ぜられてきており、行政主体概念も、その法的意義は組織法の領域においてより作用法の領域においてよくあらわれていることに注意しておく必要がある。

（1）　代表的な教科書をあげておこう。田中二郎『行政法上巻〔新版全訂第二版〕』（弘文堂・一九七三年）二四頁、今村成和著・畠山武道補訂『行政法入門〔第八版〕』（有斐閣・二〇〇五年）二三頁以下、原田尚彦『行政法要論〔全訂第六版〕』（学陽書房・二〇〇五年）一四頁、柳瀬良幹『行政法教科書〔改訂版〕』（有斐閣・一九六三年）二九頁、藤田宙靖『第四版行政法Ⅰ（総論）〔改訂版〕』（青林書院・二〇〇五年）一三頁など。

（2）　たとえば、藤田・前掲注（1）一四頁。

（3）　田中・前掲注（1）二六頁、なお田中二郎『新版行政法中巻〔全訂第二版〕』（弘文堂・一九七六年）二頁。

（4）　伝来説か固有権説かをめぐる議論があるのは周知のところであろう。とりあえず参照、成田頼明「地方自治の保障」『日本国憲法体系第五巻』（有斐閣・一九六四年）二三一頁以下。

（5）　たとえば、藤田宙靖『行政法学の思考形式』（木鐸社・一九七八年）六五頁、塩野宏「特殊法人に関する一考察」『現代商法学

の課題上』（有斐閣・一九七五年）三七五頁。

（6）鵜飼信成『行政法の歴史的展開』（有斐閣・一九七〇年）八頁以下参照。なお塩野宏「行政における権力性」『基本法学6権力』（岩波書店・一九八三年）一八〇—一八一頁。

（7）藤田・前掲注(1)六八頁以下、田中・前掲注(3)一八九頁。

（8）塩野・前掲注(5)三九一頁。

（9）国については実定法上の根拠は皆無であるが、民法上の法人でないことは明らかであろう。

（10）むろんそこにきわめて巧妙なトートロギーがひそんでいることは藤田教授の指摘されるとおりである。藤田・前掲注(1)八〇—八一頁。

（11）遠藤氏は、国、地方公共団体以外の行政の担い手を「機能的行政組織」として理解することを主張されている。遠藤博也『行政法II（各論）』（青林書院・一九七七年）七九頁以下。

（12）特殊法人については、舟田正之「特殊法人論」『現代行政法大系7』（有斐閣・一九八五年）を参照。

二　伝統的行政法学における行政主体概念の意義とその問題点

既述のとおり行政主体概念は実定法上のものではない。それは、行政法学がその体系を形成するに際して採用したきわめて重要な概念である[13]。したがってこの概念がいかなる意義をもち、その理論的射程がどこまで及び、そしてそれが現代の行政法現象の説明にどこまで役立ちうるか、といったことを明らかにするためには、従来の行政法体系における行政主体概念の理論的位置づけを検討しておくことが不可欠である。そこで以下、伝統的行政法学[14]における行政主体論を整理・分析してみたい。

1　行政法序論における行政主体概念

行政法学の対象とその方法を明らかにすることを目的とする行政法序論は、行政法総論が法典として存在しないという事情の故に、その出発点から大変困難な問題に直面する。行政法に属すると考えられる個別法をみれば、いくつかの領域で、行政の観念が用いられていることが分かる。たとえば、内閣法には行政権の行使（内一条二項）あるいは行政事務（内三条一項）などの表現がみえるし、国家行政組織法には、法律の表題に行政の語が用いられているほか、行政機関（行組一条）の語が用いられている。このほかいくつかの法律に、行政庁の観念が見出される（行政不服審査法、行政事件訴訟法など）のはよく知られているところであろう。しかしながら、これらの個別法から、行政に関する一般的・統一的な説明を導き出すことはきわめて困難である。(15) それどころか少なからぬ法律は、その法令中に一切行政の語を用いていない（たとえば、警察官職務執行法、道路交通法、国家賠償法などを見よ）。このように行政法学は、その対象たる行政法の観念を実定法の中に見出すことができない。そこで従来の行政法学は、行政法の定義をもっぱら理論的に行う努力をしてきたのである。

そこでここでは、そのような理論作業の典型例をとりあげて、その論理構造を分析してみることにしよう。

「行政法は、行政に関する公法である。ワルター・イェリネックもいうように、行政法とは、行政に関する法の全部ではなくて、『行政に固有な法』（das der Verwaltung eigentümliche Recht）なのである。広く行政というときは、国家や公共団体のような行政主体が、公の行政権の主体としての立場で行う作用のみならず、私人と同じ立場で行う私経済的な作用をも包含する。ところが、後者の場合には、国家や公共団体のような行政主体も、私人と同様、私法の適用を受ける。行政法は、このような私人の立場における国家（ドイツではこれを国庫と呼び、わが国でも国庫という言葉が用いられることがある）や公共団体に適用される法を含むものではなく、広義の行政に関する法の中から、私法を除き、専ら行政に特殊固有の法、すなわち、公法のみを指す」(16)

（傍点は原文）

みられるように行政法とは、まず「行政に関する法」だとされる。[17] いったいここで行政とは何であろうか。行政法が、国や公共団体の作用に関する法であるとすれば、右にいう行政とは、すべての国家機関の作用でなければならず、少なくとも実質的意味における行政でなければならないであろう。しかるに従来の行政法学にあっては、右にいう行政とは、行政権の作用、すなわち形式的意味における行政を意味している。次のように主張される。

「……行政法は、行政権の観念を中心観念とするという点において、立法権の観念を中心とし、立法権の組織及び作用を規律する法たる立法法（Gesetzgebungsrecht）及び司法権の観念を中心観念とし、司法権の組織及び作用を規律する法たる司法法（Justizrecht）と区別される。[18]」

行政法は行政に関する法である、という命題は決してまちがいとはいえないであろう。国家の作用のうち国会の専権に属する立法作用は、国権の最高機関の行為であるとともに、その抽象的性質の故に、他の国家作用とは法的取扱いを異にすることは明らかであるし、また、司法作用たる裁判も、国民に対して具体的判断を加える点では行政と類似するとはいえ、それが最終的な紛争解決制度であるが故に、判決に対する不服については特別の手続が用意されており、そのかぎりで他の国家作用と同列に論じえないのはいうまでもない。それ故、行政法をほかでもない行政に関する法であるとするのは事理にかなったものといいえよう。しかしながら、行政を行政権の作用であると主張するのであれば、ここには重大な論理の飛躍があることを指摘せざるを得ない。

第一に、行政から立法作用並びに司法作用を除外することには合理的な理由があるが、立法権、司法権の作用をすべて除外することにどのような意味があるだろうか。右にみたように立法作用や裁判作用が行政概念に含まれないのは、それらが立法あるいは判決であるが故であって、立法府ないし司法府の作用であるからではけっしてない。それどころか、国会も裁判所も、内閣をはじめとする行政府と同様国家機関の一つであることには変わりなく、限られた範囲においてであれ実質的意味における行政作用の主体たりうることは疑いのないところであろう。

また第二に、行政権の作用といってもそこには抽象的規範の制定（いわゆる行政立法）も含まれているのであって、行政立法が、他の行政作用形式（たとえば行政行為や行政契約）と同列に論じえないことも周知のところである。[19]

いったい、行政法学の対象たる行政とは、国、公共団体等の活動なのであって、決して一国家機関たる行政権のそれではない。国民ないし住民が、法的場面で対応するのはまさしく権利義務の帰属主体たる国であり、公共団体なのである。現実の行為主体がいずれの国家機関であるかは法的には関心の対象とはならないのである。[20]

以上のごとき事情にもかかわらずそれではなぜ、伝統的行政法学は、行政法を行政権の観念を中心にして構成しようとするのであろうか。いうまでもなくこの設問は、本稿の問題提起そのものであって、ここで結論を出すことはできないが、以下の議論の展開を図るため一応の仮説を示しておくこととしたい。それはこうである。先にみたように行政法の定義は、行政に関する法というだけではなく、行政に関する公法である、とされる点にかかわる。すなわち、行政法がほかでもない公法である、ということを論証する方法として、行政権の観念が採用されている、ということである。

すなわち伝統的行政法学によれば、行政法とは単に行政に関する法というだけではすまされない。それだけでは定義として不十分なのである。なぜなら単に行政[21]という場合には、国や公共団体が、「公の行政権の主体としての立場で行う作用」のみでなく、私人と同じ立場で行う「私経済的な作用」をも含んでいるのであって、いうまでもなく後者は私法に服するのであるから、これを含めて行政に関する法全体を行政法ということはできないからである。そこで行政法とは、私人と同等の立場に立たないもの、つまり、国や公共団体が「公の行政権の主体」として活動する場合に服する法のみを指称するとされるのである。そしてこの行政権の主体は、私人と同等の立場に立つものではないから、それが服する法は非私法、すなわち公法であるとするのである。確かに国や地方公共団体のある種の作用は、私法に服さない。なぜか。それは、そのようなある種の作用を行う場合の国や地方公共団体が私人とは異なる「公の行政権の主体」たる立場に立っているからである。そしてまさに行政権の主体としての立場での作用が服する法であるから、それは公法にほかならない、というわけである。論理のポイントはまさにこの点にある。

行政法を定義する場合、そこに登場する主体は単なる国家とするだけでは不十分なのである。なぜなら国家は私人と同じ立場に立ちうるから、私経済活動の主体となる国家は、公法たる行政法の定義には不都合だからである。公法たる行政上の法律関係に登場するのは、「公の行政権の主体」という肩書をもった国家でなくてはならない。要するにそれは、非私人を意味する必要があるのであり、かつ、それで十分なのである。したがってそれはある意味では行政権である必要はない、行政権であればよいのである。行政主体が、「統治権」の主体と呼ばれたり、「公権力」の担い手と呼ばれることがあるのは、右の事情をよく物語っているといえよう。(22)

このように、公法として性格づけられる行政法が導き出されるためには、国家が二元化される、私人と同じ立場すなわち私的法主体としての国家と私的法主体でない国家とに、である。そして詳細は後述するところにゆずるが、行政権の主体（行政主体）としての国家が、行政法の公法性を媒介するものとして登場するのである。(23)ここにおいて、行政を行う権能を有する法主体を指称するはずであった行政主体の観念は、私的法主体でない立場における国・地方公共団体を意味するものに転化せられていることがわかる。行政権の主体であることがなぜ、それが服する法を公法として性格づけることになるのかについては必ずしも合理的説明がないが、行政権の観念に付着する権力性（命令、強制）がその根拠とされるのであろう。

いずれにせよ行政法序論において、行政主体概念は、単なる行政を行う権能を有する一法人たる国や地方公共団体を指称する没価値的概念にとどまらない法的意義が付与されていることを確認しておきたい。

2　行政行為論と行政主体

行政行為の概念が、伝統的行政法学が用意した諸道具概念の中で中核的地位を占めるものであることは疑いない。前述のごとく、行政主体概念が公法体系としての行政法の規定的概念であるとすれば、それが行政行為論の理論構成に決定的役割を果たすであろうということは容易に推測しえよう。

伝統的学説は行政行為論を次のようにはじめる。

「……法律による行政の原理が、近代法治国家における基本原則として認められることとなった。しかし、この場合においても、国家その他の行政主体を私人と対等の権利主体とすることなく、法律上、これに、公権力の主体としての優越的地位を認め、この地位に立って、法律に基きその定めに従って、人民に対し、命令し強制する権能を与えた。国家その他の行政主体と人民との間に、法律自らが権力支配の関係を承認した。そして、この意味での公権力の主体としての国家その他の行政主体が、その公権力の発動としてなす行為については、一面において、法律による厳重な羈束をなすとともに、他面において、法律に基きその定めに従ってなされる行為であるがために、これに一般私法の適用を排除し、これに特殊の性質と効力を認めることとなった[24]。」

（傍点引用者）

右の主張は、次の三つの論理レベルで構成されている。

(1)　近代法治国家の原則が採用されることにより、国家その他の行政主体も法に服することとなった。

(2)　しかし、行政主体が法に服するといっても、それはそれらの主体がただちに私人と対等の法主体となることを意味するわけではない。むしろ、法律は行政主体に公権力の主体としての優越的地位を認め、この地位に立って、人民に対し命令・強制する（公権力の発動）権能を与えている。

(3)　このような公権力の主体としての国家その他の行政主体の、公権力の発動としての行為（行政行為）は、法律にもとづきその定めに従ってなされる行為であるが故に、私法の適用が排除され、特殊の性質と効力とが認められる。

右のいずれのレベルにも、行政主体ないし公権力の主体という用語が見出される。(1)にあらわれている行政主体は、国・地方公共団体その他の公共団体を指称する役割を果たすのみで、何らかの法的意味を有するというものではない。[25]

これに対し(2)ではどうか。ここでも行政主体は、国・地方公共団体等の単なる言いかえにすぎないようにみえるが、仔細にみると次のような論理に結びついていることがわかる。すなわち、行政主体は、それが「公権力の主体」であるが故に、法律上私人に対して「優越的地位」を認められ、この地位にもとづいて、命令・強制権限を行使することとなる。ここでは、「法律上」という留保づきではあれ、[26]行政主体の観念に国・地方公共団体の単なる言いかえ以上の意味が付与されているのである。すなわちそれには、私人と対等の法的地位に立たない法主体としての意味が与えられている。そのことは不可避的に国・地方公共団体等の二元的把握に帰着せざるを得ない。すなわち、公権力の主体としての、換言すれば行政主体たる国・地方公共団体と私的法主体たる国・地方公共団体とにである。

最後に(3)の論理レベルに至ると、(2)のレベルでの理解を前提として行政主体はすでに「公権力の主体」としてあらわれ、その地位においてなす行政主体の行為は、「公権力の発動」たる行為として理解され、この行為は私法の適用外におかれると説明されることとなる。

以上の検討で明らかなとおり、ここでも行政主体概念は、国・地方公共団体その他の公共団体を指称する概念として登場しながら、「公権力の主体」としての地位と結びつけられることにより、国・地方公共団体等を二元化し、「公権力の主体」としての行政主体の活動の非私法性を論証することによって、その公法性＝行政行為論を基礎づける、という方法がとられているといえよう。

右のごとき事情は、行政行為の効力論ではどのようにあらわれているだろうか。ここでは公定力論に即して検討しておこう。

伝統的行政法学は、行政行為の特色として公定性をあげ次のように説明する。

「行政行為は、公権力の行使であることのコロラリーとして、その成立に瑕疵があっても、……原則として、適法の推定を受け、権限ある行政庁が職権によってこれを取り消すか、一定の争訟手続によって争った結果、その取消がなされるまでは、その相手方はもちろん、裁判所・行政庁その他第三者もこれを有効な行為として尊重しなければならないとされる。(27)」（傍点引用者）

みられるとおり公定力論の論理はきわめて簡単である。それは、行政行為が「公権力の行使」であるということの当然の帰結《コロラリー》にほかならない。この論理そのものがはらんでいる問題点については後述することとし、ここではそれが、行政行為の行為主体が、公権力の主体すなわち行政主体であることを当然の前提としていることを指摘しておくにとどめよう。

3　国家補償法と行政主体

伝統的行政法学の理解する行政主体概念は、国家補償法の領域において整合性を欠くように思われる。なぜなら、補塡さるべき損害・損失の発生については、行政主体概念が立脚している形式的意味における行政活動のそれに限定される合理的理由が見出され得ないからである。また立法政策にもからむ問題であるが、国家賠償並びに損失補償の法的性質をめぐって、これらを公法的性質のものとする法技術的要請もほとんどないように思われる。

以上の二点を念頭に置きながら、伝統的学説の論理を整理しておこう。

(1)　損害賠償　明治憲法下においては、国・地方公共団体等の不法行為に基づく損害賠償責任は否定されていた。とはいえ、その全不法行為責任が免責されていたわけでないのはいうまでもない。それらの私経済的活動に帰因する損害賠償責任は、民事法上のそれとして成立すると解されていた。したがって不法行為にもとづく損害賠償責任が否定されていたのは、右の私経済的活動に帰因するものを除外したもの、すなわち「公権力の行使に当る公務員の不法行為に基づく損害とか、公物営造物の設置管理の瑕疵に基づく損害」についてであった(28)。この除かれた部分が、「公法上」の損害賠償責任と解されその賠償責任が免責されていたのである。

これに対し現行憲法下では、国・地方公共団体等の不法行為責任が一般的に承認され、これを受けて国家賠償法が制定された。ただ同法は、「国又は公共団体の公権力の行使に当る」公務員の職務行為に帰因する損害、並びに「道路、河川その他の公の営造物」の設置・管理の瑕疵に帰因する損害に関する賠償義務を定めており、これらの規定の解釈を含めて、行政上の損害賠償法制を体系的にどのように理解するかが問題となる。

「国家賠償法は、従来、しばしば、国又は公共団体の賠償責任の否定された権力的作用に基づく損害及び公物営造物の設置管理の瑕疵に基づく損害について、一般的に、賠償責任を認めようとするものである。すなわち、国家賠償法は、行政上の不法行為責任に関する一般法とみるべきものである……(29)」(傍点引用者)

なお、国家賠償法に定めのない事項については、民法の規定が補充的に適用される。

いうまでもなくここで「権力的作用」とは、「優越的な意思の発動たる作用」を指すものとされ、その意味で、当然いわゆる私的法主体としての立場における国・地方公共団体等の作用は含まれない(30)。後者は、明治憲法下でも、民法の適用により不法行為責任が認められていたのであって、この点に関する限り、現行憲法下でも変化はないものと解されているわけである。この文脈では、直接行政主体の用語は用いられていないが、「優越的な意思の発動たる作用」の主体は、伝統的行政法学にあっては行政主体であるほかないであろう。次の主張はこのことを明らかにするものといえよう。

「……広く優越的立場における公の行政作用をここでいう『公権力の行使』に含めて解釈し、本条による賠償責任を肯定するのが、立法の趣旨に合するゆえんであろう。すなわち、従来、民法の適用を否定され、したがって賠償責任の否認された分野が本条によって規律されることになったわけである。」[31]（傍点原文）

以上のように、不法行為に基づく損害賠償の分野においても、国・地方公共団体その他の公共団体は、「優越的な意思の発動たる作用」の主体＝行政主体と、私人と同等の立場における法主体とに二元化させられ、後者が民法上の不法行為法に服せしめられるのに対して、前者は行政上＝公法上の損害賠償制度たる国家賠償法に服し、そのことによって行政法体系に組みこまれることになるわけである。この論理構成の中で行政主体概念が果たす役割は、行政行為論の場面でのそれと同じであるといってよい。

それにもかかわらずこの領域では、右の論理そのものがきわめて観念的＝非技術的なものとなっていることに注意をしておく必要がある。すなわち、かりに伝統的学説が主張するように、国家賠償法が行政上の損害賠償制度として行政主体としての地位における国・地方公共団体等の不法行為責任を問うものであるとしても、この地位における不法行為責任が、法技術的にみてなぜ私法の適用を排除されなければならないのか必ずしも明らかではない。なるほど国家賠償法が、かつて不法行為責任の否定されていた分野に、法的責任を導入したという意義を有することには全く異論の余地がない。しかしながらそのことは、この地位における不法行為責任をことさら「行政上」＝公法上の不法行為責任とし、これを私人と対等の地位における国・地方公共団体等の不法行為責任と区別して論じなければならない法技術的理由を導くものではない。たとえば行政行為論に関していえば、行政行為が行政主体の行為＝公法上の行為として説明されるのは、それが単に観念的に「公権力の発動」であることを主張するにとどまらず、そのことによって私法上の法行為にはない特殊な効力（公定力のごとし）が付与される、ということを論証しようとするためなのである。そのような理論構成の成否はともかく、そこでは行政行為を「公法」上の行為として構成することが、一定の法技術上の意義をもたされている。これに対し、行政上の損害賠償の場合には、なるほど、国家賠償法に基づく損害賠償と民法に基づくそれとでは、その要件を若干異にする（たとえば使用者責任の場合における挙証責任の転換の有無のごとし）ほか、論者によっては、後者が民事訴訟として争われるのに対し前者が公法上の当事者訴訟（行訴四条）によって争われる点にその法技術的差異があると主張されるかもしれない。しかしながら、たとえば前者についていえば、このような違いはきわめて相対的なものにすぎず、かえってなぜ民法に服する損害賠償の場合とそのような差異をもたさなければならないのか、合理的説明をなすことが困難であるし（国賠法における「公権力の行使」をめぐる議論を参照されたい）、後者はすでに裁判上決着ずみの観念的議論にすぎない。(32)

いま一つ注意すべきは、国家賠償法は、行政主体としての地位における国・地方公共団体等の不法行為責任のすべてに適用があるのではなく、いわゆる「非権力的な公の職務の執行」に起因する不法行為責任には適用されない、と解されている点である。(33) 詳細は後に検討するが、等しく行政主体としての地位における作用に基づく不法行為責任でありながら、その行為形式が「非権力的」である、というだけで国家賠償法が適用されないというのは、単に体系上にとどまらず、法技術的にも整合性を欠くものといわなければならない。(34)

最後にこの領域における「行政主体」の観念は、他の領域に比してより一層いわゆる形式的意味における行政に基礎をおく必要性のないことが指摘しえよう。(35)

(2)　損失補償　それでは損失補償の分野ではどうであろうか。損害賠償制度と異なり、損失補償の場合には私法上一般的法制度は存在しない。けだし、損失補償制度が元来、適法な行為に起因する損失の補塡を意味するものである以上、それは契約の自由＝対等当事者関係を本質とする私法の領域には論理的に成立しようがないからである。その意味でここでは、体系論上はともかく、法技術上は私法上の制度との対比は存しようがないはずである。

伝統的行政法学は損失補償体制をどのように説明するのであろうか。

「……公法上の損失補償制度は、公権力の行使に基づく損失の補償であり、その補償は公法的性質をもつ。」(36)

（傍点原文）

ここで「公権力の行使」主体が、いわゆる行政主体であることはいうまでもない。その意味で、右の論理は他の領域においてと同様、行政主体の観念を中心として、損失補償法制が、法体系論として公法体系としての行政法に帰属するものである、ということを主張しようとするものであることがわかる。そのことは補償が「公法的性質」をもつとされる論拠として、それが「公権力の行使に基づく損失」に対する補償であることがあげられているにすぎない点からも明らかであろう。

しかし何故、「公法」でなければならないのであろうか。先に指摘したように、損失補償制度に関するかぎりこれを私法上の制度から区別しなくてはならない制度＝技術上の必要性はほとんどない。紛争解決手続が公法上の当事者訴訟である点（たとえば土地収用法一三三条）あるいは消滅時効の問題を指摘する論者があるかもしれないが、これらはいずれも法本質的な議論とはいいがたい。

むしろ法技術的にいえば、損失補償を公権力の行使と結びつけて公法体系にくみ込むことは有害でさえある。なるほど損失補償の典型的な例は、土地収用法、原子力基本法、農地法等にみられるように、「公権力の行使」に起因するものであることは疑いない。しかしたとえば、国有財産法が行政財産の使用許可の撤回と並んで普通財産の貸付契約の解除に際しても損失補償を認めているが、右のごとき理論構成をとればこのことを整合的に説明することができないであろう。

いずれにせよ損失補償法制に関する限り、これを法技術上公法上の制度として説明する必要性は全く存しない。けだし皮肉に言えば、それは公法上の制度と説明する必要もないほどある意味で固有「行政法」上の制度なのである。しからば何故これを公法上の制度と主張しなければならないのであろうか。それは繰り返していえば、行政法＝公法体系論を選択したことの当然の帰結なのである。

4　行政争訟法と行政主体

手続法[37]は実体法と密接不可分の関係にある。行政争訟法の領域における行政主体概念の意義は、前項まででみてきたものに基本的に対応しているといってよい。むしろここでは、実体法領域での論証が先行しているが故に、ほとんど行政主体概念を必要としない[38]。行政訴訟についての次の論述はこのことをよく示している。

「……行政事件訴訟は、行政事件に関する裁判である。ここでいう行政事件とは、民事事件に対する概念であって、行政法規、すなわち、公法法規の適用に関する訴訟事件を意味する。これを裏からいえば、行政に関する訴訟事件であっても、私法法規の適用に関するものは、民事事件であって、行政事件ではない[39]。」（傍点原文）

5　行政組織法と行政主体

最後に組織法の領域における行政主体論を整理しておくことにしたい。ある意味では行政主体概念は、行政組織法領域に本来の場所を占めるものといいうるかもしれない。

従来何ら疑問をさしはさまれることのなかった理解によれば、行政組織法とは、行政主体を構成する行政機関の体系に関する法である。

「……行政組織法というのは、……国家行政組織・地方自治行政組織・特殊行政組織に関する法並びにこれらの組織の活動を可能ならしめる一切の人的手段及び物的手段に関する法を総称する[40]。」

具体的には国家行政組織法、内閣法、警察法、地方自治法、公務員法、国有財産法あるいは各種の公団・公社等々に関する法である。そしてこれらが行政組織法として体系的に認識される所以は次のとおりである。

「……内閣及び内閣の統轄の下における行政機関が国の統治権の一部としての行政権を担当するのであって、これらの国の行政機関の組織を一般に国家行政組織又は官治行政組織と呼ぶことができる。[41]」（傍点原文）

「行政権は、すべてその源を統治権に発するものということができるが、それは必ずしも国自らが自己固有の機関によってこれを行使することを要件とするものではなく、地方公共団体が統治権の一部を付与され、自ら行政権の主体として、これを行使することを妨げるものではない。これらの地方公共団体及びその機関の組織を地方自治行政組織と呼ぶことができる。[42]」（傍点原文）

「……最近の行政需要を充足するための一手段として、国又は地方公共団体のいわば外廓的団体として、公社、公団、事業団、特殊銀行、公庫、公共組合等を設け、独立企業として、独立採算制のもとに、実質的に、行政の一部を担当すべきものとする例がふえている。これらは、特殊行政組織と呼んでよいであろう。[43]」（傍点原文）

右のごとき説明は、わが国行政法学で一般的になされているものである。この一連の説明でわかることは、行政組織の行政組織たる所以は、当該団体が、「統治権」の一部たる「行政権」を担当することにあるということである。

国が統治権の主体であることは論証を要しないとされる。国はそのために存在する団体だからである。これに対して地方公共団体並びにその他の公共団体は、「統治権の一部を付与され」、あるいは、「行政の一部を担当すべきもの」とされることによって、行政組織にくみこまれることとなる。「行政権を担当する」といい、「行政権の主体として、これを行使」あるいは、「行政の一部を担当すべきもの」という表現が意味するところは、当該団体が

「行政主体」たる性格をもつということであろう。たとえば次のように説かれる。

「……特殊行政組織というのは、国及び地方公共団体と並んで、行政主体性を付与された公の法人の組織の総称である。」[44]（傍点原文）

以上みてきたところから、行政組織法領域において行政主体概念の果たしている役割は自ずから明らかとなるだろう。行政作用法論でそうであったように、ここでも行政組織に関する一般法は存しない。したがって行政組織法学が対象とすべき「行政組織」が何であるかは、理論的に解明されるほかないわけである。行政主体はそのキー概念となっている。すなわち、現行法秩序の下には、国・地方公共団体から自然人に至るまでさまざまな法主体が存在している。この中から、その組織を行政組織として考察される法主体を選び出さなくてはならないわけであるが、そのメルクマールとなるのが当該法主体の行政主体性、すなわち統治権＝行政権の有無とされるわけである。その意味で、統治団体たる性格が明白な国・地方公共団体については、ことさらその行政主体性は問われることがない。[45]問題は先の引用に出てきた「特殊行政組織」を構成する法主体の抽出であり、行政主体概念はまさにこの場面で決定的な役割が期待されているのである。たとえば次のとおりである。

「特殊行政組織というのは、特別の法律の根拠に基づき、行政主体としての国又は地方公共団体から独立し、国から特殊の存立目的を与えられた特殊の行政主体として、国の特別の監督のもとに、その存立目的たる特定の公共事務を行なう法人（独立行政法人）の組織を総称する。」[46]（傍点原文）

容易に理解しうるように、ここでは行政主体の語は、国・地方公共団体以外の法主体の中から、行政組織を構成する団体を抽出するメルクマールとしての役割を果たしている。すなわち、「ここでいう特殊行政組織の範囲を画するためには、理論上一定の標識がなければならぬ」のであり、それは、「行政主体としての地位を認め」られたものをいうとされる。[47]

以上の説明から、国・地方公共団体その他の公共団体を一体として行政組織法の対象とする媒介項をなすものが行政主体概念であることは明らかである。この意味でここでも、前項までと同様、行政主体概念が行政組織法の体系的構成の規定的要素をなしているということができる。

ただ、次の点で行政作用法、行政争訟法の領域における場合とその意義を異にすることに注意しておく必要がある。すなわち、後者の場合その体系的理解に行政主体概念が用いられたのは、いずれの場合にも公法体系としての行政法に整合させることが企図されていたのに対し、組織法の場合には、そのような必要性が存しないのではないかという点である。かつて行政主体は公法人と同義であったし、現在なお、行政主体の要素として公法人性をあげる有力な学説があることは確かである。このような学説の見地からすれば、組織法の領域でも行政主体―公法論の図式が妥当するようにみえる。しかしそれは、あくまでも行政作用法との関連で妥当するだけであって(48)、行政組織法プロパーでこれをみれば、少なくとも自らを公法体系として主張しなければならない規範論理上の理由は存しないといわなければならない。公法人のすべてが行政主体なのではない、とする見解が(49)、このことを裏側から証明している。

(13)　行政主体の観念がわが国行政法学においていつ頃から用いられはじめたのかはきわめて興味深い問題であるが、別稿の課題としたい。

(14)　何をもって伝統的行政法学と称するかは一つの大問題であるが、本稿では行政法を公法の体系として構成する理論を伝統的行政法学として論ずることとしたい。けだし、後にみるように、行政主体概念は、行政法＝公法論がその解釈方法論の中核をなすものとして用意した概念と考えられるからである。

(15)　たとえば、内閣法や国家行政組織法にみられる行政の観念は、明らかに立法権及び司法権に対応するものであるが、行政不服審査法や行政事件訴訟法に登場する行政は、行政権の作用に限られない。これらの法律にあらわれる行政庁には、国会や裁判所も含まれるし、判例上は公社、公団のほか日弁連も含まれる。

(16)　田中二郎『行政法総論』（法律学全集・有斐閣・一九七五年）九〇—九一頁。

(17)　行政法を行政に関する法であるとするのは、伝統的行政法学に限られない。最近あらわれている教科書もその限りで、伝統的思考の延長線上にある。たとえば今村・前掲注(1)二三頁、室井力編『新現代行政法入門(1)〔補訂版〕』（法律文化社・二〇〇五年）三頁、兼子仁『行政法総論』（筑摩書房・一九八三年）一—二頁。なお兼子教授の場合には、行政に特有な一般法としての行政法のほかに、各個別行政の具体的実体法を「特殊法」として論じてゆくことを主張されており、後者の領域では、たとえば、教育法や租税法のごとく、行政の観念から脱却しつつある点が注目される（同書三七頁以下参照）。

(18)　田中・前掲注(16)八八—八九頁。

(19)　この点はこれまでの体系書をみれば一目瞭然である。行政立法に関する部分は他の作用法形式とほとんど共通性をもたない。共通するのは行為主体が行政権であるという点だけである。もっともこの点も、自治体の条例が行政立法の中で説明されており、混乱がないわけではない。杉村氏の次の指摘は重要である。

「このように、公共団体の諸機関の行なうすべての作用を、形式的意味における行政とすることについては、理論上、難点がないわけではない。けだし、たとえば、地方公共団体は、地方自治（local self-government）を行なう統治団体であって、単なる行政団体ではなく、その議会は条例制定の権限をもつ議事機関であり、これを地方公共団体の行政機関とみることは許されないからである」（杉村敏正『全訂行政法講義総論（上巻）』（有斐閣・一九六九年）一二頁註（1））。

(20)　このような国家法人説に反対する立場もあることは事実である。興味ある見解であり、検討の余地がある。とりあえず村上義弘「抗告訴訟の対象ならびにその本質」『公法の理論下II』（有斐閣・一九七七年）二〇六一—二〇六四頁。

(21)　この場合の「行政」が、形式的意味における行政、すなわち行政権の作用に限定される必要のないのは明らかであろう。

(22)　田中・前掲注(3)二頁、今村・前掲注(1)二八頁。なお塩野・前掲注(5)論文三七五頁や藤田・前掲注(5)六五頁などが「統治団体」なる表現を用いているのも同じ意味であると思われる。

(23)　下山瑛二「行政権」『マルクス主義法学講座』第五巻（日本評論社・一九八〇年）三三四頁にも同様の指摘がある。

(24)　田中・前掲注(16)二六二頁。

(25)　最近の教科書では、このレベルでの行政主体を表現するのに「行政体」なる用語を用いる見解もある。室井編・前掲注(17)二六頁。

(26)　この留保はしかし、実際上はきわめてあいまいである。法律が具体的にいかなる定めをしておれば、「優越的地位」を付与されていることになるのであろうか。伝統的学説はこの点を明らかにしていない。法律によっては、不服申立前置主義を採用している場合に、その定めの中で、当該法律上の処分が「取消しの訴え」の対象となる旨定めがあるものがある（例、建基九六条、国公九二条の二、生活保護六九条など）。この場合にこれらの処分が行政行為であるとされることは了解しうるが、この他にどのような定めがあるか、必ずしも明らかではないように思われる。

(27)　田中二郎『行政法上巻〔新版全訂第一版〕』（弘文堂・一九六八年）九二頁。

(28)　田中・前掲注(27)一八六頁。

(29)　同右一八六頁。

(30)　同右二〇五頁。

(31)　同右二〇五頁。

(32)　下山瑛二『国家補償法』（筑摩書房・一九七三年）四七頁以下参照。

(33)　田中・前掲注(27)二〇五頁。

(34)　さらに、形式的行政行為や行政指導に帰因する損害は、国賠法の対象とならないのであろうか。

(35)　この領域での説明には、行政主体という用語より、より直接的に国、地方公共団体という表現が用いられることが多いようである。

(36)　田中・前掲注(1)二一二頁註(1)。

(37)　事前手続の問題については未検討である。田中行政法学において十分展開されていないからであるが、事情は事後手続のそれと余り異ならないであろう。

(38)　行政行為論の場面ではとくに指摘しなかったが、そこにおけると同様、争訟法の場面においても行政主体より「行政庁」の観念がよく用いられる。この観念については、なお検討を要するが、それが権力的作用形式と結びついて用いられるものであることは周知のところであろう。

(39)　田中・前掲注(1)二九一頁。

(40)　田中・前掲注(3)一二―一三頁。

(41) 同右一頁。
(42) 同右二頁。
(43) 同右二頁。
(44) 同右一八九頁。
(45) もっとも、地方公共団体の場合には、その自治権＝統治権が固有のものかそれとも伝来的なものかをめぐって争いのあるのは周知のところである。
(46) 田中・前掲注(3)一八七頁。
(47) 同右一九〇頁。
(48) より正確に言えば、作用法および組織法を含めて、行政法全体を公法体系として描こうとすることの結果である。
(49) 田中・前掲注(3)一九二頁、一九八頁。

三　現代行政における行政主体概念の可能性

現代行政の展開は、行政法学に対しじつにさまざまなインパクトを与えた。とりわけ行政作用法の領域における非権力的作用形式の展開は、行政法＝公権力の行使に関する法→公法体系とつながって理解されてきた伝統的行政法体系に根本的＝方法論上の反省を迫ってきている。(50) このような事情は、行政組織法の分野にも徐々にあらわれはじめている。さまざまな組織形態による公行政の担い手の出現は、久しく通説的地位を占めてきた行政主体＝公法人論を動揺させ、新たな視角に基づく行政主体論の確立を要求しつつある。

このような要請に対し、この間若干の論者が正面から行政主体論を論じており、従来の論理がもっていた問題点をかなり明らかにしてきている。そこで以下、これらの議論を手がかりとして伝統的行政法学における行政主体論の批判的検討を行い、新たな理論の視角を展望しよう。

1　行政主体と私的法主体

行政主体論をめぐる議論の中心は、行政主体＝公法人論の批判的検討にある。

藤田氏は端的に次のように問うている。「『行政主体』と『私人』、行政の『内』と『外』という二元的な思考によって行政を考察することが、現代社会における行政を眼前にした行政法学にとって、どの程度意味のあることであるか[51]」と。

また、「特殊法人」論によせて行政主体論に言及されている塩野氏は、次のように主張される。

「……仮に公共団体のカタログが、従来の行政法学が説明するように、地方公共団体、公共組合、営造物法人に限定されるとするならば、その外の組織形態を有する法人は、すべて行政主体たる地位を否定されることになり、行政組織法の本来的な考察の対象から除外されることになる。しかし、果して、かような固定的概念によって、公行政のあり方を、トータルに、すなわち、組織法的観点も含めてとらえきれるかどうかが問題とされなければならない[52]。」（傍点引用者）

大変慎重な表現がとられているが、いうところの「公共団体」が、久しく「公法人」と解されてきているものであり、「その外の組織形態」が「民法・商法・有限会社法の通常の手続によって設立される法人」を意味するとすれば、右の主張の意図が行政主体＝公法人論批判にあることは容易に理解しえよう。

長い間、「行政法一般理論における基礎概念の一つ[53]」としてほとんど異論なく用いられてきた行政主体の概念が、右のような根本的疑念にさらされるにいたった原因が、多様な組織形式における公行政の担い手の登場であったことを考えれば、行政主体概念に対する批判の中心が、その公法人論に向けられるのはきわめて自然であるようにみえる。塩野氏も指摘されているように、今日現実に行政を担っている主体は、もはや国・地方公共団体のごとき純粋な統治団体に限られないのであって、公社・公団のごとく公的な法形式のものから、私法上の会社形式にいたるまで、あるいは、国・地方公共団体との関係についてもきわめて密接なものから独立性の高いものまで多彩を極めている。このような公行政の担い手を、公法人・私法人といった一面的かつあいまいな基準の下に分類し、これを行政主体性の判断材料にすることは余りにも実体からかけはなれたものとなることは明らかである。その意味で、行政主体論の再検討に当たって、まず、行政主体＝公法人論に批判の目が向けられるのは当然のことといえる。

　行政主体論批判における右のごとき視角はしかしながら、それだけで十分に正当なものといいうるだろうか。前節で検討した伝統的行政法学における行政主体概念の意義づけ＝方法論を前提にすれば、右の立論には、次のごとき方法論上の混乱が含まれているのではないだろうか。

　それは、右のごとき立論の前提にかかわる問題であるが、従来の行政主体論がそうであったと同様、これを批判的に検討しようとする論者も、行政主体と「私的法主体」を対概念とすることを自明の前提としている点である。藤田氏は次のようにいう。

　「……現代社会において社会管理機能が国や地方公共団体の手にのみ独占されているのでなく、広く分散されているという事実を認識すること自体は、必ずしも、先に見たような、『行政主体』と『私人』とを二元的に区別する、という考え方と、論理的に相容れないわけではない[54]。」

　この言明そのものは、わが国の通説的見解の解説にとどまり、直接藤田氏自身の見解を展開するものではないようにも思われるが、行政主体と私人＝私的法主体との対置については、別のところで次のように述べていられる点にてらしても、氏自身の見解であるとみることができる。

　「……伝統的な二元的考察方法の下でも、必ずしも、社会管理機能の総てが国家にのみ独占されている、と考えられて来たわけではなく、ただ、その中で、社会管理機能を国家ないし『行政主体』が司る場合、それも、国民の権利・利益を侵害し制約する形で行う場面が、特に関心の中心として取り上げられた、というに過ぎないからである。[55]」

塩野氏は公法・私法の枠組はこれを意識的にさけられてはいるが、「統治団体としての性格の明確な国及び地方公共団体と民法・商法・有限会社法の通常の手続によって設立される法人」が両極に位置する、という見解に立たれている。[56] もちろん塩野氏の場合には、行政主体概念を行政作用法上のものと行政組織法上のそれとに分けられており、右の言明が後者の意味でなされているとすれば、事情が異なってくるが、この点は後にややたち入って考察する。

いずれにせよ、従来の行政主体論と同様、藤田、塩野両氏も、行政主体―私的法主体という対置を自明のものとして前提していることは明らかであると思う。

いったいこのような前提は正当なものといいうるだろうか。

前述**二**で詳細に検討したように、元来行政主体の観念は、「行政上の法律関係」における権利・義務の主体のうち、「行政を行う権能を有する」法主体を指称するものと理解されているのであって、そのかぎりでそれは、「行政の相手方」たる法主体としての行政客体に対応するものなのである。次の叙述はこのことを直截的に表現している。

「行政上の法律関係における権利能力者を行政上の法律関係の主体という。行政上の法律関係の主体としては、行政を行なう行政主体とその行政の相手方である行政客体とがある。……行政主体である国に対しては、公共団体または私人がその行政客体となり、行政主体である公共団体に対しては、私人がその行政客体となる……。

なお、行政主体および行政客体という用語は、あくまで行政法学上の技術的・便宜的な用語であって、両者の間の価値についての評価とは全く関係のないものである。[57]」

明らかにここでは、行政客体の観念が行政主体の対概念である。「私的法主体」などでは決してない。なるほど、国・地方公共団体が行政主体の地位にある場合に、その行政客体となるのは私人であるが、この場合の私人は言ってみれば事実上の概念であってただちに私的法主体を意味するわけではない。むしろある意味では、伝統的な行政法理論を前提とすれば私法上の法主体たる私的法主体が、行政上の法律関係に登場するというのは論理矛盾ではないだろうか。また角度をかえていえば私人↓私的法主体がかりに正しいとしても、私的法主体↓私人は正しいとはいえない。けだし、国家も私的法主体たりうるからである。したがって、もしかりに私的法主体の対概念を求めるとすればそれは公的法主体とでもいうべきものであって、決して行政主体などではない。それにもかかわらず、わが行政法学において、長く行政主体―私的法主体の対置が何らの異議もさしはさまれることなく受け入れられてきたのはいかなる理由によるのであろうか。なお詳細な検討を要すると思われるが、その根本的な原因は、行政法学方法論としての行政法＝公法論の採用にある、と同時に行政作用法の領域における行政主体概念と行政組織法の領域におけるそれとの意義づけ＝方法論に関する混乱があるように思われる。ここでは前者について言及しておきたい。

伝統的行政法学にとって、行政法＝公法論は、その体系構築の絶対的条件である。近年ようやく行政法学方法論がさかんになり、行政法＝公法論は長い間占めてきた通説の地位を失ってしまったかにみえるが、他の方法論も十分その体系化に成功しているとはいえない現状で、なお、公法論の影響が少なからず残っていることを認めざるを得ないだろう。行政主体論も、公法論の残滓を色濃くとどめている理論の一つということができる。というよりむしろ、この行政主体論こそ、行政法＝公法論を支えてきた基礎理論ともいいうるものである。そのことを、行政法＝公法論の理論的根拠をさぐる中で明らかにしてみたい。

行政法はなぜ公法なのか。実定法上、「公法」の観念が用いられている例はほとんどない。わずかに、行政事件訴訟法が、「公法上の法律関係」に関する訴訟を当事者訴訟とする旨の規定のほか、かつて日本国有鉄道を「公法上の法人」とする規定等が散見されるにすぎず、しかもいわゆる作用法には「公法」の観念は筆者の知るかぎり全く見出されない。行政事件訴訟法にせよ、旧日本国有鉄道法にせよ、そこにいう「公法」がどのような内容の法を指すのかについては沈黙しており、結局のところ、実定法上、「公法」の観念は未定義の状態におかれている。そこで伝統的行政法学は、理論的論証を試みることとなるのであるが、それは先に指摘したように次の二つの論点を支柱としている。その第一は、国・地方公共団体をはじめとする公行政担当団体（正確には、公行政担当有資格団体というべきか）の二元的把握、いうまでもなく私法上の主体としてのそれと行政主体としてのそれである。第二は、「非私法」＝公法という図式《ドグマ》である。この二つの論理が組み合わされることによって、行政法＝公法が論証される。行政主体＝「非私法」上の主体→公法上の主体→それのかかわる法律関係＝公法関係、というわけである。[58]

この論理の中でじつは、「行政主体」概念が決定的役割を果たしているのである。それは、「行政」の観念に含まれる「公」的要素、公権力ないしは公共性が、単なる「非」私的法主体を「公法」上の法主体に転化させる論拠となるのである。この論理構成《ドグマ》における行政主体概念の方法論は、きわめて巧妙である。もともと、行政上の法律関係における法主体のうち、行政を行う側の主体を指称するものとして用いられた、したがって法的価値評価とは没交渉な概念として成立した行政主体が、行政客体が通例私人（私法人を含む）であるが故に、導かれる行政客体＝私的法主体（これが私法上の主体であるのかどうかも実は明らかではない）という何ら証明され得ない図式と結びつくことによって、行政主体＝非私的法主体なる図式が導かれ、これに、行政主体＝公権力の担い手という非法的要素が結びつけられることによって、「非私法」上の主体たる行政主体＝「公」法上の主体（公法人）という結論にいたるのである。田中氏が公行政作用を説明する際に、「行政主体が、公の行政権の主体としての立場で行う作用」、といったり、「公権力の主体としての国家その他の行政主体が、その公権力の発動としてなす行為」というように、くどいまでに行政にまつわる「公」的要素を強調されるのは、氏の体系が右のような論理に基づいていることを示している。(59)

しかしながら、右の論理は法的には未証明といわざるを得ない。第一に、公行政担当団体の二元的理解であるが、このような二元的理解そのものが公法・私法二元論の帰結なのであって、そのような論理によって行政法の公法性を論証すること自身、同義反復の誤りを犯すものであるが、それにとどまらず、法人として一個の存在である団体が、次元を異にすると主張される二つの法秩序に登場するという矛盾を孕むこととなる。伝統的見解によれば、国・地方公共団体は典型的な公法人であるが、その公法人が財産管理ないし事業遂行者として登場する場合には私的法主体（＝私法人）となるのであろうが、これはいったいなんのことであるのか。ここにはじつは、作用法上の行政主体概念と組織法上のそれとの混同があると考えられるが、この点については次項で検討したい。

第二の「非私法」＝公法の論理についても、伝統的行政法学で証明されているのは、公行政作用におけるいわば社会学的事実としての「公権力」性ないしは「公共性」にすぎず、そのような事実としての「公」的性格が、いかなる論理をへて「公法」的性格を獲得するにいたるのかは全く説明されていない。(60)公共性を論ずるのであれば国家の存立そのものが、その財政的基礎の故に、総じて公共的存在なのであって、その意味で国家の作用はすべて公法に服するとしなければ論理が一貫しないのではなかろうか。(61)それどころか現代社会にあって公共性は国家の独占物ではない。(62)公法・私法の相対化が主張される所以である。

以上のような伝統的行政法学の行政主体論に関して、藤田氏は、次のように述べられ、行政主体概念の相対的把握の可能性に言及されている。

「しかし他面で、社会管理機能が行なわれる過程一般において、国民の権利・利益をどのように保護するか、ということに広く関心を持とうとする場合には、このように伝統的な思考の枠からこぼれ落ちた多くの社会管理機能をも考察の対象としてとりあげ、国民の利益を広く実質的に保護するためにはどうすればよいか、ということが考えられなければならない、ということになるであろう。そしてその場合には、行政というものを考える場合に、伝統的な『行政主体』の概念に固執することが適切であるかどうかが、問われることになるのである。(63)」

この見解には、従来の行政主体論の根本的な問題点に対する批判的視角が含まれている。すなわちここでは、行政主体概念が、ある特定の法主体の「属性」としてではなく、ある具体的な法関係の法的地位を示すものとして理解されているという点である。このことは、行政主体概念の出発点にもどれば容易に理解しうることがらである。それはあくまで、行政上の法律関係における、「行政を行う地位にある」法主体のことなのであって、法主体自身の価値評価には何らのかかわりもない。この地位に立つのがほとんど国・地方公共団体等であるのは否定できないが、論者によっては私人も例外的にではあれこの地位に立つことがあるとされている(64)ことからも右の指摘は了解しえよう。その意味で、右の藤田氏の見解は正しい方向を示しているといってよい。藤田氏の見解の展開は十分になされているとはいえないが、次のような一応のまとめは、なお、藤田氏自身、行政主体と私的法主体の対置を克服しきれていないことを示しているように思われる。

「わが国の伝統的行政法理論（とりわけその総論）において見られる行政現象の把え方は、『行政主体』と『私人』の対立……という二元的図式、及び、このようなものとして対立し合う『行政主体』と『私人』との相互関係についての、『行政行為』概念を中心とした三段階構造モデルによる把握に、その特徴を有するものであった。そして、『行政』についてのこのような把え方自体が、その行政法理論の様々の側面と、また、密接に結びついているのである。わが国現在の行政法の制度と理論において、最も基本的な困難な問題を成しているのは、『行政』についてのこのような思考モデルの上にでき上っている伝統的な制度や理論に、急激に変動する現代の行政の現実から生じた様々の要請を、どう接合させて行くか、という問題である、と言えよう。[65]」行政主体概念の再考を促すのが、「急激に変動する現代の行政の現実から生じた様々の要請」と見るところに基本的な問題がありそうである。

2　行政作用法と行政組織法における行政主体概念の方法論

従来の行政主体論、とりわけ行政主体＝公法人論の誤りは、主要には、行政法学方法論としての行政法＝公法論の採用に帰因しているということは、前節で考察したとおりである。ここでは次に、行政主体＝公法人論を導びいたいま一つの側面を解明しておきたい。

前節で言及しておいたように、行政主体概念は行政法学の基礎概念として構成されたものであり、したがってそれは、行政作用法の領域にも登場するし、行政組織法の領域にも登場している。作用法の領域における行政主体概念の意義については詳しく述べてきたので繰り返さないが、行政組織法についても、大変重要な役割を果たしている。そもそも行政組織法（学）とは、行政主体を構成する団体の組織・機構に関する法制を対象とするものなのであり、行政主体概念なしにははじまり得ないのである。けだし、国・地方公共団体が行政組織法学の対象となることに異論はないが、このほかにさまざまな目的・法形式において存在する団体のうち、どの団体をその対象とするかが明らかにされねばならず、行政主体概念こそまさにその基準となる標識だと考えられるからである。

「ここで行政組織法というのは国・地方公共団体その他の公共団体などの行政主体の組織に関する法、すなわち、それらの機関の設置・廃止・名称・構成・権限等に関する定め、並びに、それを構成し、その活動を可能ならしめる一切の人的及び物的要素に関する定めを総称する。[66]」（傍点引用者）

右の叙述が、伝統的行政法学の典型を示すものであるが、そこにいう行政主体が公法人と同義であるのはいうまでもない(67)。そしてここに、行政作用法領域において、あれほど強引に、行政主体＝公法人論が主張される根本的原因の一つがあるのである。つまり、伝統的行政法学の思考方法によれば、作用法の領域における行政主体の概念も組織法の領域におけるそれも、同じ方法論上の意義をもっている。簡潔にいえば両分野に共通の概念なのである。それは、組織法も含んで、行政法を全体として「公法」の体系として認識しようとするのであって、行政主体＝公法人論は、その要《かなめ》としての地位にあるということができる。そしてすでにみたように、作用法の領域では、行政主体＝公法人はついに論証されえない論理であったとすれば、その最後の拠りどころは組織法の領域に求めざるを得ないであろう。

このような理論構成に対する評価はともかく、この論理の成立基盤が、組織法の領域にあるということに注目したい。国・地方公共団体のほかに行政主体の一員にくみ入れられるものとされる「特殊行政組織」について、伝統的行政法学が提示する標識は次のごとくである。

「……当該法人の目的は国が与えたものであり、その設立は、法律の定めるところにより国（時には地方公共団体）のイニシアチブによるものであり、これに国又は地方公共団体に代わる行政主体としての地位を認め、その立場において、その存立目的たる公共的な事務事業を行なうべきことを建前とし、必要に応じ、これに出資その他の資金の供与をし、公の権能を与えることとする反面、これに一定の義務を課し、国又は地方公共団体の特別の監督に服すべきものとしているような場合には、これを公法人とし、それらの組織を総合して、特殊行政組織と呼んでよいであろう(68)。」（傍点引用者）

みられるとおり田中行政法学における公法人の「類型的」構成の基盤は、行政組織法論の領域にある、ということが明らかであろう。すでに詳しく検討したように、作用法の領域では、行政主体→「非」私的法主体という図式が導びかれたが、これをさらに「非」私的法主体＝公法人にまでいたらしめるのが、組織法の領域に基盤をもつ行政主体＝公法人の「類型的」構成にほかならない。

ところで、右の「類型的」論理構成自身にもさまざまな問題があると思われるが、ここでは、伝統的行政法学における行政主体概念に関する方法論的混乱について言及しておきたい。

特殊法人の行政主体性について論じられた中で塩野氏は、行政主体の概念に「二つの異なった意味」のある、ことを指摘されている。その第一は、「行政上の法律関係における行政主体」であり、この場合には、「行政の担当者の組織形態の如何は直接の関心の対象とはならない」のに対し、第二のものは、「その組織形態乃至はその存立目的に着眼」するものであって、「行政組織法上の行政主体を意味する」とされる。(69)後者を行政組織法上の行政主体と呼ぶことができるとすれば、前者はこれを行政作用法上の行政主体と呼ぶことが許されよう。塩野氏のこのような視角は、伝統的行政主体論の批判的検討にきわめて重要な意義をもつ。それのもつ意義は、行政主体概念に何故このような二つの異なった意味が区別されるのか、を考えてみれば明らかにされよう。

塩野氏はこの点、十分整理して呈示されているとはいえないが、次のように説かれている。すなわち、行政作用法上の行政主体は、「行政上の法律関係の当事者のうち、行政を担当する者を指称」するのであって、この場合「行政上の法律関係論プロパーとしては、その行政担当者の組織形態の如何は直接の関心の対象とはならない」(70)と。要するに、この場合の行政主体とは、行政担当者を表現するのみであって、その担当者がどのような組織形態、つまり、民事法の定める通常の手続で設立されたものであるのか、あるいは特別の法律の根拠にもとづいて設立されたものであるのか、といった点は問われない、ということである。これに対し行政組織法上の行政主体は、この組織形態如何が決定的な要素となる、とされる。この見解は従来の行政主体論が、現代行政の、とりわけ組織法上の展開にほとんど有効に対応しえない原因が、行政主体概念の方法論的吟味を欠き、そのために行政主体＝公法人論にいわば呪縛された結果であることを透視するものである、といえよう。塩野氏がその論考をはじめるに際し、「統治団体としての性格の明確な国及び地方公共団体」に対するに、私法人もしくは私的法主体ではなしに、「民法・商法・有限会社法の通常の手続によって設立される法人」をもってした点[71]に、すでに右の視角が伏在しているといってよい。かくして伝統的行政法学の行政主体論に対し、次のごとき批判がなされるのは当然のなりゆきであろう。

「通説は行政主体のカタログとして、国・地方公共団体・公共組合の外には営造物法人のみを挙げているのであるが、(前出三八四頁参照―原文) すでに、多くの分析があるように、実定制度上、公私混合の財団法人、公私混合の株式会社、資本金を有しない法人が、特別の法律により、政府が関与する特別の設立行為によって設立されてきている。これらが、営造物法人の概念にあてはまらないということだけで、行政主体の範疇から除外され、或いは、少なくとも行政組織法的観点からの分析の対象から、全く除外されるということは、立法者の組織構成の自由をも含む現代行政の特質を把握し、かつ、今後新たな行政組織法一般理論を形成していくに際して、適切ではあるまい。[72]」

ここでは明らかに行政主体＝公法人論は廃棄されている。右の主張は、同じく現代行政の特徴を、公行政担当者の組織形態の多様化に見出し、「独立行政法人」なる新たな行政主体論を展開しながら、依然としてその要素に、「公法人」たることを求められる田中説の問題点を明らかにしている。田中説は、あくまで行政法学＝公法体系の見地に立ち、加えて、行政作用法上の行政主体と行政組織法上のそれとの方法論上の区別を欠落させているのである。これに対して塩野説は、前者についていかなる方法論を提示されるかはともかく、これと切りはなされた地平＝行政組織法論の領域で行政主体論を展開されるのである。それ故かりに行政作用法＝公法論の立場をとっても、行政組織法上の行政主体は、「公法」の呪縛から免れうるのである。

(50) 室井力「行政法学方法論について」『現代行政と法の支配』（有斐閣・一九七八年）九頁以下参照。
(51) 藤田・前掲注(1)一七頁。
(52) 塩野・前掲注(5)論文三八五頁。
(53) 同右論文三八二頁。
(54) 藤田・前掲注(1)一八頁。
(55) 同右一八—一九頁。
(56) 塩野・前掲注(5)論文三七五頁。
(57) 杉村敏正編『行政法概説総論〔改訂版〕』（有斐閣・一九七三年）七〇—七一頁。
(58) 同旨、下山・前掲注(23)論文三三四頁。
(59) 田中博士自身あるいはこの論理の弱点に気づかれていたのではあるまいか。
(60) 同旨、藤田・前掲注(1)六〇頁。
(61) この矛盾を公共性の「直接性」、「間接性」の区別で克服する方法がとられている（たとえば行政財産と普通財産）が、この基準そのものがきわめて相対的かつ恣意的である。
(62) 参照、遠藤・前掲注(11)七九頁以下。
(63) 藤田・前掲注(1)一九頁。
(64) 杉村・前掲注(19)五三頁。
(65) 藤田・前掲注(1)二四頁。
(66) 田中二郎『行政法下Ⅰ〔全訂第二版〕』（弘文堂・一九七七年）一頁。
(67) 田中・前掲注(66)二頁、五頁註3。
(68) 同右一九〇頁。
(69) 塩野・前掲注(5)論文三八三—三八四頁。
(70) 同右論文三八三頁。
(71) ただ、なお検討を要するが、実体的意味をもつと思われる「統治団体」に、設立手続にかかわる概念である「普通法人」を対置するところに、塩野説の論理の不徹底さがあるように思われる。

(72)　塩野・前掲注(5)論文三九〇頁。

四　まとめと展望

行政主体概念に、二つの次元を異にする意味のあることを指摘された塩野氏は、議論を行政組織法上の行政主体に限定した上で、それに現代行政法現象に即した新たな意義づけを試みられている。

「……国家と社会の複雑な相互関係を前提とするならば、国からその存在目的を与えられてはいるが、その業務それ自体は国の行政事務の分担遂行に当るものではないような法人格の存在を肯定することは、論理的に不可能なことではないであろう。そこで、ここで再び、特殊法人―行政主体論、政府関係法人論の説明が意味をもってくるわけであって、これをより正確にいえば、社会的に有用な業務の存在を前提とし、それが行政事務とされた上で国とは別の法人格(特別に設立された)にその遂行がゆだねられたときに、行政主体としての法人格の存在が認められることになるのである。[73]」(傍点引用者)

ここではすでに、行政主体＝公法人論は克服されている。それは行政作用法上の意味から解放され、行政主体―特殊法人論によって行政組織法上のそれとして新たな意味づけがほどこされている。そのかぎりで塩野氏の行政主体論は、従来の行政主体論の方法論上の混乱を一応脱して、新たな理論構成にいたる地点に立つということができる。それにもかかわらず右の議論は、なお克服さるべき問題点を内在させているように思われる。なぜなら右の論理には、それ自身では完結しえない媒介項が含まれているからである。それはいうまでもなく「行政事務」にほかならない。[74]

従来の行政組織法学が、格別の吟味を行うことなく、本来行政作用法認識の方法であった行政法＝公法体系論を自らの方法論として採用することによって、行政主体＝公法人をその考察の対象として位置づけていたことはすでにみたとおりである。したがって、右の関係を切断することを主張する塩野説は、行政組織法学上、行政主体論を展開するための新たな方法論を提示しなければならない。この点ある論者が、政府関係法人＝行政主体のメルクマールとして、「国の行政事務を処理」することにおいているのに対し、塩野氏は、「法の規定する各種の政府関係法人の業務」が必ずしも「本来国に留保されているものに限定され」ないのであって、むしろ、国家と社会のモデル的対立が肯定される場合には、公法人論の方が有効であったとされた上で、しかしこのような国家と社会の対立が相対化した今日では、結果的には「業務の如何」にその基準を求めざるを得ないとされている(75)。そこで右に言及した「行政事務」が行政主体の判断基準として登場するのであって、それは、「当該法人の設立にかかる特別法が、果して、当該法人の業務も国の行政事務とする趣旨であるか」どうかの解釈に委ねられる(76)。

それにもかかわらず、塩野氏が「当該業務をまさに国の業務とする趣旨であるかどうかが、最も明確に看取」しうる基準として、「法人の経営そのものに関する国の主体的かかわりあいの仕方、いいかえれば、法人に対する国の出資のあり方及び運営費に関する国の支出のあり方」をあげられるとき(77)、右に展開されてきた議論の論理的不透明さを指摘せざるを得ないであろう。けだし、行政事務を認識するのに、「国の」行政事務といってみてもそれは一種のトートロギーであり、何事も解決されたことにはならないであろうからである。

塩野氏の作業が、「直ちに新たな組織形態との対応における行政組織法一般理論を提示すること(78)」ではなく、今後の研究の手がかりを獲得するにあることを考慮しても、右のごとき理論的不透明さの原因を解明しておく必要があると思われる。

その第一は、塩野氏自身言及されている点であるが、わが国行政法学における、「組織原理に関する一般理論」

の不存在、ということである。[79] 確かに少なからぬ行政法教科書において、行政組織に対する民主性の要請、地方分権制の確立の必要性などが説かれたりしているが、[80] それらはなおもスローガン的要請の域を出ておらず、規範的に確立された原理といいうるものは余りないというのが現状である。[81] したがって、塩野氏が、行政組織法上の行政主体概念をせっかく作用法上のそれから切断しても、行政組織法学の方でその内容を充足することができないのである。

第二に、なるほど塩野氏は、組織法上の行政主体の概念を作用法上のそれから切りはなすことによって、行政主体＝公法人論を克服することに成功しえたのではあるが、この切断そのものが、本来一応のものであるはずであるのに、行政組織法の行政法総論へのくみ入れがなされていないが故に、固定化してしまっている点に矛盾が孕まれている。換言すれば、行政主体＝公法人論が切断されても、行政主体が「行政」主体である限り、そのレベルで行政作用法上の「行政」主体との再結合がなされなくてはならないはずであろう。けだし、実は行政主体＝公法人論は、ひとり行政作用法の法技術上の方法論であるだけではなく、行政法総論の方法論でもあったのであるから、前者からの行政主体の切断は、不可避的に行政組織法の後者からの脱落に導かざるを得ないからである。

かくして行政主体概念の成立しうる地平は、結局のところ、行政作用法および行政組織法を総括するであろう行政法学方法論の確立の先にある、といわなければならない。このことは、行政主体概念を没価値的にしか用いない論者にあっても同様である。今ここでそれを展開する能力は筆者にはない。さし当たりは、公法人論とのつながりの深い行政主体の用語をさけ、より直截的に行政担当団体などの用語を用いつつ、なお、行政組織法、行政作用法のそれぞれの領域での個別法分析を深めるとともに、行政法学方法論を正面から批判的にとりあげるべきであろう。

(73)　塩野・前掲注(5)論文三九一頁。
(74)　この点、拙稿「行政課題の Privatisierung 論について」『法学と政治学の現代的展開』(有斐閣・一九八二年) 一二一頁以下を参照。
(75) 塩野・前掲注(5)論文三九一頁。
(76) 同右論文三九一頁。
(77) 同右論文三九二頁。
(78) 同右論文三八九頁。
(79) 同右論文三八九頁。
(80) たとえば、田中・前掲注(3)二二―二五頁。
(81) 塩野・前掲注(5)論文四〇一頁以下は、民主主義の理念、参加権の確保、内部統制的見地からの組織原理をあげているが、それらはなお、「立法者の権限行使の結果を分類、整理」したものにとどまり、「立法者を拘束する法原理、法原則」には至っていないことが自覚されている（同書四〇一頁）。

附記　本稿は一九八二年秋に脱稿していたものである。その後本稿とのかかわりで参照すべき文献は少なくないが、他日を期したい。なお、行政行為論に関して、拙稿「方法論としての行政行為概念」（岡山大学法学会雑誌三四巻三号）〔本書第一部第一章以下〕を参照していただければ幸である。

第二章　行政主体概念の両義性
――法律の留保論に留意して

一　はじめに

1　わが国行政法学において極めて重要な役割を果たしながら、その意味が必ずしも明確とはいえない概念に「行政主体」がある。それは一般的に次のように説明されてきた。すなわち、行政主体とは、行政上の法律関係の当事者のうち、行政を行う権能を有する側を指称するものである、とか、行政主体とは、行政権の主体あるいは統治権の主体である、といったように。同じことであるが、次のようにもいわれる。行政法とは、行政主体たる国・地方公共団体その他の公共団体と国民との間の法関係に適用されるものである、と。要するに行政上の法関係における一方当事者たる、国・地方公共団体その他の公共団体を指すのである、と(1)。

従来行政主体の説明＝定義はこれで十分であると意識されてきた。ある論者は次のようにいっている。「行政主体という言葉はすでに本書で用いてきたところであるが（……）、行政主体とは何かについては特に定義することなしにすませておいた。つまり、ある意味では分かりきったこととして、前提してきたのである。具体の解釈論においても、基本的には、行政主体とは何かを取り立てて問題とすることなく処理することができた。(2)」

もちろん行政組織法の分野では、たとえばいわゆる特殊法人の行政主体性をめぐって議論のなされてきたところであるが、(3)なおも行政組織法理論とでもいうべきものが確立していないわが国行政法学において、(4)そのような事情もあってか、行政主体概念は依然として曖昧なままに放置されてきているといってよいであろう。

ところで以上のように行政主体をめぐる議論はけっして盛んであるとはいえないが、それにしても注目すべき点がある。それは行政主体が、法人格を持つという点については論争の対象になったことがないということである。かつて私も行政主体論について論じたことがあるが、そこでの私の関心も、行政主体概念の方法論的意義にあって、それが法人格を持つことについては当然の前提にしていた。(5)ところが最近、法治主義原理、とりわけ法律の留保論を検討する中で、行政主体が法人格を持つとすれば奇妙な問題が生じることに気づいた。それはこういうことである。通常法律の留保とは、行政権がある種の行政作用を行う場合には法律の根拠を要求する原則である、というように説明される。行政法の関係が行政主体と市民の間に成立するものであれば、ここにいう「行政権」とは、行政主体のことであろう。そして行政主体が、国・地方公共団体その他の公共団体を指すとすれば、たとえば国は、ある種の行政作用を行う場合、法律の根拠を要する、というごく当たり前のことをいっているにすぎないことになる。だとすれば法律の留保原則とはいかなる意味を有するのであろうか。

2　何をいいたいのか、と訝られるかもしれない。問題を別の観点からみてみよう。行政上の法関係とは行政主体と私人との関係である、とするのがわが国行政法学の考え方である。それは、両当事者が権利能力を持つものであることを前提している。法学的に表現すれば、法人たる行政主体と人（自然人および法人）との関係、ということになる。この文脈での行政主体は法人としての国であり、地方公共団体等（以下、国で代表させる）である。一方で行政作用とは何かという問いに対して、それは時に行政権の作用といわれることがある。そして、行政法とは行政権をコントロールする法だといわれる。そうだとすると行政主体とは行政権の主体ということになるが、もしそれが、形式的意味における行政の主体ということだとすれば、同じ行政主体の語をもって法人としての国を指すという理解と齟齬しないのか。

本章では、このような疑問を念頭に置きつつ、行政主体概念をわが国における法律の留保論に留意しながら批判的に検討してみることにした。

（1）たとえば参照、室井力編『新現代行政法入門(1)〔補訂版〕』（法律文化社・二〇〇五年）二六頁、今村成和著・畠山武道補訂『行政法入門〔第八版〕』（有斐閣・二〇〇五年）二五頁、藤田宙靖『行政組織法』（良書普及会・一九九四年）一八頁等。
（2）塩野宏『行政法Ⅲ〔第三版〕』（有斐閣・二〇〇六年）四頁。
（3）参照、塩野宏「特殊法人に関する一考察」『行政組織法の諸問題』（有斐閣・一九九一年）三頁以下。なお参照、田中二郎『新版行政法中巻〔全訂第二版〕』（弘文堂・一九七六年）一八七頁以下。
（4）参照、藤田宙靖・前掲注（1）一―三頁。行政主体概念は必ずしも道具概念としての意味を持つに至っていない。
（5）参照、岡田雅夫「行政主体論」『現代行政法大系7』（有斐閣・一九八五年）一六頁以下。

二　伝統的行政法学における行政主体概念――国家、行政主体、行政権

1

伝統的行政法学の論述をみていると、行政上の法関係の説明に際して、「行政」、「行政権」、「行政主体」の語がさまざまなニュアンスのもとで用いられていることに気づく。代表的な教科書をみてみよう。

「一つは、いうまでもないことであるが、行政という活動が法に服することである。絶対君主制のモデルが、君主は自由に、つまり法律の制約なく私人の財産・自由を侵害できるということであれば、そこには行政法の成立の余地はない。

さらにもう一つは、その行政も服するところの法が、一般の民法と異なったものであるかどうかである。すなわち、行政主体が私人の財産を強制的に取得したり、自由を制限したりするとき、たとえば、土地を収用したり、営業活動を制約したりするときに、それは行政権の主体の恣意のままに行われるのではなく、法律に従わなければならないとして、仮に、その際行政と私人の間に紛争が生じたときに、そこに適用される法は一般の法とは性質が異なったものとして理解されることになるかどうかである。(6)」

これはごく一例であり、同じ様な叙述はどこにでも見出すことができる。ここには「行政」という語が三つ、行政主体が一つ、そして行政権が一つ用いられている。これらの語は相互にどのような関係にあるのだろうか。最初に登場する行政の語を除けば、一見相互互換の関係にあるようにみえる。最初のものは行為主体を表現するものではないから、たとえばここに行政主体の語を当てはめるわけにはゆかない。しかしその他のものは、相互にこれを入れ替えても意味は変わらないようにみえる。実際、「行政主体が私人の財産を……」という部分と、「その際行政と私人の間に……」に使われている「行政主体」と「行政」は同義語でなければならない。少し問題になるのは、「行政権の主体の恣意のままに……」に、行政主体の語を置き換えることができるかどうかであるが、行政権に代えて「行政」の語を当てはめることが可能であるとすれば、「行政主体」と「行政」が同義である以上、これを肯定してもよいように思う。そうであればこのような文脈では、あえて「行政主体」の観念は必要ないともいえよう。

ところがこれらの語の意味を厳密に考えてみると、じつはそこに微妙なニュアンスの違いのあることが分かる。たとえば、「行政主体が私人の財産を強制的に取得……」における「行政主体」は、いわゆる法主体であるのに対して、「行政権の主体の恣意のままに……」における「行政権の主体」は、明らかに法律にもとづいて行動する行政機関を意味していよう。けだし前者は、「私人」との法関係を問題にしているのに対して、後者は、法律による行政のコントロールを、すなわち立法権と行政権の関係を問題としているからである。ちなみに、「その行政も服するところの法が」という場合の「行政」は、いずれの意味で用いられているのだろうか。一読すると法主体を表すようにみえるけれど、そこで問題とされているのが、行政権を規律している法律の性格づけであることに鑑みれば、それは行政機関の意であるとみるべきであろう。

じつはそれほどに、「行政主体」の語は曖昧に用いられてきたのである。驚くべきことに、最初の「行政」を除けば（もっとも、「行政という活動」を、「行政の活動」と言い換えれば同じことになる）、すべて「国家」の語を用いても文意は変わらないのである。このことは何を意味するか。それは、引用文が問題としている文脈（後述するように、ここではある法律の性格づけが問題とされているにすぎないからである）においては、「行政主体」概念は道具概念としての意味を持たないということである。

2　これに対して次の文章に用いられている「行政主体」はどうか。

「……私法関係に対して、特に公法関係という観念を区別して認めるのは、ひとしく法律関係とはいいながら、行政主体としての国又は公共団体相互の関係とか、国又は公共団体等の行政主体とその相手方たる私人との関係については、私人相互間の関係と区別して取り扱うべき実質的な差異が存するからである。いま、仮に、行政主体としての国又は公共団体とその相手方としての私人との間の関係だけについてみても、それは、私人相互間の関係とは、しばしば、その性質をことにする。すなわち、行政主体としての国又は公共団体が優越的な意思の主体（公権力の主体）として私人に対する場合（権力作用）についていえば、それは、普通、私人相互間にはみることのできない関係であるから、対等の私人相互間の経済的な利害の調整を目的とする私法規定の親しまない関係といわなくてはならぬ。」(7)

この文中の「行政主体」に代えて、「国家」はいうまでもなく、「行政」なり「行政権」をあてはめることができないのは説明するまでもないであろう。(8) なぜそのようなことになるのか。それはここに用いられている「行政主体」概念が、ある方法的意味を持たされているからである。ここでは何が論じられているかといえば、個別の法律の特徴づけ（それが民法に属するのか、行政法に属するのかという問題）ではなく、私法関係に対する公法関係の特質である。そうだとすればここに登場する法主体は、権利義務の帰属主体としてのそれである。近代に入り国や地方公共団体も法に服するようになり、国や地方公共団体相互間にも、あるいはそれらと市民との間にも法関係が成立することになった。そこには、少なくとも一方当事者が国・地方公共団体である法関係が登場することになったのである。ところで、近代国家における法秩序は、刑事法を除けば、民法の支配するものである。そこで、新たに登場することとなった法関係が民法の支配する法秩序に属するのかどうかということが問題とされるに至ったのである。

これに対する伝統的行政法学の一つの回答が前記引用文である。その内容はよく知られているところであり、ここにあらためて説明することはしない。その要点は、国・地方公共団体等（以下国で代表させる）が取り結ぶ法関係を二分するという方法の採用ということである。すなわち国が一方当事者となる法関係から、いわゆる「公権力の主体」としての作用に関するものを取り出し、これを民法上の関係とは区別し、残余の、つまり「公権力の主体」ではない国の作用に係る関係はこれを民法上の関係として理解しようというのである。このようにして理論構成された「公権力の主体」としての国、これを表現する概念として「行政主体」が選ばれたのである。

要するに伝統的行政法学において「行政主体」概念は、法関係を論じる場面でこそその存在意義が認められたのであり、それはかつて、いわゆる権力作用としての行政上の法関係を、私法関係たる民法上の関係から区別するための方法的概念であった。

（6）　塩野宏『行政法Ⅰ〔第四版〕』（有斐閣・二〇〇五年）一三頁。
（7）　田中二郎『新版行政法上巻〔全訂第二版〕』（弘文堂・一九七四年）七八頁。
（8）　「国家」は当てはめ可能のように思われるが、行政上の法関係における国家は、あくまで「公権力の主体としての国家」「国家一般」ではない。

三　行政主体概念の両義性とその問題

1　長い間私は、伝統的な行政法学の次のような説明に素朴な疑問を抱いてきた。すなわち、行政法とは、「行政作用に関する国内公法」だとした上で、公行政に関する法関係を権力関係と非権力関係とに分類し、前者には公法が適用されるのに対して、後者には、法律に特別の定めがあれば格別、原則として民事法が適用される、という説明に。(9) この最後の部分、つまり民事法が適用されるにもかかわらず、その法関係を行政法関係と呼ぶことに対する疑問である。たとえば公営住宅法および公営住宅条例を行政法だと理解することと、公営住宅の利用関係を行政法関係だと理解することの間に、違和感を持たざるを得ない。たしかに、公営住宅の利用に関する法関係においては、たとえば家賃の一方的決定の規定がある（公営住宅法一六条）など、借地借家法と異なる扱いがなされることがあるが、それは特別法としての意味を持つにすぎず、そこに民法と異なる解釈原理が展開されるわけのものではない。非権力関係が「公法関係」であるといってみても、そこで展開される解釈論は、適用法規の選択の問題にすぎず、それ以上に公法原理とでもいうべきものが論じられるわけではない。

ところで、最近公刊された行政法教科書において大浜氏は、次のような興味ある指摘をしている。

「……ここで行政法という場合、二つのことを分けて理解しておく必要がある。一つは、行政法の法源全体を指す意味で用いる場合であり、今一つは、より狭義に、ある法律を具体的に執行する段階に着目して、行政庁と私人間の法律関係を規律する際に適用される『行政法』という意味で用いる場合である。[10]」

この大浜氏の指摘は、前述のような私の疑問を解くのに参考になるものであった。もっともそのような指摘の下に私が理解するのは、次のような内容であるが。すなわち行政法という観念を立てるのは二つの意味があったということ。その一つは、無数にある現行法律群を、統一した法解釈原理を導くためにグルーピングするためであり、いま一つの意味は、国が行政作用（この表現にすでに問題がある。法関係を論じるのであれば、「国」の作用というべきであって、「行政」作用というのは論理的誤りに導く）を行うに当たって、私人との間に成立する法関係を行政法関係と呼び、これに対する適用法規を見定めることである。私は、大浜氏と異なり、後者の意味で「行政法」を用いるべきではないと考えるのであるが、先に検討したように、伝統的行政法学が用いてきた行政主体概念は、この場面で必要とされ、方法的な意味をもってきたのである。

2　その「行政主体」概念が、先に見たように、時に「行政」あるいは「行政権」と同義に用いられてきたのは何故であろうか。その疑問に手がかりを与えてくれるのが、先に引用した大浜氏の、「行政法」についての二つの捉え方である。つまり伝統的行政法学は、「行政法」の下で後者のみを対象とするだけでなく、前者、すなわち個別の法律、たとえば道路交通法をいかなる性質の法として理解するかという問題をも、これらの論理次元の違いを自覚することなく対象としてきたのである。たとえば代表的な伝統的行政法学者の次の文章をみてほしい。

「行政法（Verwaltungsrecht, droit administratif, administrative law）とは、行政の組織及び作用並びにその統制に関する国内公法をいう。いいかえれば、行政法とは、国・公共団体等の行政主体の機関の組織・権限、機関相互の関係に関する規律、国・公共団体等の行政主体相互間の規律（……）及び国・公共団体等の行政主体と私人との間の公法上の法律関係に関する規律（……）並びに行政統制に関する規律（……）を総称する。」[11]（傍点は引用者）

文中で、行政法とは「国・公共団体等の行政主体の機関の組織・権限、機関相互の関係に関する規律」である、という場合の行政法とは、明らかに類型論としてのそれである。これに対して、行政法とは、「国・公共団体等の行政主体相互間の規律……及び国・公共団体等の行政主体と私人との間の公法上の法律関係に関する規律」である、という場合のそれは、法関係論としてのものである。前者における「行政主体」は「行政」ないし「行政権」と置き換えることが可能であるが、後者の「行政主体」に代えて「行政」、「行政権」を用いることのできないことはおわかりいただけよう。なぜそうなるかといえば、前者における「行政主体」概念は、道具概念としての意味を持っておらず、単なる国・公共団体等の言い換えにすぎないのに対して、後者の場合には、行政上の法関係を民法上のそれから区別して、「公法関係」であることを根拠づけるための道具概念だからである。

このように、「行政主体」概念の両義性をもたらした背景には、次元を異にする二つの問題領域を、同じ「行政法」の名の下に論じてきた、伝統的行政法学の方法的無自覚さがあるといわなければならない。

3　もう少し立ち入って考えてみよう。行政法を類型論の次元で捉えれば、それは行政機関に一定の判断権を授権するものである（行政法を行為規範だとする見解はこの意味で正しい。但しその場合の名宛人は「行政主体」ではなく、行政機関である）のに対して、民法は、権利能力者間の法関係の要件を定めるものであって（その意味で裁判規範といいうる）、両者は明らかに次元を異にする法律なのである。その意味でいえば、民法において法主体に関する議論がなされるのは当然のことであるのに対して、この次元での行政法においては、そもそも実体的な権利義務の帰属主体たる法主体は問題にならないのである。この意味で、たとえば道路交通法を行政法として類型化するのに、これを公法であるという必要はない。繰り返すが、ここでは道路交通法のグルーピングを議論しているのであって、同法に基づいて発生する法関係の性質を論じているわけではない。したがって通説がここで用いる「行政主体」は、法人としての行政主体ではなく、形式的意味における行政の主体、すなわち行政機関を指しているはずである。

事情はいわゆる非権力関係の場合でも同じである。たとえば公営住宅の利用関係を規律する公営住宅条例も、住宅を管理する行政機関に対して、入居者を決定するなどの権限を付与しており、そのかぎりでこれを行政法だということができる。ただここには、議論を複雑にする事情がある。というのはこの場面では、行政機関の行為（たとえば入居の許可）の後、地方公共団体と市民の間に民法のそれと同質の法関係、すなわち公営住宅の利用に関する実体的な権利義務関係が形成されるからである。その権利義務の帰属主体は、伝統的思考によれば公法＝非民法上のものであり、この主体を表現するために、行政主体概念が用いられるのである。いうまでもなくこの場面での行政主体は、法人としてのそれであって、形式的意味における「行政権の主体」たるそれではない。

(9)　たとえば参照、田中・前掲注(7)二六頁。

(10)　大浜啓吉『行政法総論』（岩波書店・一九九九年）五七頁。著者の意図を正確に理解できているかどうか確信はないが、卓見だと思う（もっとも大浜氏は、第一の意味における「行政法」に関する議論は、氏のいう「立法学」の課題とし、行政法学の課題は第二の意味における「行政法」だとされるが、後述するようにこの点については賛成できない）。新版ではこの部分を次のように改めていられる。「行政は法律案の策定（＝政策の立案）という形で法律制定過程の一翼を担っているので、行政法の原理を考える場合、法律の制定（立法）の段階と執行の段階とでは分けて考えるべきであろう。従来の学説は、行政活動の二つの領域を明確に区別して論じてこなかったために、行政法の原理を論ずる上でも混乱が見られる」（同書新版二〇〇六年八二頁）。議論のレベルは異なるが、同趣旨と受け止めておきたい。

(11)　田中・前掲注(7)二四頁。

四　法律の留保と行政主体

1　このような伝統的行政法学の躓きの背景に、法治主義原理の理解、中でも法律の留保原則に関する理解の問題がある。

わが国行政法学は、行政法を行政権の活動に関する法だと説明する。もちろんこの定義が誤りだというわけではない。しかしじつは、この定義の下に国・地方公共団体と市民との間に成立する法関係に関する議論をも含めて理解したところに、伝統的行政法学の方法的誤りがあったことは前述したとおりである。ところでこの定義は、法治主義を「法律による行政」として理解することに基づいているように思われる。そこで以下、法治主義特に法律の留保原則に関する理解のどこに問題があるのか検討しておこう。

「法律による行政」という場合、そこにいう「行政」とは何か。これが極めて曖昧に用いられてきたように思う。同じことであるが、たとえば「侵害行政には法律の根拠が必要である」という場合、そこにいう「行政」は何を含意しているのであろうか。法律の留保論を展開する次の叙述をみてみよう。

「もともと侵害留保の原則は自由主義的イデオロギーに支えられてきたものである。つまり、自由と財産という、自由主義の下での最高の価値を侵害するには、市民も参加する議会の賛成を得なければならず、また、自由主義の下では、本来、国家は積極的に活動するものではなかった。ところが、日本国憲法の下では、自由主義とともに、民主主義が重要な憲法原理となっている。また、国家は単に秩序維持者であるだけでなく、社会に対して、さまざまな角度から、さまざまな手法で介入している。そこで、自由と財産の侵害に当たらない限り、国会のコントロールを受けることなく行政が自由に活動しうることとなると、一方において行政の民主的コントロールからして問題であると同時に、他方、自由と財産という形ではないけれども、国民の現実あるいは将来の生活が、行政府の手によって規定されてしまう。[12]」（傍点は引用者）

ここには「国家」の語が二カ所、「行政」の語が二カ所そして「行政府」の語が一カ所用いられている。「行政」と「行政府」が同義であることは疑いないが、それらと「国家」はいかなる関係にあるのだろうか。文脈からすると、「国家」と「行政」は同義であるかにみえる。たとえば、「自由主義の下では、本来、国家は積極的に活動するものではなかった」の「国家」に、「行政」を置き換えても文意は通じるであろう。しかし逆は真ならずであり、「国会のコントロールを受けることなく行政が自由に活動しうる」という文章の「行政」を「国家」で置き換えることはできない。これは何を意味しているのであろうか。

本章は伝統的行政法学における「行政主体」概念への疑問を提示することを目的としているにすぎず、法治主義論を正面から扱うものではないので、詳細は別の機会に譲らざるを得ない。ただ指摘できることは、前近代においてイデオロギーとして主張された法治主義を、それが制度として実現された近代においても、その内容に関する根本的な批判的検討なしに適用しようとしたところに問題があるように思う。[13] かつて「法律による行政」という場合の「行政」は、国家ではなく文字どおり「行政権の担い手たる君主の統治作用」を意味していた。それは、国家の一機関でありながら、「本来的な自由」を認められていた君主の行動を、法律＝議会の統制の下におこうとするものであったのである。その意味でここにいう「行政」とは、あくまでも「行政権」の意味であって、「国家の作用」という意味での「行政」ではない。前記引用文で、「行政」の語に「国家」の語を置き換えることができないのはそのためである。

2　行政とは法の執行作用である、ということは誰もが認めることである。もしそうだとすれば、行政は法律にもとづかなければならないという命題は、ごく当たり前のことをいっているにすぎず、ことさらにこれを「法律による行政の原理」などという必要はない。まして、法律の留保論に関する侵害留保説のように、「侵害行政」にのみ法律の根拠を求めるのは、行政の定義と矛盾することになる。もちろん行政が法の執行作用という場合の法は、国家意思を意味するわけで、それは法律と予算によって示されるから、厳密にいえば法律を執行しない行政もある。ただ、個別法の類型論ではなく、市民との間の法関係を論じる際には、法律の留保論は意味をなさないということに注意を喚起したいだけである。けだしここで登場する「行政主体」は、「行政権」の主体ではなく、国そのものだからである。

つまりこういうことである。前述したように、行政主体と市民との間の法関係を問題にする場合は、それが侵害行政であれ給付行政であれ、そこにはすでに法律又は予算という形で国家意思が示されているはずである。たとえば道路交通行政を行うためには道路交通法が、あるいは補助金行政を行うためにはそのための予算が用意されているはずで、それなくして市民との間に法関係は成立しようがない（ニュアンスはともかく、近代においては、裸の権力の行使はない、といわれるのはこの意味においてである）。そのような場面で、侵害行政には法律の根拠が必要である、といってみても何の意味もないことは明らかであろう。大浜氏が次のようにいわれるのは、この意味で基本的に正当である。

「……行政権の活動はつねに法律の根拠が必要なのである。何が法律に留保されるのかという発想自体が成り立たない。『法律の留保』論として議論されてきた問題は、行政法学というよりもむしろ本来『立法学』ない し『立法政策学』の領域で議論されるべき事柄に属する。」(14)

けだし法律の留保論が、法律による行政権の統制を考えているのであれば、それは立法機関と行政機関との権限関係をめぐる議論の場面でこそなされるべきもので、市民との法関係を問題とする場面ではないはずだからである。[15]にもかかわらず、前述のような議論がなされてきたのは、法律の留保論が、「法律による行政」のスローガンの下で、行政主体と行政権の混同＝行政主体概念の両義性を生み出してきたからである。

国家と行政の混同＝使い分けは明らかであろう。それは後述するように、現行憲法上意味を喪失した、「法律による行政」の根拠論として「法律の留保」原則を依然として行政法学の基盤にしているからである。確かにかつて「法律の留保」原則は、自由主義のイデオロギーであった。それは、本来自由である君主の統治権から自由主義的価値（自由と財産権）を守るための権利主張＝イデオロギーであった。近代国家においてそれは、「本来自由ではない行政」として実現されたのである。侵害留保説の奇妙さは、本来自由でない行政に「侵害」を想定するところにある。前記引用文が、場面によって「行政」に代えて「国家」の語を用いているのは、その論理的破綻を覆い隠すものである。

(12)　塩野・前掲注(6)六七頁。

(13)　大浜氏の次の指摘は正当であると思う。大浜・前掲注(9)五三頁「法治主義の概念が上述したような内容であった以上、新憲法の下における行政法の原理としてこれを受け入れることができないことは明らかである。否、むしろこれを徹底的に批判し廃棄する必要があったように思う。しかし、わが国では戦争責任問題等の他の様々な分野におけると同様に、公法原理の徹底した批判が行われたとは言い難い。むしろ法治主義がもっていた形式的な意味の自由主義的要素だけに光をあて、その内容を換骨奪胎し、『実質的法治主義』の名の下に『法律による行政の原理』として生き続けている。」

(14)　大浜・前掲注(9)五五頁（同書新版八〇頁）。

(15)　もちろん、法律の根拠なしに行われた国家活動をどう評価するかという問題はある。参照、大浜・前掲注(9)五五頁（同書新版八〇頁）。

五　おわりに

かつて宮沢氏は、「法律の留保」の両義性について言及し、次のように述べていた。

「……オット・マイヤー流のＶｄＧ（Vorbehalt des Gesetzes のこと―引用者）の意味の『法律の留保』は、日本の現行憲法でもみとめられている、といっていえないこともなかろう。しかし、『法律による行政』の原理が十二分に確立されており、むしろ『法律による行政』以後の段階にあると考えられる現行憲法の下で、マイヤー流のＶｄＧが、いったいどのような存在理由を有するのだろうか。ここでは、行政権は、もはやマイヤーがいったような意味で『自由』でありえないことは明白であり、また立法権はまったく国会に独占されているのに、それでも、行政権による『自由と財産』への侵害を禁ずる趣旨をもつＶｄＧの原理をみとめる必要があるのだろうか。」(16)（傍点は原文のもの）

卓見であると思う。この見解がなぜその後の行政法学で取り上げられなかったのか。その理由は本稿で論じたところから明らかであろう。繰り返せば、次元を異にする個別の行政法の類型論を内容とする「行政法学」と、国・地方公共団体と市民との法関係を内容とする「行政法学」が、「行政主体」概念によって直結されてしまった。このためたとえば、公営住宅法および公営住宅条例を行政法と認識することと、同条例に基づいて成立する、地方公共団体と入居者との法関係を行政法関係と認識することを、理論的に同次元の問題として理解することになったのである。前者が「行政権」を如何に統制するかという問題であるのに対して、後者が、地方公共団体を一方当事者とする法関係の問題であることは、少し考えれば容易に理解できよう。しかるに伝統的行政法学は、後者の地方公共団体にも「行政主体」の語を当てたため、両者があたかも同じ次元の問題であるかのように論じられることになってしまったのである。

ことは行政法をどのように理解するかという問題に帰着する。私は、行政権をコントロールする法の体系が行政法だと考える。すなわち類型論としての行政法である。それは、国・地方公共団体と市民の間に成立する法関係とは次元を異にする問題である。私は、国・地方公共団体と市民との間の法関係をめぐる議論は、固有の意味での行政法とはいえないと考える。そのような行政法学をどのように描くことができるかは、この小論でよくなしうるところではない。本章のテーマに即して結論を記せば、行政主体の語は、もし用いるのであれば、行政権の主体の意味で、したがって類型論としての行政法の場面で用いるべきであり、法関係の主体としての国・地方公共団体を指称する意味で用いるべきではない。

(16)　宮沢俊義「『法律の留保』について」『憲法の原理』(有斐閣・一九七三年)三七三—三七四頁。ちなみにいまひとつの「法律の留保」とは、通例憲法学で議論をされるもので、宮沢氏はこれをGesetzesvorbehaltで表していられる。同上三六三—三六四頁。

第三部　行政法と公権力の観念

第一章　わが国行政法学における「公権力」観念についての一考察

一　はじめに

公定力の理論的根拠について、わが国行政法学において一定の合意が形成されて何年かが経過した。この間次々に刊行された行政法教科書は、例外なく、公定力を説明するにあたって取消訴訟ないしは抗告訴訟の排他的管轄に言及している。すなわち行政行為の公定力とは、行政行為が排他的に取消訴訟の対象とされることによってその存在が論証される効力である、という点において今日ほぼ異論はない(1)。しからば行政行為の概念について合意が得られたか、というと残念ながらそのような状況にはない。もっとも厳密にいえば、行政行為の概念そのものについては、対外的かつ具体的な法行為であり、権力的すなわち一方的に法関係を形成する行為である、と定義されるのが通例であり、そのかぎりで争いはない。それではどの点で合意が得られていないのか。それは、この定義にいう「権力的すなわち一方的に法関係を形成する」とは何を意味するかという点である。それは命令であり強制である、とするのが従来の回答であった(2)。しかし公定力を取消訴訟の排他的管轄に根拠を有する効力だとする理解に立てば、命令や強制でなくとも、ともかく取消訴訟の対象になりさえすれば公定力が生じるのである（いわゆる形式的行政行為）から、そのような回答では十分とはいえない。否、もう少し突っ込んでいえば、公定力の根拠を取消訴訟の排他的管轄に求めたことによって、行政行為を取消訴訟の対象とするために用いてきた論理(3)が崩れさったのではないか。つまり命令・強制において認識された権力性と、取消訴訟の排他的管轄から生ずる権力性とは次元を異にするものではないか、というのが筆者の頭をかすめる疑問である(4)。

このところ問題関心の所在はともかく、公権力の観念を正面から議論する論説がいくつか公にされている(5)。そのような議論は今後のわが国行政法学の発展にとってきわめて貴重なものである。私自身この間、行政行為論を手がかりに公権力観念の検討を行ってきた(6)が、なお議論が十分かみ合っていないというもどかしさを感じてきた。そこで本稿では、最近の議論の検討を通してもう一度論点整理を行うと同時に、私の考えを提示してみたい。

（1）塩野宏『行政法Ⅰ〔第四版〕』（有斐閣・二〇〇五年）一三一—一三二頁、室井力編『新現代行政法入門(1)〔補訂版〕』（法律文化社・二〇〇五年）一五四頁、芝池義一『行政法総論講義〔第四版補訂版〕』（有斐閣・二〇〇六年）一四七頁、原田尚彦『行政法要論〔全訂第六版〕』（学陽書房・二〇〇五年）一三九—一四〇頁、兼子仁『行政法学』（岩波書店・一九九七年）一五一頁等参照。

（2）たとえば参照、塩野宏『行政法Ⅱ〔第四版〕』（有斐閣・二〇〇五年）九七頁、兼子・前掲注(1)一四二—一四三頁。

（3）参照、田中二郎『行政法総論〔新版〕』（法律学全集・有斐閣・一九五七年）二七五頁以下。

（4）参照、塩野・前掲注(2)九六—九七頁。

（5）たとえば、原田尚彦「行政法上の『公権力』概念」『国際化時代の行政と法』（良書普及会・一九九三年）一頁以下、村上順「行政法一般理論と行政行為の権力性——兼子教授の手続法的公法学の観点から——」『手続的行政法学の理論』（勁草書房・一九九五年）三三頁以下、加藤幸嗣「公権力の行使と当事者訴訟」『行政法の諸問題』（有斐閣・一九九〇年）一七七頁以下など。

（6）岡田雅夫「方法論としての行政行為概念」（岡山大学法学会雑誌三四巻三号三一頁以下）〔本書第一部第一章以下〕、同「公権力の行使と仮処分の排除」岡山大学法学会雑誌四五巻三号一頁以下〔本書第一部第四章以下〕。

二　実体的公権力観(1)——原田氏の所説を手がかりに

これまでも公権力論にしばしば言及されてこられた原田氏は、一九九三年に、「行政法上の『公権力』概念」と題する論考を公にされた。そこでは、伝統的な行政法学における公権力論の批判的検討の上に、氏の公権力観がかなり詳細に展開されている。ここではその作業を少し詳しく追いながら、原田氏の議論の問題点を指摘し、今後の議論の手がかりを得ることにしたい。

まず伝統的な学説の公権力理解に対する原田氏の批判的認識からみておこう。

「3…『公権力』性の有無は、主観的な価値判断を要しないで、何人にも容易に認識・判断できるものでなければならないのである。これらの諸点（(1)『公権力』とは何をいうのか、(2)いかにして認識するのか、(3)法的根拠は何か——引用者）が不鮮明だと、行政法体系の理論的基盤が不安定・不確かなものになってしまうが、それだけでなく、実務上の扱いもアヤフヤとなり一貫性を失うことになるからである。

4　だが、従来の行政法学において、これらの諸点が明確にされてきたかというと、遺憾ながら、かなり疑わしい。率直にいうと、『公権力』概念はわかり切った所与的概念とされ、『公権力』性の有無は、科学的・実質的視点からの厳格な検証を経ずに、いわば常識的・ムード的に漫然と判断され、突き詰めた理論的な議論はあまりなされてこなかったようにおもわれる。おそらく、それでも、行政作用の内容が単純で、権力・非権力の区分が一目瞭然であった往時にあっては、結構、事足りたのであろう。[7]」

ここに示された認識は基本的に正当である。ただし次の認識を除いてであるが。それは、従来の理解が「行政作用の内容が単純で、権力・非権力の区分が一目瞭然であった往時にあっては、結構、事足りたのであろう」とする部分である。「事足りる」とは、十分である、ということであろうが、それはいかなる意味において十分なのであろうか。従来の理解とは、「公権力」概念は所与的概念であり、掘り下げた議論がなされてこなかったものである。文脈からすれば当時はそのような理解で問題はなかったということになるが、そのように理解してよいのか。後にみるように原田氏は、「公権力」概念の理論的根拠付けについて、「実体的権力説」と「法律淵源説」の対置を指摘されるのであるが、そのことを踏まえて上述の言明を理解すれば、「権力・非権力の区分が一目瞭然で」あれば、実体的権力説でも構わなかったと読める。原田氏もそのように理解していられるのか、それとも当時の学説はそのような水準にあったという客観的認識が示されているだけなのか、ということである。この点ここではいずれとも判断しかねるが、別の論文で次のように主張されていることを勘案すれば、単なる客観的認識であるとはいえないように思われる。

「……君主が主権を有する国家にあっては、行政権は君主の分身として統治権を裸のままで発動することが許された。……この意味からすると、立憲君主制下の法治主義においては、行政法規は、行政権力発動のための根拠ではなく、基本的には国民議会が君主の権力行使に対して外部から課した外枠にすぎないということができた。法律の明文の有無に係わらず、行政権がその固有の公権力を発動する国家の活動領域が、前法律的地盤において理念的に想定される余地が認められえないわけではなかったのである。」(8)（傍点は引用者）

このような理解はおそらく多くの論者に共有されているものと思われる。(9) それはおそらく、社会科学的認識としては正当なものであろう。正当であるだけに、ここにこれまでの公権力概念をめぐる議論の落とし穴があるように思われる。近代の法治主義が、それまで法による拘束を免れていた君主の「裸」の権力を、法律に服従させようとするものであったことは確かである。しかし私たちはここでは法解釈論を行っているのである。裸のままで行使される「統治権」と、行政の法システムにおいて析出される「公権力」とは無媒介に結びつかない、つまり論理次元を異にするのではないか。[10] 先の引用部分で、「常識的・ムード的」な公権力概念で事足りた、とされるのはこの論理次元の違いを踏まえない議論であると思われる。そしてこのことが、氏の正当な問題意識にもかかわらず、結果的に従来の公権力論批判を不十分なものに終わらせる原因になっているのではないか。その詳細は後に言及することにして、いま少し原田氏の議論を追ってみよう。従来の公権力観を、「実定法の規範分析によるのではなく、行政権が固有の権力を有することを前提にし、その権力の実態的な特性分析を基底にし[11]」たものだと認識された上で、今日の行政法学が依拠すべき基盤を次のように描かれる。

「……現行憲法のとる法治国体制のもとでは、かりに理論的には行政権固有の権威に公権力の淵源を求めるとしても、行政権が権力を行使するには必ず法律の根拠にもとづくべきことが要請される。……法律の根拠がなければ、公益上いかに必要があっても、行政庁は行政命令、行政行為、行政強制などといった『公権力』の発動形式をとって行為することは許されないのである。……[12]」

この説明もけっして目新しいものではない。おそらく多くの論者がそのまま肯定されるであろう。[13] しかしここには、決定的な論理的混乱があるように思われる。まず現行憲法のとる法治国体制のもとでは法律の根拠がなければ「公権力の行使」が許されない、という命題の意味である。もしこれが、原田氏のいわれる従来の公権力観を批判するためにたてられたものであるとすれば、そのままこの見解を受け入れるわけにはゆかない。大日本帝国憲法下の法治主義が、いわゆる形式的法治主義と呼ばれるものであったことに異論をさしはさむつもりはないが、そのような法治主義の下においても、法律の根拠なしに「公権力の行使」を肯定する学説はなかったのではないか。法律の留保原則について侵害留保説をとったとはいえ、また現実の運用過程で、反法治主義的なものがあったことも否定できないが、他方で「法律による行政」が法治主義の中心原理であったこともまちがいない。[14] いったいこの引用部分は誰のどのような主張を批判しようとしているのであろうか。ここに先に指摘した論理次元の混乱が尾を引いていることが分かる。裸の統治権を制約するというのは、法治主義原理としていえば法律の優位の問題である。これに対して法律の留保がかかわるのは、行政が、行政行為＝公定力↓抗告訴訟制度といういわゆる権力的システムを利用する場合の根拠論である。公定力の根拠を君主の統治権に求めていた（ここに実体的権力観の源がある）時代には、この論理次元の混乱はやむを得ないものであった。後に言及するように、原田氏の公権力観は、少なくとも論者の主観的意図においては、「法技術」的理解を基礎にしているように思われる。[15] そうだとすれば、従来の公権力観に対する批判は、その点、つまり従来のそれが法技術的理解に立脚していないという点にこそ向けられなければならない。ところがここではそのようにはなっていない。それは、従来の学説の法治主義理解（法律の根拠論）に向けられており、けっしてその公権力の実体的＝非技術的理解に対してではない。

　翻って考えてみれば、原田氏がたてられた「実体的権力説」と「法律淵源説」の対置という論理そのものに問題点がある。問われているのは「公権力」が何に由来するかではなく、何を「公権力」として理解するかでなければならない。けだしここでの公権力は、統治権そのものではなく、行政の権力的システムの対象となるものだからである。いうまでもなく「実体的権力説」は、後者の問いに答えようとするものであり、「法律淵源説」は明らかに前者の問いに対するものである。「行政権が権力を行使するには必ず法律の根拠にもとづくべき」であるという誰も否定できない命題に含まれている権力は、後者の意味での権力なのである。従来の公権力理解を批判するのであれば、ここにいう「権力」の内容を問うことである。つまり何が法律の根拠を必要とする「公権力」なのかを。だからそれは法律が根拠付けるものなのだ、と原田氏は答えられるのかもしれない。しかしそれがトートロギーであり何の答えにもなっていないことはすでに塩野氏の指摘[16]されているところである。原田氏の回答では、何が法律の根拠を要する「権力」行為なのかが問題とされていない。いやそれは命令であり強制であるというのであれば、それこそ、まさに原田氏が批判の対象とした実体的公権力観そのものではないか。いま少しその点を検討してみよう。

結局のところ原田氏の結論は次の主張に尽きる。

「……『公権力』行為の存否や、その適法性をめぐって疑義が生じたときは、その解決は、まずは法律の規定の解釈＝規範分析に委ねられるとみなければならない。(17)」

この主張は正当であろうか。「適法性をめぐる疑義」についてはそのとおりであろう。しかし、公権力行為の「存否」についてもこのようにいいうるだろうか。私たちは解釈論を行っているのである。だとすれば「公権力」をめぐる議論は、公権力一般ではなく、どの法律の「公権力」観念を議論しているのかがまず明らかにされなくてはならない。つまりこういうことである。現行法上、「公権力」の観念を用いているのは、私の知るかぎり行政不服審査法、行政事件訴訟法、行政手続法、国家賠償法の各法律である。そうであれば、これら各法律の定める「公権力」の観念について、その意味するところが何であるのかについて解釈論が展開されるというなりゆきになるのではないか。この引用部分で、その解決は、「法律の規定の解釈＝規範分析に委ねられる」とする意味が、そのようなものであるとすれば、それは正しい立論であるといってよい。しかしながら原田氏の議論はこれとは少し様子を異にしているように思われる。氏の規範分析の具体例をみてみよう。

まず公務員の処分について言及される。

「かつて特別権力の発動とみられていた行為のなかにも、今日では、法律の規定が整備され、『公権力』性が法文上で明示されているものもある。公務員に対する不利益処分（国公法九〇条、地公法四九条の二）……がその例である。(18)」

ここで何が論じられているのであろうか。一つには公務員に対する不利益処分が、「公権力」性を有するということ、そしてそのことが法律によって明示されているということが主張されている。格別の説明はないが、この言明は、公務員に対する不利益処分が抗告訴訟の対象になる、そのことの根拠が、それぞれ国公法九〇条、地公法四九条の二に求められるということを意味している。なぜこのような議論がなされるのか。それは、公務員に対する不利益処分がいかなる性質の法行為なのかを明らかにするためである。論理的には次のようになる。公務員に対する不利益処分は、前記公務員法の規定により「公権力」性が付与されている。「公権力」の性質を帯びる行為は、行政事件訴訟法の規定により抗告訴訟の対象とされている。したがって、不利益処分は抗告訴訟の対象となる、と。不服申立手続の対象となることが、当該行為の「公権力」性の根拠だとする主張の当否はともかく、ここで展開されているのは、公務員に対する不利益処分の法的性質に関する解釈論であって、「公権力」概念の解釈論では決してない。このような批判に対しては、論理的にはともかく、結論として公務員に対する不利益処分が、行政事件訴訟法にいう「公権力」の一類型であることが明らかにされているのであるから、そのかぎりで「公権力」概念の解釈論でもある、との反論がなされるかもしれない。一見そのように見える。しかしここには論理の飛躍、より正確にいえばトートロギーがある。国公法九〇条、地公法四九条の二はなるほど不利益処分を不服申立の対象としている。それは文字どおり、不利益処分が不服審査法の対象となる旨定めている。その意味で不利益処分は不服審査法にいう「公権力の行使」に該当するといっているにすぎない。そしてそれに尽きる。不利益処分が公権力の性質を帯びるとはいっていない。くどいようだが、公権力の性質を帯びるから不服審査の対象となるのではなく、不服審査法の対象とされているから、不利益処分は同法のいう「公権力の行使」に該当する、ということである。同じことだといわれるかもしれない。しかしそれは明らかに別の議論である。ここでは「公権力」が何であるかはまったく明らかにされていない。想起してほしい、通説の見解によれば、公務員の不利益処分はいわゆる形式的行政行為なのであり、それは本来非権力作用なのだということを。いったい論者は、いかなる論理で不利益処分が「公権力」の性質を帯びると主張されるのであろうか。それはおそらく次のような図式によるのではないか。不利益処分↓不服申立の対象＝公権力の行使、故に不利益処分＝公権力性を帯びる行為。しかしこれでは公権力概念の解釈にはなっていない。不利益処分が不服申立の対象となるのは公務員法がそのように定めているからであって、不利益処分が実体的意味での公権力性を帯びるからではない（混乱しそうであるが、不服審査法にいう「公権力の行使」概念は、実体的意味での権力性といかなる関係にあるかはなお明らかにされていないのである。誤解を恐れずにいえば、いわゆる行政行為が、不服審査法にいう「公権力の行使」に当たるか否かはいまだ明らかにされたことはない）。ここでは両公務員法の不利益処分概念の解釈論が展開されているだけである。公務員法の解釈に関するかぎり、不利益処分はなんの媒介もなく不服申立の対象とされているのであって、繰り返しになるが、不利益処分が公権力の行使だというのは、不利益処分→不服申立の対象、従って不服審査法にいう公権力の行使という概念に該当するといっているにすぎない。

このことは氏があげるもう一つの例をみればより明らかになる。それは地方議会の議員の懲戒処分である（余談であるが、氏のあげられる例がいわゆる行政作用でないのは何か理由があるのだろうか）。原田氏はそれが公権力性を帯びる法的根拠として、地方自治法一三四条及び一三五条を指示される。一三四条は、議会が条例違反議員に対して議決により懲罰を科することができる旨定めるものであり、一三五条は懲罰の種類と議決手続を定めるものである。なぜこれが「公権力」概念の解釈論になるのであろうか。どの「公権力」概念の解釈をされているのか。百歩譲って「公権力」概念の解釈論であるとしよう。しかしこれらの規定のどこに、懲罰を公権力の性質を帯びる行為であると解する根拠があるのであろうか。もちろん法解釈論として。いったい原田氏はいかなる論理で懲罰が公権力の性質を帯びると解釈されるのであろうか。氏が示される与件は懲罰が明文で定められている、ということのみである。これをもって、懲罰の権力性に法律の根拠が与えられていることの証拠であると主張されるとすれば、その論理は、懲罰＝法律に先行する公権力という理解を前提にしているといわざるをえない。つまり懲罰は公権力の行使であるから、法律の根拠なしには発動できないのだと（トートコギーであることは明らかであろう。公権力だから法律の根拠が必要であり、法律の根拠があるから公権力であると！）。もしこのように理解することが正しければ、原田氏の主張は、伝統的な公権力観そのものであるといわざるをえない。けだし、懲罰＝公権力という理解は、原田氏が批判される実体的理解そのものに他ならないからである。

(7) 原田・前掲注(5)論文五頁。
(8) 原田尚彦『訴えの利益』(弘文堂・一九七九年)九九―一〇〇頁。
(9) 今村成和著・畠山武道補訂『行政法入門〔第八版〕』(有斐閣・二〇〇五年)三―四頁。
(10) 塩野・前掲注(2)九六―九七頁。なお参照、原田・前掲注(8)一〇五頁。
(11) 原田・前掲注(5)一〇頁。
(12) 同右一一頁。
(13) 兼子・前掲注(1)五八頁。
(14) 藤田宙晴「行政と法」『現代行政法大系1』(有斐閣・一九八三年)一四頁。
(15) たとえば次のようにいわれる。「行政行為を個別法の授権に基づく行政の特殊＝特権的な法律行為とみるならば、たんなる法技術的に特殊な行政の活動様式にすぎないということになる」(原田・前掲注(8)一一四頁)。
(16) 塩野宏「行政における権力性」『基本法学6』(岩波書店・一九八三年)二〇二頁。
(17) 原田・前掲注(5)一一頁。
(18) 同右一三頁。

三　実体的公権力観(2)――兼子氏の所説を手がかりに

原田氏は、伝統的な公権力論を批判するにあたって、それが「実体的」権力観によっていることを認識されながら、(19) 問題の所在を公権力の観念が「前法律的」か「後法律的」かの対立に求められ、公権力の内容に言及されなかった。そのため必然的に伝統的公権力観を克服しきれなかった。これに対し、伝統的な行政行為論には、「無自覚な〝実体法と手続法の混淆〟」が広く内在していたとの認識[20]にたたれる兼子氏は、「公権力」を、「違法な行政処分も取消訴訟でなければその効力をくつがえせないという、抗告訴訟制度の法定の反面における強い争訟制限的効力」＝「手続制度的公権力[21]」と解され、「実体的権力」観に対して「手続的権力」観を対置される。そこでここでは兼子氏の公権力観を検討しておこう。

まず兼子氏は行政処分が持つとされる公定力、したがって公権力の観念を次のように理解される。

「それ（公定力――引用者）は現行法律上、短い出訴期間づきの『取消訴訟』でしか効力を争われないという制限的争訟手続が一般的に法定されていることに支えられており、その点で、私法上の法律行為と一般的に異なる『手続法』的特質が行政処分には伴っている[22]。」（傍点は原文）

ここでは公権力の観念は、従来決まりきったように主張されてきた「命令・強制」といういわば実体としての権力的行為からとりあえず切り離されているようにみえる[23]。そのかぎりで兼子氏の主張は、方法論的には伝統的公権力観を克服しうる地平に達しているといってよい。そこで以下、兼子氏の主張をもう少し詳しく追ってみよう。

兼子氏の公権力論は、先の引用文で尽くされているはずなのであるが、氏の次のような主張に接すると、そこになお論理に不整合な点があるように思われる。

「……行政による権力的個別決定である行政処分・行政行為は、国民参加的な権力行政手続の中核をなし、その手続法的なあり方を左右するものとして重要である。……なお、『行政行為』（Verwaltungsakt）の語は、西ドイツでは法令用語であるが、日本ではもっぱら学説用語にとどまり、日本の法律では『行政庁の処分』（……）ないし『行政処分』（……）と規定しているので、現行法制論としてはなるべく行政処分の語を用いるようにしたい[24]。」

ここに、「権力的個別決定である行政処分・行政行為」といわれる場合の、「権力的」とは何を意味するのであろうか。それが氏のいう「手続制度的公権力」であれば問題はない。ところが右の文章は単純にそのように理解できないようにも思われる。行政処分と行政行為とを等置される論理を検討してみよう。両者を等置する理由について必ずしも厳密な説明はないが、右の論述をみるかぎり、兼子氏にとって行政行為とは、法令用語である行政処分の学説上の用語である。すなわちここで行政行為とは、行政争訟法制（最近これに行政手続法が加わった）に定められた「行政庁の処分」のことであり、その単なる言い換えである。だとすれば、これらの法律は「行政庁の処分」について定義規定を持っていないのであるから、現行法の解釈としていいうるのは、行政行為とは取消争訟の対象となる法行為だ、ということのみである。つまりそれは取消争訟の対象となることが予定されているかぎりで、いうところの手続的権力性を帯びるといってよいが、あくまでもそれは「手続」的権力性であって、各個別の行政庁の処分が「実体法」上権力的性質を帯びているかどうかは、それが行政行為、取消争訟の対象となる行為に該当するか否かの判断とはさしあたり無関係である。個別法が用いている行政庁の法行為形式（たとえば免許や決定のごとし）が、行政行為に該当するか否かの判断は、当該行為が権力的行政領域（このような言い方にも問題がある）に属するかどうかではなく、上述の意味での「行政庁の処分」であるかどうか、つまり取消争訟の対象たるにふさわしい行為であるか否かによって決せられることになるはずである。もし兼子氏の主張をこのように理解することが正しいとすれば、それは明らかに伝統的な公権力理解に対する決定的な批判となりうる。けだしこの見解によれば、たとえば道路交通法の運転免許処分を行政行為であると判断するためには、それが取消争訟法上の「処分」にあたることを論証すればよいのであって、伝統的理論がそうしたように、当該行為が実体的に権力性を帯びるということを論証する必要はないのであるから。

そこで以下この点について兼子氏の見解を吟味してみよう。氏は行政行為概念を、「本来的行政処分」と「形式的行政処分」とに分類され、それぞれについて次のように論じられる。

「この本来的な行政処分の範囲は、取消争訟でしか争えない公定力を持つ行政の行為として……つぎのような概念要素を満たすものでなければならないとされてきている。すなわち本来的な行政処分（行政行為）とは、①行政機関ないしそれに準じて行政を行う者（公社・公団など）が、②直接に国民の法益に対し、③公権力の行使として、④継続的な法効果を、⑤具体的に生ぜしめる行為、をいう。[25]」（傍点は引用者）

「(ア)　法定の形式的行政処分　すでに述べたように（八六頁）、現代における給付行政などの非権力行政については、法律・条例上で、公権力行使の本質が存しないままに、行政処分と行政争訟の法制度が形式的に採用されていると解される場面がある（田中・新版上一〇八頁参照）[26]。」

「……『法解釈上の形式的行政処分』は、『行政機関ないしそれに準ずる者の行為が、公定力ある法効果は有しないが、国民の法益に対して継続的かつ具体的に事実上の支配力を及ぼし、関係国民が取消争訟の対象とすることを合理的に意図しうるもの』をいう、と定義される[27]。」

残念ながらわれわれの期待は見事に裏切られている。この論述のどの部分が伝統的公権力理解と異なるであろうか。「取消争訟でしか争えない公定力」という叙述は、兼子氏が公定力を取消争訟に先行する概念として理解されていることを示している。それは公定力を実体的に、少なくとも取消争訟制度と無関係に捉えていられることを示すものである。さらに「本来的行政処分」と「形式的行政処分」を区別するという論理のなかに、兼子氏の公権力理解が氏の主張とはうらはらに、実体的権力観に基づくものであることを示している。けだし、手続制度的権力観、つまり取消争訟の対象とされることのうちに権力性の根拠があるとの理解に立てば、その対象となる法行為の権力性に本来的も形式的もありえないはずだからである。他は指摘するまでもないと思うが、本来的行政処分の要素とされる③公権力の行使、とは何であるのか、形式的行政処分が、「公定力ある法効果は有しない」とされる[28]のはいったい何のことなのか。公定力は手続制度的権力であるとする氏の理解とどのように調和するのであろうか。おそらくここにいう権力性は、実体法上の意味で用いられているのであろう。同氏の体系書では、実体的公権力観がより明確かつ率直に語られているように思われる。(29)たとえば次のような主張がある。

「行政処分を中心とする実体法的体系は、公権力行使により国民の法益を制限する『規制行政』と、行政が国民に物や人的サービスを給するという本質の『給付行政』とに大別された上で……(30)」

「……ただし給付行政は規制行政と異なり本質的に公権力作用ではなく、……(31)」

「道路・公園その他各種国民・住民利用目的の『公共施設』における利用の調整のため、使用許可・利用承認制が採られる。これは行政争訟手続に連なる〝形式的行政処分〟であって、公権力性が弱く、……(32)」

ここでいう公権力と、氏のいわれる「手続制度的公権力」とはいかなる関係にあるのであろうか。そもそも公権力性（もしそれが手続的意味での公権力性のことであるとすれば）が弱いとはいかなる意味であろうか。それは公権力を実体的に考えなければ発想できないことではなかろうか。

なぜこのような論理の不整合が生じるのであろうか。兼子氏の論理のどの部分に問題があるのか。その原因は、現行法上の概念である行政処分と、講学上の概念である行政行為を媒介項なしに等置した上での論理展開にあるように思われる。それはこういうことである。行政処分は実定法上の概念である。これに対して行政行為は理論上の概念であって、もし後者が前者の単純な言い換え以上の意味を持つのであれば、この両者を等置記号で結ぶためにはそこに一定の論理を必要とする。行政処分に関して規定を置く行政手続法制（行政手続法、行政不服審査法および行政事件訴訟法）は、いずれも行政処分について定義規定を置いていない（もっとも行政手続法は処分の定義規定をおいているが、同義反復の域を出ていない）。したがって、行政処分を一定の理論内容（たとえば権力性）を持つ行政行為概念と同義であると主張するためには、行政行為概念が行政争訟法制から解釈論として導き出されなければならない。このような批判に対しては次のような反論があるかもしれない。行政事件訴訟法三条は、「『処分の取消しの訴え』とは、行政庁の処分その他公権力の行使に当たる行為」の取消を求めるものをいうとしている。ここから行政（庁の）処分＝公権力の行使という理解が得られる。他方、行政行為とは行政主体の権力的法行為を指称するものである。したがって行政処分＝行政行為であると。しかしこれが反論にならないのは明らかであろう。けだし行政行為＝権力的法行為という論理は、一つのドグマにすぎないからである。

　先の引用部分で兼子氏は、わが国では行政行為の観念が実定法上の根拠を持たないことを理由に、行政行為の語に換えて「行政処分の語を用いるようにしたい」とされたのであるが、このことの意味がじつははっきりしない。つまり行政処分の語を行政行為概念に代えて用いるということなのか、それとももともと行政行為が行政処分の語の単なる言い換えに過ぎず、わが国では行政行為の観念が実定法上の根拠をもたないため行政行為という用語は用いないようにする、というほどの意味であるのか。どちらでも同じではないかと思われるかもしれないが、じつは大きな違いがある。前者は行政行為概念（そしてじつは行政行為理論）が行政処分の語に先行している。つまりこの場合には、行政行為は、取消訴訟の排他的管轄と無関係に権力性を帯びた行為として理解されている。ということは仮に行政処分が権力性を帯びた行為だとしても、この権力性は取消訴訟の排他的管轄に支えられた権力性であるから、行政行為のそれとは異質のものであるはずである。したがって、行政行為＝権力的行為、行政処分＝権力的行為、故に行政行為＝行政処分という論理は成り立たないということになる。すなわち、行政処分＝行政行為という理解は論証なしのドグマというほかない。

　これに対して後者は単なる用語の選択の問題にすぎない。つまりこの場合には、行政行為の権力性は処分のそれと同義、すなわち手続的意味での権力性なのである。その代わりこの場合は、行政行為理論は捨て去られることになる。

　兼子氏が、前者の理解をとっていられることは明らかであろう。けだし何度も指摘したように、公定力を手続的観点から捉えるべきだとされる兼子氏の理解からすれば、行政処分の判断基準は、手続的なもの（それが具体的にいかなるものであるかは必ずしも明らかではないが、実体的な意味での権力性でないことだけは明らかだろう）でなければならないはずである。しかるに兼子氏の示される要件は先にみたとおりである。すなわちあいかわらず、「公権力の行使」たる性質をもつ行為であること、それが氏の結論である。ここにいう公権力が実体法上の観念であることは、もはや説明するまでもないだろう。(33)

(19)　原田・前掲注(5)一一頁。
(20)　兼子仁「行政法学における手続法の概念」（兼子仁編『手続的行政法学の理論』（勁草書房・一九九五年）四頁、なお参照、同・前掲注(1)七九頁以下。
(21)　兼子仁「日本行政法学における法論理」『行政法学の現状分析』（勁草書房・一九九一年）二四―二五頁。
(22)　兼子・前掲注(20)一二頁、なお兼子・前掲注(1)一五一頁。
(23)　しかし後に詳しく見るように、氏の議論も実体的権力から免れてはいない！ことがわかる。曰く「規制行政における公権力行使の第一段階的しくみは、社会の安全秩序確保のため現実的実力行使を行う『即時強制』だと見られる」と。兼子・前掲注(1)一四二頁。
(24)　兼子仁『行政法総論』（筑摩書房・一九八三年）八九頁。
(25)　同右二二六頁。
(26)　同右二二七頁。
(27)　同右二二九頁。
(28)　この点にかかわって村上順氏は次のようにいう。「こうした教授（兼子氏のこと――引用者）の観点からは、実定法規の定め方として、行政行為について個々に出訴期間が法定され、かつ取消訴訟の利用強制もまた個別的に法定されているかぎり、行政行為に権力性は認められないことになる」（村上・前掲注(5)論文三五頁――傍点は引用者）。おそらくこの個別的に取消訴訟の利用が指示されているものを、形式的行政処分と理解されるのであろう。しかしそのような行為に公定力がないといわれることの意味は、私には理解できない。

(29)　兼子・前掲注(1)一四二頁以下。
(30)　同右一四二頁。
(31)　同右一四六頁。
(32)　同右一四七頁。
(33)　兼子氏の『行政法学』は、そのことを従来より明確に論じていられる。参照、同書一四二頁以下。その意味で兼子氏は、『行政法総論』から後退されたように思われる。

四　手続的公権力観——高柳氏、浜川氏の所説を手がかりに

1　以上みてきた議論とまったく視点を異にする見解がある。英米行政法を考察の素材とし、独自の研究を積み重ねてこられた高柳氏の見解と、興味深い議論を展開されている浜川氏のそれである。まず高柳氏の見解について検討しよう。

高柳氏の基本認識は次の引用部分のなかに見てとることができる。

「……司法国家制（……）の下においては、行政行為の公定力の法理は、その重要な基礎前提を失っている。通常裁判所は行政行為の法適合性を審査しうるのであるから、行政行為が不可争力を生ずる以前であるならば、裁判所は、行政行為の法適合性がいかなる形態の訴訟において、いかなる見地から問題にされていようとも、それを審査しうるはずである。すなわち、行政行為によって権利関係が変動せしめられた場合、行政行為が違法であることを前提とする権利関係に関する利益的主張を内容とする民事訴訟が提起され、当該行政行為が不可争力を取得していない状態であれば、裁判所としては、抗告訴訟の形態を取っていないから当該行政行為の法適合性を審査してやらないというわけにはいかないであろう。[34]」（傍点は引用者）

「……抗告訴訟制度は……権力性とは別次元の合目的性に関する考慮に基づいて採用されていると考えなければならない。(35)」

裁判所の前では、法律行為も行政行為も区別がない、不可争力が発生するまでは、という留保つきではあるが。これが高柳氏の基本認識である。この認識は次のような画期的な理論的主張を含んでいる。つまり、いわゆる公定力というものがあるとしても、それは少なくとも裁判所に対するかぎり、出訴期間経過後の問題だ、ということ。そしてもしそうだとすると、処分の相手方も出訴期間内であれば、取消訴訟を強要されない、つまり取消訴訟はいわゆる行政行為について排他的管轄を有するわけではない、ということを。

この見解はこれまで、わが国行政法学においてはほとんど顧みられることがなかった、といってよい。言及されても、その真意は必ずしも正当に受け止められることはなかったように思われる。村上氏は高柳氏の見解について、兼子氏の見解を引きながら次のように論じていられる。

「……このように教授（高柳氏のこと——引用者）は、直接的攻撃方法が強制されてあるのは、準司法的行政手続を経た行政決定に限られ、それ以外の行政決定については、不可争力がつくまでは、サンクションと救済の法制度の共通一元性から、直接・間接いずれの攻撃方法によってもその効力を争いうることを主張するものであった。しかしながら、行政行為の公定力の法理については、そのように考えられたとしても、本来的行政処分につき一般的に法定されている不可争力の争訟制限的な権力的契機については、教授はどのように考えられているのか明らかにされていない(36)……」（傍点は原文）

この批判は、高柳氏の見解を誤解した上でなされているように思われる。どこで誤解が生じているのであろうか。それはいうまでもなく、「不可争力の争訟制限的な権力的契機」の理解においてである。すでに検討したように、兼子氏の権力観は実体法的理解に立脚していた。これにたいして高柳氏のそれは、徹底して手続的理解に立っている。高柳氏の理解によれば、「不可争力の争訟制限的な権力的契機」とは、出訴期間経過後発生するものであり、文字通りいかなる争訟も認められないという意味での争訟制限効である。したがってそれ以前、つまり出訴期間内であれば、いかなる形式の訴訟を選択してもかまわない、ということになる。要するに特定の訴訟形式を強制するというのではなく、一定期間経過後はそもそも訴訟を認めない、というのが権力的契機（高柳氏はわざわざそのように呼ぼうとはされていない）ということである。したがって高柳氏の理解によれば、出訴期間内であるかぎり、民事訴訟の提起に対して、「処分はまだ不可争的ではないが、やはり民事訴訟では行政処分の効果・効力を否定できない」といわれることはないのである。きわめて明快な主張というべきではないか。(37)

兼子＝村上公権力理解は、むしろ出訴期間内に権力的契機を見出す。つまり、出訴期間内であればもちろん出訴は認められるが、それは専ら取消訴訟という形式においてのみ認められるとする、つまり排他的管轄ということである。けだし兼子＝村上公権力理解によれば、出訴期間内にも行政処分には公定力があり、このため行政処分を争うには取消訴訟が義務づけられるのだ、ということになるのであろう。ここでの争訟制限効は、出訴期間内における取消訴訟の排他的管轄を意味するのである。ではこの排他性はいかにして論証されるのであろうか。出訴期間付きの取消争訟が一般的に法定されている、というだけでは論証になっていない。説明を求められるのはむしろ村上氏の側ではないか。

高柳公権力論はなぜ正しく受け入れられないのか。その答えは、高柳氏の公定力論にあるように思われる。そこで次に氏の公定力理解を検討しておこう。公定力について次のような主張がある。

「……ザッハリッヒ（即物的）に、客観的に考えれば、こういうことではなかろうか、すなわち、第一に、私法においては、権利義務関係の形成は、原則として一方当事者の一方的行為によってはできず、両当事者の合意によるが、公法関係においては、国民代表議会の制定する行政法規の授権により、行政庁は、一応——つまり、その法適合性は、後に裁判所により審査・確定されることとして、仮に——権利義務関係を一方的に形成変動できる。第二に、行政関係においては、ほとんどの場合、行政主体が係争社会状態を事実上支配している。こういう二要因の存在の故に、行政庁の一方的権利変動行為が仮に違法になされても、ほうっておいたら、当該行政行為の内容とする権利義務関係が事実上生起継続することになる。……行政行為に公定力があるということは、ドライにいえば、これだけのことなのではなかろうかと思います。(38)」（傍点は原文）

事実上の公定力の否定、これが高柳氏の見解である。つまり公定力とは格別の効力ではなく、公法関係においては行政主体が係争社会状態を支配するため、紛争解決に至るまで事実上行政主体側の法的判断が通用しつづける、ということにすぎない。同じことは私法関係においても生じるのだが、そこでは係争社会状態を支配する側は特定していないというだけのことである。たとえば運転免許の取消が仮に違法＝無効であっても、行政主体はこれに服従しない者に対して行政罰をもって臨むことができるため、処分の相手方は、刑事法廷に立ちたくなければ、取消訴訟による処分の取消がなされるまで、事実上この処分に従わざるをえないのである。通説的見地からは想像も及ばない主張であろう。兼子＝村上氏の批判が的外れに終わるほかない所以である。

結論からいえば、高柳氏の権力観は、手続的なものですらない。そこには権力的契機は存在しないといったほうがよい。もちろん氏の理解にあっても、出訴期間経過後は不可争力が発生し、裁判上の救済の途が閉ざされる。これを権力的契機というのであれば高柳氏の理解にも権力性があるといっていえなくはない。しかしそれは端的に出訴期間の制限による効果といえばすむ。

かくして高柳氏の見解においては、それは通説的見解からすれば驚くべき理解であるが、行政行為＝抗告訴訟制度がもつとされる権力的契機は見事に克服されている。そこで問題は、高柳氏が、取消訴訟の存在意義をいかに論証されるかである。つまり、出訴期間内に民事訴訟が許されるのであれば、何のために取消訴訟が選択されるのかが明らかにされねばならない。

この問いかけに対する高柳氏の回答は二段構えである。まず、準司法的手続にのっとって行われる行政の行為については次のように論じられる。

「行政庁による職権取消を許さないと同時に、国民にこれを争わせるに当たっても、直接その法適合性を攻撃する抗告訴訟形態によるものにこれを限定させる――つまり、民事訴訟の先決問題として、又は刑事訴訟における違法の抗弁によって、間接的に攻撃することを許さない――ことが合目的的になってくると思われる。[39]」（傍点は引用者）

現行法はその見地に立っており（行政事件訴訟法三条三項の裁決の取消しの訴え）、解釈論上も問題はない。理論的にも正当な認識であると思われる。

準司法的手続によらない法行為についてはどうか。氏は基本的に、これらの行為については「必ずしも専ら抗告訴訟形態によってその法適合性を審査されなければならない合理的根拠をもつものではない」との認識に立ちつつ、次のように論じられる。

「……行政行為の法適合性の審査は……司法裁判所が行政行為の法適合性を審査しうる制度の下では、……通常の民事訴訟・刑事訴訟によってこれをなしうるのであるから、これについて特に抗告訴訟形態をとる以上、その根拠は、行政行為を司法的に審査する訴訟の形態として、これが他の訴訟形態よりもなんらかの点において経験則上より適合的であるという合目的性にこれを求めるほかない。[40]」（傍点は原文）

その合理的根拠として次の五点をあげておられる。[41]

① 抗告訴訟制度は、行政行為の効力を対世的に確定するについて適合的である。

② 義務賦課行為においては、抗告訴訟制度は、被処分者に、当該行為の法適合性を刑事処罰のリスクを冒さず

に攻撃することができるという救済手段を与える。

③　なんらかの程度における裁量処分については、抗告訴訟が適合的である。

④　行政委員会制度及び準司法的手続によって行われる処分に適合的である。

⑤　計画行政・開発行政の展開も、抗告訴訟形態の採用を合目的的たらしめる。

このように高柳氏の理解によれば、抗告訴訟の採用は合目的性の見地からなされるのであるから、抗告訴訟の管轄は理論的には排他的ではない。④については先に指摘があったとおり抗告訴訟形態がむしろ排他的ですらあるとされるが、それはやはり制度の目的合理性が根拠とされていることに注意しておきたい。(43) その文脈でいえば、その他のケイスにあっても、原告が民事訴訟を選択することはリスクが大きく、(44) 抗告訴訟形態が事実上排他的である。⑤は①と同じ質のものであろう。

(42)

かくして高柳氏の理解によれば、行政行為が取消訴訟の対象とされるのは、行政行為が権力性を帯びるからではけっしてなく、取消訴訟によることが何らかの意味で合理的だからである。

以上が高柳氏の「公権力」観である。容易に理解しうるように、それは純粋に技術的理解であり、権力性の意味は、出訴期間経過後は取消訴訟を含め司法的救済が認められないということである。その論証はきわめて説得的である。では高柳氏の見解によれば、行政行為とはどのように把握されることになるのであろうか。氏は行政行為を次のように説明される。

「……行政処分は、行為規範たる公法法規の定める要件を充足する事実の存在が認められる場合に、行政庁が当該法規の予定する法効果を一方的に発生させるところの法行為である。」(45)

「行為規範たる公法法規」をいかに解するかという問題があるが、高柳氏の行政行為概念はかなり広いし、その内容は希薄であるようにみえる。けだし氏にとって行政行為とは、氏のいわれる、行為規範の体系たる行政法における行政の行為形式の一つであるに過ぎないのだから。

2　高柳氏の見解にきわめて近いのが、浜川氏の見解である。浜川氏も、取消訴訟の排他性に疑問を持たれ、次のように主張される。

「……行政権の行為を争うのに取消訴訟が紛争のある段階では唯一の訴訟形態であるとしても、それは通常訴訟の訴訟要件（権利主張）が満たされないためであって、そうした救済を要する国民の権利・自由のための特別の訴訟手続として取消訴訟があり、通常訴訟の訴訟要件が整うのであればそれを否定するものではないというべきである。[46]」

浜川氏の議論はとりあえず行政訴訟に関するものであり、その意味で行政行為、特に公定力に関する直接的な言及はない。そのかぎりで、右の主張が出訴期間経過後も妥当するのかどうか明らかではないが、基本的な認識、いわゆる取消訴訟の排他的管轄の否定は高柳氏のそれと共通する。ただ、行政権の行為が取消訴訟の対象となる論理は高柳氏のそれとは異なり、取消訴訟と確認訴訟という訴訟形式の間における前者の優先という論理に基づく。少し長いが引用しよう。

「……取消訴訟の排他的管轄は別にしても、その存在〔取消訴訟の――引用者〕を前提にするとき、確認訴訟や妨害排除請求を通常訴訟として提起することは不可能となる。まず確認訴訟については、民訴法上、他の訴訟によって同様の救済がえられないことが訴えの利益として必要とされ、取消訴訟または給付訴訟によっては救済しえない場合にかぎられると解される。行政庁による権利・自由侵害行為によって、権利の消滅や義務の発生が成立するところから、義務不存在確認と権利確認のいずれの請求も右行為の違法性を理由としその効力の否認を求め、それによって目的を達することになるため、結局、取消訴訟と訴訟物ないしは救済において一致することになる。また、妨害排除の請求も、取消訴訟と訴訟物と救済において一致するため、同様に取消訴訟の優先性を否定できない。」[47]

これに加えて、申請に対する授益的行為の拒絶ないしは不作為に関しては、その行為が自由裁量に属する場合には、取消訴訟が唯一の救済手段になるとされる。[48]

見事な論理展開であると思う。かくして浜川氏によれば、取消訴訟の対象たる処分、すなわち行訴法のいう「公権力の行使」とは、「行政権の一方的な行為が国民の法的地位に現実的な侵害的効果を行政上の制度を通じて及ぼす」行為のことだ、ということになる。[49]「行政上の制度」の内容が明らかではないが、浜川氏の権力理解が、実体的な権力性と直結するものでないことは明らかであろう。なおここでいわれる「一方的」とは、国民の法的地位を「侵害する」行為のいわば象徴的な表現であって、格別の法的意味を持つものではない。紛争を引き起こすのは自由を制限したり、権利を取り消すなど文字通り一方的行為であって、双方的行為、たとえば許可処分は、原則として争訟の対象とならないであろう（いわゆる二重効果的処分の場合は別）。

(34)　高柳信一『行政法理論の再構成』（岩波書店・一九八五年）一四五頁。なお参照、同書一四九頁。
(35)　同右一四五—一四六頁。
(36)　村上・前掲注(5)四八—四九頁。なお、兼子氏は、公定力と不可争力の関係について、「〈不可争力〉なる解釈は、実は、そもそも行政処分の効果を争うのは原則として取消争訟手続に限られているのだという、次の〈公定力〉の法理論をその根拠として前提にしてきたのである。前述のように事実上に支配力をもつ行政処分に対して不服な国民は、みずから早期に争訟を提起せざるをえないが、もし三ヵ月以内に自己の権利を主張する民事訴訟を起こしたとすると、処分はまだ不可争的ではないが、やはり民事訴訟では行政処分の効果・効力を否定できないといわれ、急ぎ期間内に取消訴訟を提起し直すこととなる。かくして、取消争訟期間の徒過による不可争力は、もともと取消争訟でしか争えない行政処分の効力・公定力が恒久化し確定したもので、公定力と不可争力とが一体となって、一定期間後は効果・効力を否定されないという争訟制度上の優遇措置を、権力行為としての行政処分にもたらしているのだといえる」とする。兼子・前掲注(24)一九五頁。
(37) 最近この点にかかわって、森田寛二氏の興味深い議論がある。参照せよ、「行政行為の公定力論に関する塩野教授の問題提起について（上）（下）」自治研究七三巻一号二四頁以下、同七三巻二号三頁以下。
(38) 高柳・前掲注(34)四八七頁。
(39) 同右一四六頁、なお参照、同右一八八頁。
(40) 同右一八四―一八五頁。
(41) 同右一八五―一九〇頁。
(42) 同右一八八頁。
(43) 参照、同右一八八頁。
(44) もっとも取消訴訟が執行不停止原則を採る現行法の下で、この理由が成り立ちうるか否かは問題である。
(45) 高柳・前掲注(34)一九七頁。
(46) 浜川清「行政訴訟の諸形式とその選択基準」『行政救済法1』杉村古稀記念（有斐閣・一九九〇年）七四頁。
(47) 同右八四頁。
(48) 同右八五頁。
(49) 同右八七頁。

五　おわりに

以上の検討を通じて何が明らかにされたであろうか。それはこれまでわが国行政法学が用いてきた公権力の観念が、二つのまったく異なった意味において理解されているということである。その一つは実体的権力観であり、いま一つは手続的権力観である。その内容については繰り返さない。ここでは本稿を締めくくるに当たって、なぜこのような権力観の違いが生ずるのか、その意味を探ってみることにしたい。

二つの権力観の相違は何に由来するか。それは手続的権力観を採る論者が、公権力の観念についての議論を、とりあえず取消訴訟の対象たる処分についての解釈論として、つまり行政事件訴訟法三条にいう「公権力の行使」の概念の解釈論として展開しているのに対して、実体的権力観の見地に立つ論者は、講学上の概念たる行政行為に関する理論の一環として論じているということである。[50] 前者の立場からすれば公権力の行使とは、当事者訴訟との対比における取消訴訟という訴訟形式の構造上の特質から導かれるものに他ならない。[51] したがってこの見解によれば、取消訴訟の対象となる「公権力の行使」たる行為は、訴訟技術上取消訴訟の対象とされることが合理的と判断される行為のことであり、その意味ではそのような行為を表現するのに「公権力」などという観念を用いる必然性はない。取消訴訟の対象となる行為は、いわばその反射的効果として公定力等のいわゆる権力的属性が付与されるため、対象とされる行為そのものも権力的なものと受け止められているが、ここに問題が潜んでいる。この点にかかわって最近塩野氏は次のような重要な指摘をされている。曰く、「行政事件訴訟法上の公権力は取消訴訟制度適用の結果としての権力性（公定力、不可争力）とは別物である」と。[52] 高柳氏は、準司法的手続によって下された行政機関の法判断は、「行政庁による職権取消を許さないと同時に、国民にこれを争わせるに当たっても、直接その法適合性を攻撃する抗告訴訟形態によるものにこれを限定」するのが合目的であるとされ、[53] 準司法的手続による処分が、行訴法のいう公権力の行使たる行為の典型例であるとされる。また浜川氏は、「行政権の一方的な行為が国民の法的地位に現実的な侵害的効果を行政上の制度を通じて及ぼす場合に、取消訴訟による救済の必要性が、肯定されてきたのであり」、それが公権力の行使と理解されるとする。ここには従来の意味での、すなわち命令とか強制という意味での権力性の理解はまったくない。[54]

では行政行為論の一環として権力論を展開するとなぜ実体的権力理解に至ってしまうのだろうか。それは、わが国行政法学における行政行為概念が、「実体法としての行政法体系」を支える方法的概念として意義付けられているからである。この点についてはすでに別稿[55]でその一端について検討したところであり、ここでその詳細に立ち入る余裕はないが、基本的論点について言及しておこう。それはこういうことである。右に「実体法としての行政法体系」と記したが、それは現行法制を前提にするかぎり、いまだ論証されざるドグマ、すなわち一つの理論的見解でしかない。なぜなら今日までのところ、少なくともわが国においては、行政法と名のつく法典は存在したことがないし、現に存在しないからである。したがっていうまでもないことだが、行政行為概念もそれが説明概念以上のものであろうとするならば、一つのドグマになるほかない。周知のようにわが国行政法学は、行政法の体系を公法のそれとして認識しようとし、そのような体系を構築するための方法的概念として「公権力」の観念を選択した[56]。いわゆる行政主体は「公権力」の帰属主体のことであり[57]、その行政主体が法的に活動する場合の基本的な法的行為形式が行政行為（行政立法や行政計画は行政行為のバリエイションである。久しく契約が行政主体の行為形式として認知されなかったのは、それが実体的意味での権力性とどうしても相いれなかったからである。今日の学説は、広く行政契約を非権力的行為形式として行政法学のなかで論じているが、その落ち着きの悪さは周知のところである）にほかならない。そして、行政行為概念の舞台が実体法であるかぎり、その権力性は取消訴訟制度に先行する質のもの、すなわち手続的意味での権力性とは別個のものであるほかない。けだし、行政行為概念が民法の法律行為と区別される法的行為であるということを根拠付けるための論理（これこそが行政行為の権力的理論構成を必要とする理由であろう）と、行政行為が取消訴訟の対象となる（その結果公定力という効力を獲得する）ということとは、論理次元を異にする（前者は実体法上の問題であり、後者は手続法上の問題である。だからこそいわゆる形式的行政行為論も構想しうる）からである。ところがわが国行政法学は、この実体法上の行政行為の権力性をそのものとして論証することができず、これに公定力論を接ぎ木することによって論証しようとした（そんなことはもちろん論理的にできないことであるから、それはどうしても論理のすり替えを孕むことにならざるをえない）のである。すなわち通説によれば、行政行為の権力性は、法律関係を一方的に形成すること、つまり手続的行為の「一方性」であるとされるが、その一方性とは、結局のところ公定力に支えられたものとして、つまり手続的なものとして説明されることになる。[58] 取消訴訟の排他的管轄の論理がそれである。実体法上の概念である行政行為の権力性を、取消訴訟の排他的管轄、つまり手続的権力性の論理で説明しようとするかぎり、行政行為の概念と公権力の観念が循環する（行政行為はなぜ権力的か、それは行政行為が取消訴訟の対象とされるからである。ではなぜ行政行為は取消訴訟の対象とされるのか、それは行政行為が権力的だからであると！）のは論理の必然であろう。通説の立場からこの循環を断ち切る方法はただ一つ、公権力の観念を実体的に構成することしかない。それは命令であり強制であると。公権力の観念を行政行為論の一環として展開する論者の帰結が、実体的権力観に行き着くほかないのはそのためである。

行政法が一つの体系として成立しうるか否かはともかく、そのための方法的概念として「公権力」という観念を選択し、行政争訟法の立案者が抗告争訟の対象を定めるにあたって、行政法理論に基づく公権力の概念を採用したことに問題があったのではないか。けだし、取消訴訟が権力的効果をもたらすとしても、その対象となる行為が権力的性格を持たなくてはならないという論理はただちには導かれないからである。もちろん行政争訟法制が採用した公権力の概念は、それが法律によって定められた以上、立案者の意図とは別個の意味を持ちうることはいうまでもない。本章での検討からも明らかなとおり、高柳、浜川両氏の公権力理解は、少なくとも実体的権力観とは異質のものであり、それは主として出訴期間の制限および仮処分の排除と同義に解されている。つまり、取消訴訟の対象とされる処分にかかわる紛争については、保全手続として仮処分を申請できず、出訴期間が経過すると、処分の適法・違法如何にかかわらず、処分に基づく法関係が確定するということ、いうならばそれが権力性の内容である。したがって取消訴訟の対象となる処分は、出訴期間経過後はその効力をそのまま維持するということ、したがって相手方はこの処分に拘束されるということになる。このような事態の推移に通説は権力性を見出すのであろう。それを以て行政行為に権力性があるというのであれば、それはそれでよい。そのことにまで反対する必要はない。しかしこの権力性は、出訴期間付きの取消訴訟という訴訟形式のもたらす効果であって、取消訴訟の対象となる行為の属性でないことは明らかであろう。

問題の所在はもはや明らかであろう。伝統的な行政行為概念を肯定するか否かはともかく、こと行政事件訴訟法にいう公権力の概念に関するかぎり、それは本来一つの記号に過ぎない。少なくとも実体的な意味での権力的行為（そのようなものがありうるか否かはともかく）が取消訴訟の対象となる必然性はない。むしろそれは、取消訴訟の対象とすることに合理性がある行為はすべて含みうる概念なのである。その意味で高柳、浜川両氏の見解はきわめて魅力的である。もっとも浜川氏が指摘されるように、取消訴訟の対象とされた結果、当該行為に「付加される権力性」、つまり取消訴訟の排他性を認めるとすれば[59]、公権力の内容を、法解釈に委ねるのは法治主義に反するのではないかと考える。そのかわり、高柳、浜川両氏は、なおも行政法を一つの体系として認識しようとするのであれば、公権力に代えていかなる方法的概念を用いるべきであるか明らかにしなくてはならない、ということになろう。

私自身の見解についていえば、本章の行間から読み取っていただけると思うが、やはり実体的権力観を基礎に展開されてきた法治主義論を検討するなかで明らかにしたいと考えている。それが次の課題である。

(50)　参照、高柳・前掲注(34)一九七頁、浜川・前掲注(46)論文八七頁。実定法の概念ということでいえば、国家賠償法の公権力についても議論が必要であろう。なお参照、宇賀克也『国家責任法の分析』(有斐閣・一九八八年) 四四〇頁。

(51)　浜川氏は排他的管轄、出訴期間の制限、仮処分の禁止のほか、行政庁の裁量判断の尊重をあげ、これらが取消訴訟の対象とされることによって当該処分に付加される「権力性」の内容であるとされる (同・前掲注(46)論文八九頁参照)。この点については、処分に「付加される」ということの法的意味が私には理解できない。これにたいして高柳氏の場合には、権力性には出訴期間の制限による司法的救済の拒絶であろう。
(52) 参照、塩野・前掲注(2)七九頁。
(53) 高柳・前掲注(34)一四六頁。
(54) 浜川・前掲注(46)論文八七頁。ここでは定義が経験的になされていることに注意されたい。ただ浜川氏は、他方で実体的な意味で行政行為概念を承認されているようであり、両者の関連をどのように考えていられるのか疑問がある。ちなみに次のように論じられる。「行政の側の法行為が、相手方国民の合意の有無にかかわらず、単独の行為として成立し、国民の権利・義務を変動するとき、行政と国民の意思は対等ではなく、行政は優越した法的な地位にあるということが出来る。」(室井編・前掲注(1)一一三頁〔浜川執筆〕)。
(55) 岡田・前掲「方法論としての行政行為概念」、なお参照、同・「行政主体論」『現代行政法大系7』(有斐閣・一九八五年)一六頁以下〔本書第二部第一章〕。
(56) 岡田・前掲注(55)「行政主体論」二二頁以下、一六頁。
(57) 参照、田中二郎『新版行政法中巻〔全訂第二版〕』(弘文堂・一九七六年)二頁以下。
(58) なお公定力と切り離して説明するものに浜川氏の見解がある。参照、前掲注(54)。なお塩野・前掲注(2)八〇頁以下もそのような試みをしているが、依然成功していない。
(59) 参照、浜川・前掲注(46)八九頁。

第二章　公権力の観念と法律の留保

一　はじめに

私は、行政行為の公定力をいかに根拠付けるかということを巡る議論に触発されて、「公権力」概念について一連の検討を行ってきた。(1) その作業を通じて私は、この議論の延長線上に、行政法の基本原理である法治主義の理解が密接に関わるものであることに思い至った。(2) 法治主義原理、とりわけ法律の留保原則の理解に関するわが国行政法学の到達点が、権力留保説といわれる考え方であることは周知のところである。(3) その主張は、行政作用のうち権力的行為については、法律の根拠を要するというものである。ここでいう「権力的行為」に行政行為が含まれることは明らかであり、そうであるとすれば、行政行為ないしは公権力の行使の観念についてなお議論がなされている以上、権力留保説についてもその内容を再検討しなければならないのではないかと思う。なぜなら、もし権力留保説がいう権力的行為の「権力性」が、行政行為論のそれと同質のものであるとすれば、ここでも同義反復の問題が生じることが予想されるからである。(4)

いうまでもなく法治主義原理とは、次の三つの基本原則を内容とするものと理解されている。①法律の法規創造力、②法律の優先、③法律の留保の三原則である。その内容についてはここにあらためて記すまでもないであろう。本章の問題関心から言及する必要があるのは、いうまでもなく③の法律の留保原則といわれるものである。この原則をどのように理解するかについて、今日なお見解が分かれているのは周知のところである。そして有力説の一つに、「権力留保」説があることもよく知られている。それは次のように説く。行政作用のうち権力的作用は、その内容が侵益的であれ授益的であれ法律の根拠を要する、と。[5] その主張の当否はともかく、ここにはこのところ行政行為論をめぐって議論されてきた「権力」の観念が含まれている。いったいここでいう「権力」的行政作用とは何であろうか？　おそらく行政行為を中心とする法行為および事実行為が念頭に置かれているのではないかと思われるが、私の知るかぎり、これまでわが国行政法学においてこの点について正面から議論されたことはないように思われる。そこで本章では、わが国行政法学の留保論について、そこで用いられている「権力」の観念が持たされている意味を分析し、その問題点を析出してみることにしたい。

（1）　以下の拙稿を参照。「方法論としての行政行為概念」岡山大学法学会雑誌三四巻三号三一頁以下〔本書第一部第一章以下〕、「行政主体論—行政権、行政権の主体、行政主体」『現代行政法大系7』（有斐閣・一九八五年）一六頁〔本書第二部第一章以下〕、「抗告訴訟制度と行政行為の無効」岡山大学法学会雑誌三六巻三＝四号（一九八七年）三一三頁〔本書第一部第二章以下〕、「行政行為の無効と取消の区別について」阪大法学四三巻二＝三号（一九九三年）八八三頁〔本書第一部第三章以下〕、「公権力の行使と仮処分の排除」岡山大学法学会雑誌四五巻三号一頁以下〔本書第一部第四章以下〕、「わが国行政法学における『公権力』観念についての一考察」岡山大学法学会雑誌四七巻二号一頁〔本書第三部第一章以下〕。

（2）　参照、拙稿・前掲注(1)「わが国行政法学における『公権力』観念についての一考察」三〇頁。

（3）　とりあえず参照、原田尚彦『行政法要論〔全訂第六版〕』（学陽書房・二〇〇五年）八九—九〇頁、兼子仁『行政法学』（岩波書店・一九九七年）五八頁、藤田宙靖『第四版行政法Ⅰ（総論）〔改訂版〕』（青林書院・二〇〇五年）八六—八七頁等。

（4）参照、阿部泰隆『行政の法システム㈦（新版）』（有斐閣・一九九七年）六九五頁。
（5）兼子・前掲注（3）五八頁。

二　侵害留保説の構造

1　法律の留保とは、行政権が行政作用を行うにあたって、当該作用を行うか否かにつき行政権自らが判断することができないものがあり、これを行うには法律の根拠、すなわち国会の判断が必要である、との考え方である。国会＝法律が判断を留保するというわけである。この点に関するかぎりわが国の学説に争いはない（後に見るように、ここにじつは重要な問題がある）。議論があるのは、どのような作用についてそのような原理が妥当すると考えるべきかである。

2　かつての通説は侵害留保説と呼ばれるもので、その主張は次のようなものである。行政作用には、一方的に国民の権利や自由を制限したり、国民に何らかの義務を課することによってその目的を達成するものと、それとは反対に国民に利益を与え、または一定の便益・サービスを提供することによって目的を達成するものとがある。前者を「侵害行政」、後者を「給付行政」と呼ぶことがある。このうち後者は、国民に利益を供与するのみで、国民の権利自由を制限することがないので、これを行政の自由な判断に委ねても何ら問題はないのに対し、前者は、これを行政の自由な判断に委ねると、国民の権利自由を蹂躙するおそれがあり、国会の判断（授権と羈束）なしにその実施を認めるわけにはゆかないとされるのである。つまり、国民の権利自由を侵害する行政作用についてのみ法律の根拠を要求するのが、「侵害留保説」の考え方なのである。

従来はこのような説明で、侵害留保説が広く受け入れられていた。それどころかそれは、かなり長い間揺らぐことのない通説として君臨していた。しかしよく考えてみれば、侵害留保説には素朴ではあるが、重大な疑問がある。それは次のようなものである。私の理解するかぎりでは、侵害行政とはたとえば道路交通法による行政や、建築基準法による行政、あるいは食品衛生法など挙げればきりがないが、いわゆる警察行政作用である。確かにこれらの行政作用においては、運転免許の取り消しや、違法建築物に対する除却命令等、市民の権利・自由を侵害する行為を内容とする法行為がある。それらは、行政機関が判断を誤れば、明らかに市民の権利を侵害するであろうことは疑いない。したがって、そのような行為の基準を法律が定めておく必要があるということは、基本的人権の徹底保障を目指す現行憲法の見地からすれば自明のことである、という文脈で、少なくとも私は理解していた。しかしそうだとすれば、これらの行政作用において行われる運転免許や建築確認あるいは営業許可という行為はどう理解すればよいのだろうか、ということにその後思い至ることになる。明らかにこれらは授益的行為であって、前述の意味での侵害行為ではない。だとすれば、「侵害留保説」に従えば、いわゆる許認可の行為は法律の根拠を要しない、ということになるのではないかという疑問を持ったのである。それでも当初は、いや、そもそも自動車を自由に運転することを禁止しているのだから、その禁止を解除する許可も、侵害行為なのだ、と考えるようになった(6)。しかしそのように理解したとしても、今度は別の疑問が生じる。すなわち、なるほど車の運転の禁止は侵害行為に違いないが、それを行うのは法律＝国会だから、そのことをもって行政権を縛るための論理である法律の留保理論の根拠とするのには疑問がある（けだし、不許可処分は行政権のレベルで侵害行為と理解されるのだから、バランスがとれない）。そのような疑問を抱きつつ、結局私は、「侵害留保説」のいう「侵害」は、許可とか取消という個別行為レベルではなく、作用全体としてのレベルで理解すべきもので、道路交通行政そのものが侵害行政なのだ、との受け止め方を最近までしてきた。

しかしながら、そうだとすれば今度は、「行政権への授権」を念頭に置いた侵害留保説の論拠に、行政権ではなく立法権のレベルにおける侵害性を持ち出すのは方法的誤りではないかとの疑問が生じてきたのである。けだし、自由権に対する規制に法律の根拠が必要なのは、国家がそのような作用をするためであって、その論理を運転免許であれその取消であれ、行政権への授権の根拠として用いることは意味をなさないはずである。ここには、作用主体の混同がある。つまり、運転免許制度をしく（それは当然法律によって行われるはずである）以上、そのシステムの中に免許の取消も含まれることになるはずであり、これと別途に行政権への授権が必要だということにはならないであろう。侵害留保説の説明に当たって、よく次のような記述が見られる。

「税金を徴収するには法律が必要であるし、営業規制についても、その活動が私人の自由領域に属するとみられる限りは営業の自由の侵害になるので法律の根拠を要する」[7]と。

格別違和感を感じない説明であるが、しかしよく考えてみれば、そもそも行政権が独自の判断で税金を徴収（個別の執行行為のことではない）したり、営業規制をするということを発想すること自体が奇妙ではなかろうか。けだしそれらは国家の権限であって、一国家機関たる行政権のよくなし得るところでないことは自明の事柄に属するからである。

問題はどこにあるかといえば、侵害留保説は、個別行為に着目しているのか、それともある行政分野全体に着目しているのかが明らかでない、ということにある。そしてそのことがじつは、「侵害」行政の理解に関わっているのである。

「侵害行政」なる概念はじつは一義的なものではない。従来必ずしも意識的には議論されていないが、侵害留保説が立脚している侵害行政の観念は、これを個別行為レベルで理解することが可能である。上述したように、国民・住民の権利や自由を侵害する、すなわち制限する、あるいは義務すなわち何らかの不利益を課する等の個別の行為、たとえば各種営業許可の取消、違法建築物の除却命令あるいは課税処分などを侵害行政と見る見方があり得る。(8) この場合の侵害行政は、「侵益的行為」による行政を意味しており、その対概念は「授益的行為」による行政である。

これに対して他方で侵害行政は、給付行政と並んで、一種の体系構成概念としての意味を持っていた。それは公共の安全を確保すべく、権力的手段を用いて作用を行う行政分野、つまりほぼ警察作用の領域を指称するものとして用いられていた（現在でもそのような理解がないわけではないが、現行憲法下では侵害行政の語は語感上問題があるとの考えから、秩序維持行政もしくは単に秩序行政の概念が用いられている）。この場合侵害行政は、各個別の行為ではなく、一定の行政分野を意味するから、そこで用いられる個別行為の性質、つまり侵益的であるか授益的であるかは問題とされない。たとえば前者の意味においては侵害行政の枠に入らなかった各種営業「許可」は、後者の意味ではいうまでもなく侵害行政である。というより、たとえば食品衛生法が関わる食品衛生行政を丸ごと侵害行政として理解するのである。(9)

侵害留保説は一体どちらの見地に立つのであろうか。これがじつは曖昧なのである（たとえば、税金を徴収するには法律の根拠が必要である、という場合、所得に関して税金を賦課するという制度を作ることを念頭に置いているのか、課税処分ないし滞納処分を念頭においているのか必ずしも明らかではない）。そして曖昧なのには理由がある。それはこういうことである。もともと「侵害」といえば、市民の権利・自由を制限し、あるいは市民に義務を課することだと理解されている。このレベルではいうまでもなく、「侵害」はその作用の内容として、しかもいうまでもなくその主体は行政権ではなく国として捉えられている。いい換えればそれを実現するための手段（たとえば行政行為）は視野の外に置かれている。ここでは、公共の安全と秩序を維持するために、市民の人権行使を公共の福祉の枠内に留める、それが「侵害」留保説の含意なのである。この理解に立てば、侵害留保説は秩序維持行政留保説ということになり、許認可等の授益的手段による行政を含めて法律の留保の下に置くとの理解が得られる。しかしながらこの場合には、なぜ秩序維持行政が法律の留保の下に置かれなくてはならないのか、その論証は困難であるように見える。けだしここでは、侵害行政の実現のための手段が「一方的」=権力的になされるとの理解は、論理的には必ずしも前提されていないのであるから。理解しにくいかもしれないが、要するに、給付行政には法律の根拠が不要で、秩序維持行政には法律の根拠が必要だとの論理を、手段の権力性と切り離して、いかにして論証しうるか、ということである。権力的手段と切り離して秩序維持行政を考えることが問題だとの反論があると思われるが、それは作用主体の混同をしているからである。ここで問題にしているのは行政権の作用ではなく、国家の作用なのである。

この論証の困難さをさけるために持ちこまれているのが、もう一つの「侵害」行政の観念なのではないか。それは行政作用を実現するための手段、すなわち個別行為に着目するものである。つまり「侵害」とは、相手方市民の同意を要せず、行政機関の一方的な判断で法関係を形成するもの、という理解である。一方的な法行為、それはわが国行政法学においては権力的行為と同義であるが、それを行政機関の判断に委ねると権限乱用のおそれがある、というのが法律の留保を根拠づける論理というわけである。個別行為としての侵害行為が、第一の意味での侵害行政（ここには授益的行政行為も含まれている）と必然的に結びついているわけではないが、個別行為たる侵害行為による作用だから、秩序維持を目的とする作用を侵害行政として認識させたのではないか。「侵害行政」という観念の曖昧さが、容易に両者を二重写しにしてしまうのではないか。(10)

以上二つの意義を有する「侵害行政」の概念が、いわば綯い交ぜになって侵害留保説を成り立たせていたのである。というより侵害留保説を支えていたのは、じつは個別行為のレベルにおける「権力性」だったのではないか。このことは、わが国行政法学の有力説がいとも容易に権力留保説に移り変わったことを見ても納得できるように思われる。

3　さてでは、権力留保説とはいかなる内容のものであろうか。簡単にいえば、行政がその事務を執行するに当たって、権力的行為形式を用いる場合に法律の根拠を要するというものである。(11) では権力的行為形式とは何か。一般的に理解されているところでは、行政行為と権力的事実行為、すなわち行政上の強制執行と即時強制が挙げられる。侵害留保説との違いは、後述するように、前者が授益的行為も含む点にある、と考えられている。(12)

ところで権力留保説は、「権力」性の観念を要素とするが故に、いうところの「権力」とは何かを明らかにしなくてはならない。周知のように「権力」とは何かについては、行政行為論において深刻な議論がなされてきており、なお決着がついたとはいえない状況にあるが、今日それは少なくとも後法律的に理解されるべきだという点では、おおかたの承認を受けていると思われる。(13) そうだとすれば権力留保説は、法律によって生み出される権力的行為に法律の根拠を求めるという、論理的誤りの上に成り立つものとの批判を免れない。(14)

(6)　参照、阿部・前掲注(4)六九三―六九四頁。
(7)　塩野宏『行政法Ⅰ〔第四版〕』(有斐閣・二〇〇五年)六三頁。
(8)　たとえば参照、原田・前掲注(3)八六頁。次のような叙述がある。「たとえば、行政庁が国民に対し租税の賦課、土地の収用、建築物の除去などを命じる場合……。」また、高田氏が田中説に関して次のように主張されるとき、そこでは侵害行政を個別行為レベルで把握されているといってよかろう。「……したがって、法律による授権を要する作用(法律の留保に属する事項)には、授益的行政行為を含めておよそ権力行為が属するということになろう。……とすれば、先生の説は、いわゆる法律の留保に関しては、伝来的な侵害留保説ではなく、権力行為に法律の根拠を要するとする説(権力留保説ないし権力行使留保説と称しておく)である、……」(高田敏「田中先生の法治主義論」ジュリスト七六七号三八頁)。
(9)　侵害留保説をこのような見地から理解するものとして、参照、塩野・前掲注(7)六六頁、阿部・前掲注(4)六九三―六九四頁、芝池義一『行政法総論講義〔第四版補訂版〕』(有斐閣・二〇〇六年)四七頁等。

(10) 参照、高田敏『社会的法治国家の構成』(信山社・一九九三年) 一三一頁。
(11) 原田・前掲注(3)八九―九〇頁、藤田・前掲注(3)八六―八七頁、兼子・前掲注(3)五八―五九頁。
(12) いずれにしても注意を喚起しておきたいのは、ここでは明らかに行政作用の分野ではなく、個別行為レベルで問題が捉えられているということである。
(13) 参照、拙稿・前掲注(1)「わが国行政法学における『公権力』観念についての一考察」。
(14) 阿部・前掲注(4)六九五頁。ただし阿部氏は、形式的行政行為のみを念頭に置いていられる。なお、塩野・前掲注(7)六八頁も基本的に同趣旨の批判。

三　侵害留保説と権力留保説

1　法律の留保論としては、全部留保説や、近年有力に主張されている本質性理論のように、その論理に「公権力」の契機を持たないように見えるものもある。(15) 伝統的な侵害留保説が、自由主義の原理から法律の留保を根拠づけるのに対して、これらの説は民主主義の原理から根拠づけるもののようである。(16) しかしながら民主主義の原理については、法律の留保を根拠づける論理としては、説得力を欠くように思われる。(17) 本質性理論はともかく、全部留保説が有力に主張されながら、なお通説としての地位を得ることがないのはこの点に原因があるように思われる。(18) いずれにせよこれらの説は、とりあえず「公権力」観念と無関係であるので、以下の検討からは除くことにする。

2　対象を侵害留保説(19)と権力留保説に限定すれば、じつは両者の違いは、「公権力」の理解の差によることが明らかになる。以下その点を検討してみよう。

先に見たように権力留保説は、侵益的、授益的を問わず公権力の行使を内容とする行政活動をすべて法律の留保の下におこうというものである。このような考え方に対しては、権力的行為と侵害的行為は基本的に一致するのであって、授益的でありながら権力的行為というのは理解が困難である、との批判がある。[20]権力留保説のいう「権力行為」（さしあたり事実行為は除く）が、形式的行政行為を含まない場合には、正当な批判である。ただし批判者自身も指摘しているように、ここには次のような問題が伏在していることに注意を払う必要がある。それは行政行為のうち、それ自身としては相手方市民に不利益を与えない行為、たとえば許可、認可、特許といった行為をどう考えるかである。本章で侵害留保説を二つに分けたのはこの点に関わっている。かりに侵害留保説が、筆者のいう個別行為に着目したものであれば、権力留保説は個別行為レベルにおける授益的ないしは非侵益的行為をカバーすることになるので、明らかに侵害留保説とは異なった意味を持つといえよう。これとは異なり、筆者のいうところの分野に着目した侵害留保説に立てば、許認可等の非侵益的行政行為も、許認可という制度全体として法律の留保の下におかれるから、この場合には権力留保説と異ならないということになる。

3　この文脈で興味深い議論がある。それは法律の留保に関する田中二郎説について、異なった評価があるということである。ある論者は田中説を侵害留保説に属するものとして整理されるのに対して、[21]高田氏は、田中説は権力留保説に属すると主張されている。[22]このような評価の違いはなぜ生じるのだろうか。

権力留保説がカバーするかに見える「授益的」権力行為に関して阿部氏は、次のように論じられる。曰く、

「営業許可は一見授益的であるので、ここでいう授益的権力的行政行為に当たるように考えられるかもしれないが、営業許可制度はもともと憲法で保障された国民の自由権を公共の福祉の観点から制限するために、一般的に禁止しておいて制限事由に該当しない場合に禁止を解除するという手法を採用しただけで、その許可は侵害処分（不許可）をしないというだけである。これは侵害留保説でも法律の根拠が必要であったものであっ

て、権力留保説で初めて法律の根拠が必要になるものではない[23]」と。

いうまでもなく侵害留保説に関するこのような理解は、本章でいうところの分野に着目した侵害留保説であって、阿部氏の侵害留保説理解は個別行為に着目するものではない、ということになる。このような理解からすれば、権力留保説は侵害留保説に何も付け加えるものはないということになるのは明らかである[24]。この批判は正当であろうか。

田中説を、権力留保説として理解すべきだとする高田氏は、そのような氏の理解について、「この点には異論もあり得ようし、あるいは誤りをおかしているかもしれない」とされた上で、次のように主張される。

「この点を確認するためには、侵害留保説と現在一般に称されているものの内容は何か、侵害留保説は現在においても通説であるのか（私には権力行使留保説がそうであるように思われる）、あるいは『侵害』留保と称することが問題を混乱させているのではないか（憲法第一一条との関係以外に、ドイツ語の“Eingriffe”と日本語の『侵害』との相違のゆえに）、といった問題も検討されるべきである……[25]。」

侵害留保説はどのように理解すればよいのだろうか。私自身当初は、阿部氏と同じ見地に立っていた。しかしよく考えてみるとこのような理解には、先に言及したように次のような論理的問題のあることに気がついた。確かにたとえば営業許可制度は、阿部氏もいわれるように、もともと憲法によって保障された基本的人権たる営業の自由を、公共の福祉の名の下に、その自由な行使を法律によって一般的に禁止し、一定の条件を備えた者にその禁止を解除する、という制度である。営業の自由に対する効果、という点から見れば明らかに侵害的な内容を持つ。その意味では、侵害留保説は許可処分、つまり「授益的行為」を含めて法律の根拠を求めるものである、と解すべきだということになりそうである。しかしもともと行政法学のいう法律の留保原則は、議会（国会）による行政権のコントロールを内容とするものではないのだろうか（後に述べるように私は異なった理解をしているが）。なるほど営業許可処分も、市民との関係でいえば、営業禁止を前提にするかぎりで侵害的性質を有するが、その場合の侵害の主体は明らかに国会＝立法権であって、行政権でないことは明らかである。もしそのような論理で侵害留保説を受け入れるのであれば、その場合には法律の留保原則の変質を認めなくてはならない。けだし、個別の行為ではなく全体としての営業許可制度を侵害的性質を持つものとして理解する場合は、基本的人権を制約する公共の福祉についての定めを制定しうる、法形式が問われているのであり、ここでは立法権による行政権のコントロールはとりあえず視野の外におかれているからである。このように見てくれば、通説の理解する法律の留保原則を前提にするかぎり、侵害留保説を阿部氏のような見地から理解するのには賛成しがたい。(26)

次に、田中説を権力留保説として理解しようとする高田氏の議論を検討してみよう。高田氏はまず、田中説における「法と行政の関係」を、「法の執行」、「法の授権」そして「法の制限」の三種類に分け、それぞれについて「法律による行政」の内容を吟味され、次のような結論を導かれる。曰く、

「第一は法の執行であって、『人民に義務を課しその自由を制限する等、人民に不利益を課する行政作用』については、『法律にその根拠を有することが必要である……』……第二は法の授権であって、これは、行政権の根拠を定める法律がなんらかの程度で行政権の自由な判断をなす権能を授権する場合であるが、『人民に権利その他の利益を与えるような行政作用』について従来広く認められてきたところである……第三は法の制限であって、これは、当該行政作用について行為規範としての法律の明示の根拠を要しない……」と。(27)

以上の一般論を前提に個別的検討がなされる。まず命令については、それが法規（田中氏にあっては、「人民の権利義務に関する……定め」）を内容とする限り法律の授権に該当し、その意味で法律の根拠を必要とすることになる。次に個別行為については行政行為と行政強制を挙げられ、これらはいずれも法の執行に該当し、法律の根拠を要するものとされる。このような分析から高田氏は、田中氏のいう、「法律による授権を要する作用（法律の留保に属する事(28)(29)

項）には、授益的行政行為を含めておよそ権力行為が属するということになろう」とされるのである。[30]

このような理解の是非はともかく、田中説の内容は、結果的には本章でいう分野に着目した侵害留保説と同じものだということになるが、その根拠は、「侵害」性にではなく、個別行為の「権力」性にこれを求めているということになる。

4　これまでの考察を整理しておこう。高田氏による田中説の整理は興味深い論点を浮き彫りにしていると思う。それはこういうことである。従来の通説であった侵害留保説は、いったいいかなる論拠で侵害行政に法律の根拠を求めていたのか。それは通例、行政権による「自由と財産権の侵害」は、その判断を法律＝国会が判断を留保するということであると説明されてきた。そしてこれ以上の論拠づけはなされてこなかったし、それで長い間通説として受け入れられてきた。しかしよく考えてみれば、自由と財産の「侵害」とは、じつは権力的行為形式たる行政行為を不可欠の前提にするものではなかったのか。けだし、この間の公権力＝公定力をめぐる議論が明らかにしたように、実質的行政行為も含めて、法律の根拠なしに権力性が認められる余地はないのである（形式的行政行為はさしあたり考慮の外に置く）。だとすれば、根拠規範の要否を論拠づける際に持ち出される侵害行為を支える「権力」性とは、いったい何を意味するのだろうか、という疑問が生じる。高田氏が田中説を権力留保説として整理したのは、この点を裏側からつくものとなっているのである。

歴史的説明としてならば、もともとあらゆる領域を「侵害」し得た君主の行政権を、「自由と財産権の侵害」に限定しようとしたものだという意味で、侵害留保説を理解することは可能であろう。その意味で、君主主権の明治憲法下では、言葉の正しい意味で侵害留保説が成り立ち得たであろう。しかしながら、国民主権に立脚する現行憲法下で、君主の行政権と同じ論理次元の「権力」、いわゆる「裸の権力」[31]は成り立ち得ないはずであり、そうだとすれば、「侵害」留保説の論拠は、改めて検討されなくてはならなかったのである。けだし、行政行為という法形式なしに、「侵害」行政は成り立ち得ないはずだからであり、したがって行政行為の概念とその公定力の間に生じたトートロギーは、ここにも姿を現す余地があるはずだからである。

(15)　本質性理論についてはさしあたり参照、大橋洋一「法律の留保学説の現代的課題」国家学会雑誌九八巻三号四五三頁以下。

(16)　もっとも、本質性留保説はなおその詳細が明らかではない。

(17)　参照、塩野・前掲注(7)六七―六八頁、阿部・前掲注(4)七一一頁。余談ながら、この観点から全部留保説を批判される阿部氏が、同じ基盤に立つように思われる本質性留保説――阿部氏のいう重要事項留保説――を支持されるのは理解に苦しむ。同書七一五頁。

(18)　参照、塩野・前掲注(7)六八頁。

(19)　じつはその理解は一様ではない。先に整理した私の理解に従って、いわゆる侵害行政分野に法律の留保を求める考え方と、行政行為のごとく個別の権力的行為に法律の留保を求めるものとに分けて考えたい。仮に前者を分野的侵害留保説、後者を個別的侵害留保説と呼んでおく。規制的行政指導にも法律の根拠を要求する田中説は、後者に属することになる。

(20)　阿部・前掲注(4)七一二頁。

(21)　芝池・前掲注(9)四五頁。

(22)　高田・前掲注(8)三八頁。

(23)　阿部・前掲注(4)六九三―六九四頁。同旨、芝池・前掲注(9)四七頁。

(24)　ただし権力留保説が、形式的行政行為をも含むものとして理解されている場合は別。

(25)　高田・前掲注(8)四〇頁。

(26)　これは、法律の留保の観念について、憲法学で用いるものがあるとされる場合の、憲法学の観念に当たる。参照、宮沢俊義「『法律の留保』について」『憲法の原理』(有斐閣・一九七三年)三五七頁以下。

(27)　高田・前掲注(8)三七頁。

(28)　同右三七―三八頁。

(29)　高田・前掲注(8)三八頁。
(30)　別のところで高田氏は、田中氏の文章を引用して、氏の授益的行政行為は「形式上公権力の行使として行われるもの」を意味する旨指摘している。同右三八頁。
(31)　原田尚彦「行政法上の『公権力』概念」『国際化時代の行政と法』（良書普及会・一九九三年）八頁。

四　法律の留保と公権力の観念

1　法律の留保とはいったいなんだろうか。その憲法上の根拠は何に求められるのであろうか。わが国行政法学においては、それは法治主義原理から導かれる自明の公理であり、具体の憲法の条文に即して説明されることはなかった。少なくとも私はそのような説明を寡聞にして知らない（もっとも法律の法規創造力については後に見るように別）。

近代国家の成立以前に、君主の主権を制限するための自由主義イデオロギーであった法治主義原理が、近代国家成立後には、憲法として制度化される。それはちょうど、権力分立の原理が、近代国家においては国家機能の分立として制度化されたのと同じことである。今日、権力分立を文字どおり「権力」の分立として理解するものはいない。それらはわが国に即していえば、日本国憲法の中で三つの国家機能の分立として制度化されている。それと同じように、自由主義イデオロギーであった法治主義原理も、現行憲法の中に制度化されているはずである。したがって私たちに必要な作業は、憲法に具体化された法治主義原理を、個別の条文に即して解釈することである。

たとえば、法治主義の第一原則である法律の法規創造力についていえば、それは「一般的規律の定立の立法権独占（委任命令は認められる）」[32]を意味するものであり、憲法四一条に具体化されていることは周知の事柄に属する。いうところの法規が何であるかが議論になりうるが、いずれにしてもその議論は憲法四一条の解釈として行われるべきものであることは疑いない。すべての行政作用は法律に抵触し得ないという内容の法律の優位原則は、同じく憲法四一条にいう、国会が国権の最高機関であることの規範的表現に他ならない。(34)

2　では法律の留保についてはどうか。この点に関するかぎりわが国の学説は、憲法上の根拠を示すことなく、法律の留保原則を論じている。おそらくそのために、法律の留保原則が、一定の行政活動に法律の根拠を要求することを内容とするものである、という理解において学説間にまったく異論が存しないのであろう。学説は憲法上の根拠を示すことなく、直ちに何が法律の根拠を要する行政作用か、という議論を始める。このような議論の仕方に、私は方法的な疑問を感じる。法律の留保原則が、何のために一定の行政作用に法律の根拠を要求するのか、いやそもそも、法律の留保は本当に「一定の行政作用に法律の根拠を要求する」原則なのであろうか。いったい法律の留保原則が憲法何条に基づいて主張されるのか、ということを明らかにせずに、何が法律の根拠を必要とする行政作用であるかを論ずることが可能なのであろうか。

私の理解によれば、国民主権に立脚する現行憲法を前提にするかぎり、立法権が行政権になんらかの法行為を授権する、つまり一定の行政作用が法律の根拠を要する、逆にいえば、一定の行政作用については法律の根拠を必要としない、という発想は法論理的にでてこないのではないかと思う。前述のごとく三権分立は、国家機能の分立を意味するにすぎず、市民に対する国家作用は、それぞれの役割分担に応じて三つの国家機関が一つの法主体、すなわち国家として行うものなのである。すなわち、立法機関は法律および予算の議決をつうじて国家意思を決定し、行政機関および司法機関（原則として前者は能動的に、後者は受動的に）はその国家意思を具体的に執行する。このプロセスのどこに、行政機関が法律の授権をえて、いってみれば独立した法主体としてなんらかの法行為を行うというプロセスが考えられるであろうか。

3　私は、法律の留保原則の法的根拠は、憲法の基本的人権の保障規定にこれを求めるべきであると考えている。周知のように現行憲法は、「公共の福祉に反しない限り」で基本的人権を保障している（憲法一三条他）。国民は公共の福祉の範囲内で基本的人権を享受するのである。問題は誰が、つまり三つの国家機関のうちどの機関が、第一次的に「公共の福祉」の内容を判断する権限を有するか、ということである。それはいうまでもなく国会であり、法律という形式を通じて、ということであろう。この場合、国会が公権力の主体であることはいうまでもない。つまり法律の留保というのは、「一定の行政作用に法律の根拠を求める」原則なのではなく、国家が、その責務を果たすに当たって、いかなる範囲で国民の基本的人権を保障するのか、その内容を法律、すなわち立法機関が留保するという意味なのである。もちろんそのことは結果的に、行政権が法律の執行を担当するものである以上、その具体の執行に際して行政権の活動範囲を画する意味を持つことになるが、それは論者がいうように、「議会の授権を必要としない行政権の活動範囲を画する」(35)、つまり法律から自由な行政活動を認めることを意味するものではけっしてない(36)。つまり、法律の留保とは、基本的人権の枠となる「公共の福祉」の内容について、立法権＝国会がその判断を留保することを意味するのであって、国会による行政権への授権を意味するものではないのである(37)。その意味では現行憲法を前提にすれば至極当たり前のことであり、ことさら法律の留保原則などとりきみかえる問題ではない。その点では法律の法規創造力や法律の優位原則と同様である。

このことはじつは、すでにある憲法学者によって指摘されていたところである。宮沢氏は、『「法律の留保」について』という論文において、従来ドイツおよびわが国において、「法律の留保」という概念が二つの異なった意味で理解されていたことを整理された上で、次のように主張されていた。少し長いが引用しよう。

「オット・マイヤー流のVdG（Vorbehalt des Gesetzesのこと。行政権の行為によって国民の権利を侵害する場合には、法律の根拠を要するという意味——引用者注）の意味の『法律の留保』は、日本の現行憲法でもみとめられている、といっていえないこともなかろう。しかし、『法律による行政』の原理が十二分に確立されており、むしろ『法律による行政』以後の段階にあると考えられる現行憲法の下で、マイヤー流のＶｄＧが、いったいどのような存在理由を有するのだろうか。ここでは、行政権は、もはやマイヤーがいったような意味で『自由』でありえないことは明白であり、また立法権はまったく国会に独占されているのに、それでも、行政権による『自由と財産』への侵害を禁ずる趣旨を持つＶｄＧの原理をみとめる必要があるのだろうか。むしろ、そういう意味のＶｄＧは、穂積・上杉理論における立法事項・大権事項のように、今はもはや公法学において市民権を失ってしまったとみるべきではないだろうか。[38]」（傍点は原文のもの）

「法律の留保」概念に二つの理解があったという指摘は、行政法学においても受け止められているが[39]、残念ながら、行政法学でいう法律の留保原理が現行憲法下では不要であるとの問題提起は、格別の検討がなされないまま今日に至っているように思われる。以下、この問題提起について考えておきたい。

4　いったい「議会の授権を必要としない行政権の活動範囲」とは何なのであろうか。明治憲法下では、基本的人権は法律の範囲内で保障されたのであり、法律の留保は文字どおり、基本的人権の保障される範囲を法律が定めるということであった。ここでもそれは、行政権に一定の行政作用を授権するということではけっしてなかった。市民の側から見れば、法律の範囲内で基本的人権を行使することが許され、国家の側から見れば、国家目的を実現するため必要があれば、法律で定めた範囲まで市民の権利を侵害（その具体的な執行はもちろん行政権が担う）してよい、ということ、これが本来の法律の留保なのである。ところが君主主権に立脚する明治憲法下では、行政権の権力的基盤は天皇にあった。すなわち行政権は天皇の政府が担うものであり、本来的に議会＝法律から自由であったのである。そのため法律の留保は、法律によって天皇の行政権を一定の領域に限定するものとして、したがって法律の留保が必要とされない領域では、行政権は自由に活動しうるとの理解を導くことになった。ここでは法律の留保は、まさに天皇の行政権＝公権力の活動範囲を画する原理としての意味を持つものとして理解されたのである。「限定する」ということは、限定された行政分野の作用を「授権」するというのと同義になる。しかも侵害留保説がいう「自由と財産権への侵害」は、その目的から見れば本来「公共の安全と秩序の維持」を目的とする作用であり、必ずしも「侵害」を目的とする行政作用を意味するわけではないのであるが、その執行に際して、通例「権力」的手段、すなわち行政行為を用いるため、侵害留保説は、「侵害的行政行為」を授権するものとして理解されるに至ったのではないか。少なからぬ論者が、侵害留保説を説明するに際して、自由と財産権への「権力的」侵害に言及するのは、法律の留保の根拠づけ、すなわち議会による行政権への授権に際して、権力的行為たる行政行為には法律の根拠が必要であるとの論理があったからであろう。

天皇の行政権がそれ自身「公権力」（いうまでもなくこの公権力は法律以前のものである）[40]だったのであるが、それと「自由と財産権に対する侵害」を実現する手段たる「行政行為」[41]の「権力性」が同一視されたのである。[42]

5　これに対して国民主権に立脚する現行憲法の下ではどうか。ここでは権力分立は国家機能の分立であり、その意味で行政権が本来的に自由だという考え方はもちろん、行政権に対する授権という発想にも疑問がある、と私は考える。行政権にいったい何を授権するのか。行政権は司法権とともに法律（予算も含む。以下断りなきかぎり同じ）の執行に当たるのであり、したがって行政権の具体の行為が法律ないし予算の根拠を持つのは自明のことである。[43]もしこれとは異なった文脈で法律の授権を考えるとすれば、それはいったいいかなる意味を持つのであろうか。そのような方法的吟味を抜きにしたわが国行政法学における法律の留保論の現状[44]をみると、文字どおり「憲法は変わっても行政法は変わらない」というオットー・マイヤーの言葉がなお依然として妥当するかのごとくである。

わが国行政法学の法治主義、とりわけ法律の優位と法律の留保原則の理解には、行政権を一国家機関であることを越えて、あたかも一個の法主体であるかのように捉える傾向があるように思う。そこでは、ここで詳しく立ち入ることはできないが、行政主体という観念がそのような理解をもたらすのにあずかって力があるといえるのではないか。すべての行政権の活動は法律に抵触しえないとか、一定の行政活動には法律の根拠が必要である、という言い方の中には、行政権を、それが帰属する法主体たる国家とは没交渉に、一つの法主体と見る考え方が潜んでいるように思われる。塩野氏の法律の留保に関する説明をフォローしてみよう。

「……明治憲法の下における日本の学説も従った考え方は、行政のあらゆる活動が法律の根拠を要する、というのではなく、行政の一定分野、つまり行政が私人の自由と財産権を侵害する行為についてのみ法律の根拠を必要とする、というのである。これは今日では『侵害留保の原則』と呼ばれている。これによると、たとえば、税金を徴収するには法律が必要であるし、営業規制についても、その活動が私人の自由領域に属するとみられる限りは営業の自由の侵害になるので法律の根拠を要する、ということになる。(45)」

何の変哲もない説明であり、妥当な内容であるように見える。しかし法的議論としてよく考えてみれば、いったい行政権が活動するというのは何を意味するのであろうか。法主体として税金を徴収するのは国家であり、また営業規制をするのも国家である。税金の徴収作用は、言葉の正確な意味での行政作用ではないので、ここでは営業規制について考えてみよう。(46)国家は、食料品を扱う営業の自由の行使から国民の生命等の安全を守るために、国民による営業の自由の行使を公共の福祉の範囲内にとどめるべく、食品衛生法を制定し、営業の自由を規制しているのである。その具体的な執行はもちろん行政機関の手に委ねており、そのかぎりで行政権に一定の権限が与えられているが、それは国家機関における権限の配分であって、行政機関を一個の権利能力ある法主体として、これに市民の営業権を規制する法的権限を付与しているということを意味するものではない。法律の根拠がないかぎり、行政権は営業許可という行為をなしえないのはいうまでもないが、法律の根拠があったとしても、行政権の活動はその単なる執行作用であって、行政権が一個の法主体としてそのような活動を行うわけではない。食品衛生法によって行政機関は、申請者の営業が、食品衛生法の定める規制基準を満たしているか否かを判定する権限を有しているにすぎないのである。食品衛生法をとおして示された国家の食品衛生行政の、一執行作用を担っているということである。国家が食品衛生行政を行うに際して、営業許可制度を採用するために法律の根拠が必要なのはいうまでもないが、その上で具体の行政権の「活動」について、なおも法律の要否が議論されるのはいったい何のためなのか。

しかるにこの間の流れを説明する際に、「行政主体」なる観念が導入されると、様相は一変する。行政法の世界では、行政上の法関係は法人たる国家と市民の関係ではなく、行政主体（単なる国家ではなく、優越的な意思の主体としての国家）と市民の関係として描かれる。行政主体が、法人たる国家の別称としてのみ理解されていれば、議論の混乱はあるいは防げたかもしれないが、不幸にしてそれは、行政権の別称としても受け止められてきたのである。けだし、行政主体が国家の別称であったとすれば、法律の留保が、法律による「行政権への授権」として理解されることはあり得ないからである。行政主体が行政権の別称としても受け取られたために、一国家機関にすぎない行政権は、あたかも法的な行動主体であるかのように理解されることになったのではないか。たとえば藤田氏が次のようにいわれるとき、そこでは明らかに行政主体＝行政権との理解がみられる。

「行政活動について法律の根拠を要求するということは、……行政活動の民主的正当性を更にいっそう強固なものとする、ということ、及び……行政活動のあり方に制約をかける、ということを意味する。……

(2)　更に本書は、……いわゆる『法律による行政の原理』の内容としての『法律の留保の原則』の妥当範囲の問題を論ずるに当たっては、この問題は必ずしも、立法権と行政権の相互関係一般の問題と同じ問題であるのではないことの確認、……が必要であるのではないか、と考える。後者、すなわち立法権と行政権の相互関係の問題一般としては、行政主体と私人との関係を規律する原理としての『法律による行政の原理』のほかにも……」[47]（傍点は引用者）

高柳氏が、美濃部理論を批判して次のようにいわれるのは、この間の事情を示しているように思われる。

「……美濃部説は、立法権と行政権との分立の正しい認識の上に立って、国家は行政権の主体としては法律の下にある、行政主体も国民もともに法律に規律され、その拘束の下にある、だから両者の関係は権利義務関係だと主張したはずです。とするならば、行政主体と行政客体とは法の下に対等であるということになるはずであり、行政主体が『優勝《ママ》な意思の主体』だという命題はでてこないはずです。……どうも美濃部説において、『行政主体も法の拘束の下にある』という第一命題と『国家は優勝《ママ》な意思の主体である』という第二命題とは論理整合的につながらないのです」[48]

ここでは明らかに「行政権の主体として」の国家＝「行政主体」なのであり、行政主体とは、まさに行政権が法主体として活動する際の名称に他ならない。わが国行政法学が、長い間行政主体の観念の下に理解してきたのが、「公権力の担い手」としての行政権そのものであったことは、法律の留保に限らず、法治主義の具体化を、「法律による行政」として認識させる原因となったのではないかと思う。本来「法律の執行」を担うはずの行政権が、行政主体概念を媒介にして、いつのまにか法律によって授権された行政活動を担う法主体として、したがって公権力の担い手として理解されるにいたり、基本的人権を担保する原理であったはずの「法律の留保」原理が「法律による行政」の原理へ[49]と変質させられてしまったのである。

（32）　塩野・前掲注(7)六一頁。

（33）　同右六一頁も指摘するように、行政作用に限られるわけではない。司法作用はいうまでもなく、立法機関の行為とて同様である。

(34) もっとも、法律の優位原則についてはあまりにも自明の原則であるためか、私の知る限りでは、憲法上の根拠に言及する学説は見あたらない。なお、法律の法規創造力も法律の優位原則も、行政権のみを念頭に置いた原理だというわけではない点に注意しておく必要がある。

(35) 塩野・前掲注(7)六四―六五頁。

(36) 同右六六頁。

(37) 他の国家機関にはその判断を原則として認めない。

(38) 宮沢・前掲注(26)三七三―三七四頁。

(39) 塩野宏「法律による行政の原理――法律の留保を中心とする――」ジュリスト三〇〇号（一九六四年）七二頁、小早川光郎『行政法上』（弘文堂・一九九九年）九三頁。

(40) 宮沢氏が次のようにいうのは、この点にかかわるように思われる。曰く、「かりに、法律をもって行政の欠くことのできない基礎とする原理を広く『法律による行政』と呼ぶとすれば、VdGは、最小限度の『法律による行政』の実現をねらう点において、『法律による行政』以前の原理だといえようし、これに対して、GV（憲法学でいう法律の留保――引用者注）は、単なる『法律による行政』の程度を越えて、基本権への制限を法律の手からも奪おうとする権利宣言規定の例外として、一定の基本権の制限を法律――憲法の下位の法形式としての――に確保しようとする点において、『法律による行政』以後の原理だといえるように思われる。」宮沢・前掲注(26)三七一頁。

(41) 行政行為の権力性は、今日認められているように、法技術的なものなのであり、行政権自身の権力性とは直結しない。これを直結させる理解が、伝統的な「実体的権力観」である。

(42) ここに、行政行為概念における実体的権力観の源があると思う。

(43) 参照、大浜啓吉『行政法総論（新版）』（岩波書店・二〇〇六年）八〇―八一頁。本稿と同じ問題意識を持っているようであるが、なお検討したい。

(44) 本質性留保説はともかく、今日でも有力説は「侵害留保説」に基礎をおいている。参照、塩野・前掲注(39)六四―六五頁、小早川・前掲注(39)一一六―一一八頁。

(45) 塩野・前掲注(7)六三頁。

（46）　つまり秩序維持行政かそれとも給付行政かという意味。その意味で、徴税作用を侵害行政に含めて理解してきた従来の見解は疑問である。
（47）　藤田・前掲注(3)八五頁。
（48）　高柳信一『行政法理論の再構成』（岩波書店・一九八五年）四五〇頁。
（49）　その裏返しとしての「法律から自由な行政」。もちろん、これは本来明治憲法下での標語であったが、組織法を別とすれば、結果的には今日でも妥当していることに注意を喚起したい。

五　おわりに

1　「公権力」の観念は、わが国行政法学にとってその体系の成否にかかわる方法的概念であり、行政主体および行政行為概念はそのコロラリーである。[50] 行政行為を支える公権力の観念については別のところで批判的検討を行ってきた。[51] 私の基本的認識は、わが国行政法学の通説が、「技術的・手続的権力」観を採ることを主張しながら、結局のところ実体的権力観に立脚しているということである。[52] 行政行為の権力性についてそのような認識に立つとすれば、行政行為の権力性を前提に理論が構築されてきた法律の留保論を、そのまま維持している学界の現状に疑問を抱くのは当然の成り行きであろう。

2　本章はそのような問題意識から法律の留保論を検討してきた。そのような検討をとおして、そこでは公権力の観念が、法律の留保論を本来それがあるべき原則から、いわば「法律による行政権への授権」原則へと内容を転轍する論理として用いられていることが明らかになった。すなわち、立法権や司法権と並ぶ一国家機関にすぎない行政権を、公権力の担い手＝行政主体として把握することにより、あたかも独自の法的行動主体であるかのように立論するのである。行政法を公法として体系化するための方法として構成された「行政主体」概念[53]が、結果として一国家機関たる行政機関を、行政上の法関係の主体たらしめているのである。かくして、近代憲法において国家作用――行政作用ではない――をコントロールするための制度たる法治主義原理、とりわけ法律の留保原則を、「公権力」の観念を媒介して、ひとり行政権をコントロールするための原理へと変質させることとなったのである。そしてそのことが、「法律から自由な行政」という前近代的な思考の克服を受け入れながら、依然として行政権への「法律による授権」、したがって、授権を必要としない行政の存在（それはやはり法律から自由な行政ではないか）を認めるわが国行政法学の認識を、なお今日まで温存させる原因なのである。

(50)　参照、拙稿 前掲注(1)「わが国行政法学における『公権力』観念についての一考察」二八頁。
(51)　参照、同右。
(52)　参照、同右。
(53)　参照、拙稿 前掲注(1)「行政主体論」五一―五二頁。

第三章　行政法と二つの「行政」法関係

一　はじめに

「行政法とは行政に関する国内公法である」との伝統的命題のうち、「公法」であるとの部分は、それに代えて説得的な命題が提示されているか否かはともかく、すでに克服されたものとするのが、おおかたの受け止め方であろう。[1] これに対して、「行政に関する法」だとする部分は、「行政」観念について一致した見解がないにもかかわらず、依然としてわが国行政法学が依拠する論理であり続けている。[2] じつはここに行政法学を極めて難解な法学の分野にしている原因があると思う。

人はなぜ「行政法とは何か」と問うのであろうか。もちろん行政法学の対象を明らかにするためだ、と答えられるに違いない。民法学において「民法とは何か」が問われるように。当然の問いかけであるように思われる。では民法学はその問いにどのように答えるか。著名な民法学者の教科書は次のように説明している。

「『民法』の意義を形式的に解すれば、明治二十九年四月二十七日公布、明治三十一年七月十六日施行の法律第八十九号、民法第一編第二編第三編及び明治三十一年六月二十一日公布、明治三十一年七月十六日施行の法律第九号、民法第四編第五編（……）を指す。『民法』を実質的に解すれば、私法の一部として私法関係を規律する原則的な法（一般法）である。[3]」

ここでは明らかに、法解釈学としての民法学が、いかなる法律を対象とする分野かが明らかにされている。すなわち現に存在する法律のうちどの法律を対象とするかが明らかにされているのである。

これに対して行政法学の答えはいくぶん趣を異にするようにみえる。確かにそれは、すべての国内法を前提にして、それから行政に関する法で、公法としての性質を持つものをいうとし[4]、行政法学が対象とすべき現行法律を画定しようとしているようにみえる。そのかぎりで民法の場合と同じだといえそうである。しかしじつは両者の間には決定的な違いがある。それは、民法学には「民法」という名称の法律が存在するのに対して、行政法学には「行政法」という名の法律が存しないということである。このことは何を意味するか。それは、民法学が純粋の法解釈学として展開しうるのに対して、行政法学にはそれができない、ということである。なぜかは明らかであろう。けだし「行政法」を解釈しようにも、その対象とすべき「行政法」という法律が存しないからである。このため行政法学が最初に手がけるのは「行政法」を画定することではなく、それが対象とすべき行政法体系をつくりだすことなのである。もちろん行政法学も法解釈学を目指す以上、解釈学を展開しはする。しかしその対象たるや自ら作り上げた理論体系＝ドグマとしての「行政法」なのである。行政法とは、現にある国内法から現にある私法を差し引いたものなのだからドグマではない、との反論があるかもしれない。確かに伝統的学説は、行政法を現行の国内公法だとしている[5]。しかしそれは行政法の定義ではなく、現行個別法の分類論に過ぎない。すなわち道路交通法あるいは建築基準法は民法には属さない。したがってそれは行政法に属する、といったように。これでは、行政法学は成り立たない。けだし、この説明では行政法に属する法令は明らかになるとしても、肝心のそれらが属すべき「行政法」の姿が全く見えないからである。そこで伝統的学説はドグマを作り出さざるを得なかったのである。わが国の行政法教科書が、行政法総論として提示しているものがそれである。

なぜそんなこと――ドグマを作り出すこと――になってしまったのか、それを明らかにするのが本章の課題である。

（1）たとえば参照、大橋洋一『行政法』（有斐閣・二〇〇一年）七六頁。
（2）参照、大橋・前掲注(1)五―六頁。
（3）我妻栄『新訂民法總則（民法講義I）』（岩波書店・一九六五年）一頁。
（4）大橋・前掲注(1)八頁は、端的に次のように言う。「一般に、他の法分野に入らない法規は行政法の守備範囲となる。この意味で、行政法は『法律のごみ箱』と言われることもある。」
（5）参照、田中二郎『新版行政法上巻〔全訂第二版〕』（弘文堂・一九七四年）二四頁、杉村敏正『全訂行政法講義総論（上巻）』（有斐閣・一九六九年）一五頁。

二　行政法と二つの「行政」法関係

伝統的学説における「行政法とは何か」、という問いかけは、仔細に検討すると二つの、次元を異にする内容を含んでいることがわかる。その一つは、わが国の現行法規を前提にして、個別の法律をどのように分類するかという意味での問いとして。たとえば建築基準法は行政法か否か、あるいは国家賠償法は行政法か否か、といったように。(6)「行政法は国内公法である」との説明は、国内法でかつ公法としての性質を持つ法は行政法に分類する、という意味で理解することができる。

いま一つは、ある行政上の法関係――少なくとも一方当事者が国・地方公共団体であるもの――は行政法の適用対象となるか否か、したがってまた民法の適用ありや否や、という意味での問いとして理解されている。たとえば市町村の経営する水道や下水道の使用料に民法の消滅時効規定が適用されるか否か、という問題に答えるために、その法関係が行政法に属するか民法に属するかを判定する。すなわちここでは、個別法規の分類ではなく、行政主体が関わる法関係の分類が問われているのである。行政法学が、公法・私法の二元論について極めて困難な議論を展開してきたのはこの文脈においてである。

わが国の行政法教科書が例外なく、まず「行政」とは何かを問い(7)、ついで「公法」とは何かを問題にして来たのは、「行政法とは何か」という問いかけに、以上のような二つの局面が存していたからに他ならない。そしてじつは、行政法学を出口のない密林に導いたのは、この二つの問いの論理レベルを正しく分析することなく、両者をひとからげに法解釈学の対象たる「行政法」として捉えたことによる。ここでは、この二つの問題の論理レベルを意識して、それぞれの問い及びそれに対する回答を分析してみよう。

第一の問いについてであるが、私はこの問いを、現にある個別法をどのように分類するかという問いだと整理した。しかし、行政法とは何か、という問いが、行政法の定義を求めるものであるとすれば、そのような整理は正しくない。現に民法学においては、第一義的には、民法典が民法解釈学の対象とする民法だとされるのであり――第二義的に、その他の附属法令の分類が行われるが――、それは民法学の対象の画定＝定義であって、単なる分類論ではない。ところが行政法学にあっては、行政法典が存在しないために、そのような定義を行うことができない。そこで伝統的学説はドグマとしての行政法体系を作り出し、その上で個別法規の分類を行うのである。

したがって伝統的学説が、行政法とは、「行政に関する国内公法である」という場合、それはじつは単純な分類論をしているのではなく、「行政法」を作り出している、つまり立法論を行って来たのである。その上で、各個別法律の分類を行ってきた。たとえば建築基準法が行政法に分類される。その論理は何か。伝統的学説によれば、行政法は、行政作用に関する法であり、建築基準法は行政作用を規律するものであるからだという。同様の論理で、道路交通法が、あるいは生活保護法が行政法に分類される。しかしながらこの命題は、「行政に関する」という命題を、「行政作用に関する」ものと理解するので、民法やその附属法令も、それらが行政作用に適用されるかぎりで行政法に分類せざるを得ない。そうなると民法とは別個の独自の体系としての行政法は存立の余地をなくしてしまう。そこで伝統的学説が行ったのは、行政法の対象から民法及びその附属法令を排除することであり、その方法として採用したのが、公法・私法二元論だったのである。(8)

「行政法とは何か」という問いのもう一つの内容は、個別の法律の分類を問うことではなく、行政上の法関係を分類することである。「行政法は公法」である、との伝統的な命題は、ある種の行政法関係は公法関係に属し、これには民法規定を適用しないとの結論を導く。各種税法の課税処分によって発生する法関係は公法上の関係であり、したがって納税義務をめぐる法関係には民法規定――たとえば民法五〇五条の相殺に関する規定――の適用はないとされ現在は法律によって適用が排除されている（国税通則法一二二条、地方税法二〇条の九）。あるいは、農地法に基づき、農地買収処分によって発生する法関係は公法関係だから、この場合には不動産たる農地の移動であっても、民法一七七条の規定は適用されない、といったごとく。容易に理解し得るように、この局面では税法や農地法の分類ではなく、それらの法律の適用によって発生した法関係の性質が問われているのである。そしてここでも伝統的学説は、行政作用によって発生した法関係を、公法・私法二元論によって分類することにし、その上でその法関係への適用法規を判別しようとしたのである。(9)

このようにいずれの局面においても、「行政法とは公法である」との命題が極めて有効に機能する。かくして伝統的学説は、これら二つの問題群を一つの行政法学の対象とすることになんの疑いも抱かなかったわけである。おそらく伝統的学説の思考は次のようなものであろう。たとえば建築基準法は行政法である。したがってその執行行為によって発生する法関係も公法関係、すなわち行政法関係である。あるいは生活保護法は行政法である。したがってその執行行為によって発生する法関係も行政法関係である。それ故行政法学は、一群の法律を対象とするとともに、その法律の執行の結果発生する法関係をも対象とする、と。

このような行政法学方法論によって展開される伝統的学説はしかし、次のような論理的矛盾に逢着せざるをえない。それは伝統的学説が非権力関係[10]と称する公行政作用における行政法関係である。伝統的学説によればこの法関係には、原則として民事法が適用されるという。次のように説かれる。

「……したがって、この種の管理関係については、特別の定めがなく、法全体の構造からみて特別の取り扱いをすべき趣旨が明らかにされえない限り、同様の関係は同様に取り扱うのが当然であるから、私法規定が適用又は類推適用されるといってよい。その意味においては、むしろ私法関係に準じて考えてよいのである。[11]」

いったいここでは何が問題とされているのか。行政法関係の一類型とされる管理関係に、私法規定が適用される場合があるというのである。ある行政法関係が行政法関係であるか否かは、当該法関係における適用法規を判別するための方法なのではなかったのか。[12]特別の定めがないかぎり、原則として私法が適用されるというのは論理矛盾ではないか。例外的に私法の適用が排除される法関係をなんのために行政法＝公法関係と称するのだろうか。[13][14]

要するに伝統的学説は、「行政作用」がかかわる法関係を、公法関係と私法関係に分け、前者を行政法学の対象とするのであるが、前者すなわち公法関係の中に私法の適用がなされる法関係（公法上の管理関係）を認めざるを得ないのである。これが論理矛盾であることは容易に理解できよう。すなわち、伝統的学説は「行政作用」がかかわる法関係における適用法規を判別する方法として、当該法関係を公法関係と私法関係とに分類したはずである。だとすれば公法関係とは、民事法すなわち私法が適用されない法関係のはずではないか。ところが公法関係に属するもののうち、公法上の管理関係には私法が適用されるというのである。[15]

なぜこのような論理矛盾が生じるのか。私は、わが国行政法学が、「法解釈論として」の行政法学をどのように考えるかについて、方法的議論を怠ってきた点にその原因があると考えている。ここで私の仮説を提示しておこう。「行政法とは何か」という問いに対する第一の答えは、個別の分類ではあるが、「行政法」という名の法律が存在しない以上、その分類は民法におけるそれとは意味を異にせざるを得ない。私はとりあえず、行政法と目される各個別法の特徴を捉えることだと思う。結論的にいえば、それは、行政機関を名宛人とする――行政機関に対して、当該法規が定める要件の有無を認定する権限を授権する――法を中核に、行政機関の組織に関する法（行政組織法）、および当該権限行使手続および権限行使に関して生じる紛争解決手続に関する法（行政手続法）が加わる。そのような法が、解釈学としての行政法学の対象である。(16)

　これに対して第二の答えは、明らかに第一の意味における行政法解釈学の問題ではない。けだしここでは、一方当事者が国・地方公共団体（行政機関ではない）である法関係に関する適用法規の問題だからである。たとえば消滅時効の問題を考えてみよう。公営住宅の家賃の消滅時効は、何法の適用を受けるか。この場合、対象となる家賃は、公営住宅入居者と当該住宅を管理する地方公共団体との間に結ばれた賃貸借契約によって発生する。したがって民法の消滅時効規定の適用が考えられる。ところが、地方自治法が、地方公共団体の債権・債務について特別の定め（法二三六条）を置いているため、民法規定を適用すべきか、それとも地方自治法規定を適用すべきかが問題となる。虚心坦懐に考えれば、ここでは明らかに民法の解釈が問題となっている。いったいどこに行政法固有の問題があるのだろうか。地方自治法の解釈を含んでいるからだ、というかもしれない。確かに地方自治法の多くの規定は行政法規定であろう。しかし、地方自治法を全体として行政法と解しなければならない必然性はない。消滅時効に関する規定（法二三六条）を含めて、いくつかの規定は、民法の特別規定と解することができる。百歩譲って地方自治法二三六条を行政法規定だとしても、そこでなされる解釈は、民法規定を適用するか地方自治法規定を適用するかの問題に過ぎない。それは明らかに、第一の局面における行政法の解釈（詳しくは後述）とは次元を異にする問題であると思う。

かくして伝統的学説は、「行政法とは何か」という問いが含む、二つの、次元を異にする問題を、方法論的議論を経ることなく、行政法学という一つの法解釈学――行政法学を法解釈学でないというのであれば話は別――の対象としてしまった、そしてそれによって行政法学を矛盾に満ちた理論体系にしてしまったのだ、というのが私の考えである。ではなぜ伝統的学説は、二つの、次元を異にする問題を一つの行政法学の対象とすることになったのか。ここでは、伝統的学説の中で通説のドグマ性を正面から批判し、市民公法論の立場から行政法学を構築する試みをされた高柳氏の議論を手がかりに、問題の所在を明らかにしてみたい。

(6)　大橋・前掲注(1)九頁が示す図式（図1―3行政法の三分野）はそのような思考の典型である。ただし、公法・私法二元論に立脚されているわけではないが。

(7)　少し込み入っているが、じつは「行政」とは何かの問いは、民法との違いを明らかにするためのものではなく、立法権、司法権に関する法との区別をするためのものである。参照、田中二郎『行政法総論』（法律学全集・有斐閣・一九五七年）八八―八九頁。それは、伝統的学説が、「行政法」を行政作用に関する法だと認識した結果やらざるを得ない作業なのである。この点については別途検討が必要である。

(8)　参照、大橋・前掲注(1)七四―七五頁。

(9)　大橋・前掲注(1)七六頁は、この点に関わって、一歩踏み込んだ解釈を行っている。次のように述べる。「これまで述べたように、公法への帰属だけを理由に、（具体的論証抜きに）民事法とは異なる特殊な取り扱いを導く解釈論は、既に過去のものとなった。むしろ、現行法においては、行政法と民事法の適用領域が重なることは決して少なくない。そのような場合に、両者の関係はどのように捉えられるべきであろうか。基本的な考え方は、行政法関係においても市民法である民事法が等しく適用になるということである。」

(10)　田中二郎説にいう「公法上の管理関係」（田中・前掲注(7)二一四頁）。

(11) 田中・前掲注(5)八二頁。

(12) 参照、田中・前掲注(5)八〇頁。

(13) ある論者は、田中説について次のように整理される。「適用法規を決するという点では、この管理関係は私法関係と異ならないのであるが、それにもかかわらず公法関係とされているのは、そこにおける公益性が強いためであり、また、そのために、それに関する争いを公法上の当事者訴訟のルートにのせるためである」と（芝池義一『行政法総論講義〔第四版補訂版〕』（有斐閣・二〇〇六年）二四頁）。この理解はしかし、誤解に基づいているように思う。田中氏は別のところで次のようにいっている。「公法上の契約については、一般的な規定はなく、どういう規定または原理が支配するかが問題となる。公法上の契約も私法上の契約とその本質を異にするものではないが、公法上の契約は、公法的効果の発生を目的とし、公益と密接な関係を有するので、単に当事者間の利害調整の見地から定められた私法規定（たとえば解除に関する規定）をそのまま適用することはできず、また、これに関する訴訟は、『公法上の法律関係に関する訴訟』として行政事件訴訟法の適用を受ける」と（田中・前掲注(5)一一三頁）。ここでは、私法規定が適用されない場合を公法関係とし、そのかぎりで公法上の当事者訴訟の対象とする、といっているように読める。もっとも田中氏の公法契約論を前提にする限り、公法上の管理関係に私法規定が直接適用されることはないのではないかと思われる。けだし、公法上の管理関係における行為形式は公法契約であるほかなく、その公法契約について前述のような解釈をされる以上、この関係への私法規定の適用は考えられないからである。

(14) 杉村氏は田中説とは異なって、非権力関係を私法関係と理解されている（杉村・前掲注(5)五七頁）。ただ、氏の場合も、「この種の行為についても、法律が、技術的見地から、これを公権力の行使行為の形式を採用することがあり（例、国有財産法一八条三項に定める行政財産の目的外使用許可、国家公務員法八九条一項に定める職員の意に反する不利益処分）、また、それが国家または公共団体の行政であることに鑑みて、公益保護の見地から、私人間の利害調整の見地を越える特別な規定が制定されることもある」（同五七頁）とされ、その個別の法規を「公法法規」と解されている（同五九頁）。この場合は、非権力関係は私法関係ということになり、行政法の対象から外されるので、田中説のような矛盾はない。ただ、注意しなければならないのは、非権力関係に分類される作用のうち、「国家または公共団体が経営する事業の管理・利用に関する法関係、公務員の勤務に関する法関係」は、いわゆる特別権力関係——杉村氏はこれを、社会的・機能的権力関係と称される——論をとおして、他の非権力関係から相対的に区別されている点である。明言されてはいないが、この関係は行政法関係、ということになるのだろうか。肯定されるとすれば、結果的に田中説と同様の問題を抱えることになる。

(15)　杉村説は非権力関係を私法関係とするので、この批判は当たらない。しかしこの領域に「公益保護の見地から」制定される特別な法を「公法法規」とされる点で疑問が残る（同・前掲注(5)五八頁）。

(16)　参照、岡田雅夫『試論行政法講義ノート』（西日本法規出版・二〇〇一年）一五頁。

三　行政主体と市民の法関係

民法からの体系的独立を図る、というのが、伝統的学説の考えである。そしてそのために採用したのが、行政法は公法であるとの論理であった。その中核に位置するのが、「行政主体の優越性」あるいは行政行為の「権力性」という概念である。(17) それによれば、行政法関係、すなわち行政上の権利義務関係は、優越的な意思の主体たる行政主体の法行為、すなわち行政行為によって形成されるがゆえに、民法の法律行為によって形成される法関係とは異なった規律を受ける、というのである。(18)

行政行為を民法の法律行為に対比させつつ、前者に権力性（優越的な意思の主体としての行政主体によって裏付けられる）を認識することによって、行政法関係の公法性を導き出す通説に対して、高柳氏は、氏のいわゆる市民公法論の立場から、行政法関係における公法性＝一方性は、行政主体概念や行政行為ではなく、当該行政行為の根拠法規がもたらすものであることを明らかにされる。

「……公権力の主体は、行政客体がその所有する土地を手放す意思を有しなくても、実定法上の根拠がある場合には、これにもとづき後者にこのことを強要できる。国または公共団体が公権力の主体として私人に対する場合の前者の優越性とは、このように、前者が後者の意思如何にかかわらず、一方的に権利義務関係を形成できることにほかならず、その形成された権利義務関係の内容における前者の優越性と考えるべきではない。……仮に公法の徴憑として行政主体の優越性を認めるとしても、(a)それは権利義務関係の一方的形成の意に尽きるものとして理解されるべきであるということ、(b)より根本的には行政主体が優越的である（権利義務関係を一方的に形成できる）のではなくて公法規範が権利義務関係の一方的形成を命令している（行政行為はその忠実な執行具体化にすぎない）のである……」[19]。

傾聴すべき指摘である。特に、通説のいう行政法関係の特徴たる、権利義務関係の「一方的形成」＝権力性が、行政主体の固有の能力ではなく、公法規範のそれであるとの指摘は、極めて正当なものといってよいと思う。この見解は、通説が依拠する行政行為の権力性を根底から覆すものであり、その論理矛盾を克服する視点を提供するものである。先に指摘したように、伝統的学説の公法・私法二元論による行政法の体系は、行政行為の権力性に依拠するために、伝統的学説のいう権力関係の領域ではなんの矛盾もなく成立するが、いわゆる非権力関係においてはその理論的破綻をどうすることもできなかった。これに対して高柳説によれば、権力関係と非権力関係の違いは、当該作用の根拠となる法規の、法構造上の違いであって、そこで用いられる行為形式の差――行政行為か契約か――ではない、ということになる。

では行政法とは何か。高柳説によれば、いわゆる行政行為を根拠づける法規＝公法規範が行政法関係の一方性を導くのであり、この公法法規こそが行政法だということになる。したがって通説のいう非権力関係の根拠となる法規は[20]、民法と同質の構造をもつのであり、行政法学の対象から除かれることになるはずである。

以上を整理すれば、「行政法とは何か」という問いに対する高柳説の答えは、この問いが含む第一の局面――個別法律の分類――に関するものであり、第二のそれに対するものではないということである。

正当な解釈だと思う。問題はなぜこの主張が、通説に方法論的反省を迫れなかったのかということである。その原因は、じつはすでに引用した氏の議論の中に、抽象的に含まれている。それは氏の「行政法関係」の捉え方にある。すなわち、高柳氏はいずれの引用文中においても、公法規範の行政行為による執行具体化によって「権利義務関係」、すなわち行政法関係が形成される、と考えていられる。もちろんそのような理解は高柳氏に固有のものではない。じつはそこに、前記のような画期的な行政行為理解を示しながら、それを通説に受け入れさせるに至らなかった原因があると思う。少し立ち入って検討してみよう。行政上の権利義務関係の形成について高柳氏は次のように述べる。

「……公法規範の定立により、直接に、国家と国民との間に具体的権利義務関係が形成される場合には、公法規範が法効果の発生原因であるし、公法規範が行政行為によって執行されて、はじめて、具体的権利義務関係が形成される場合にあっても、行政行為は、本来は、法規の忠実な執行具体化行為であって、自ら積極的に権利義務関係を形成する力をもつものではない。公法規範により、潜在的に、国家と国民との間に権利義務関係が形成されていて、行政行為は、それを顕在化せしめる補助的作用を営むのみである。(21)」

ここで高柳氏が意図されているのは、行政上の権利義務関係が一方的に形成されるのは、法規範の力であって、行政行為ではない、したがって行政上の法関係における当事者は対等であり、そのかぎりで民法上のそれと異ならない、ということである。(22)この点について、通説がどのような理解をしているかは、法規範と行政行為との関係について右のような立ち入った考察をするものが見あたらないので正確なことはいえないが、次のように解しているものと思われる。すなわち、行政主体と国民の間に形成される法関係は、行政機関の行う行政行為によって形成され、それによって発生した権利義務関係が行政主体に帰属する、と。(23)したがって、行政上の権利義務関係が何――高柳氏は公法規範、通説は行政行為――によって一方的に形成されるのかという点で、明らかに両者の見解には大きな違いがある。しかし、公法規範によってか行政行為によってかはともかく、それらによって権利義務関係が発生すると理解し、それが行政主体と国民との法関係＝権利義務関係となる、という点で両者の理解は一致する。要するにこの点では、高柳氏も通説と見解を同じくするのである。問題は、高柳氏が、公法規範が形成する法関係を行政法学の対象と考えていられるかどうかである。

何をいいたいのか、と訝られるかもしれないが、ここに重要な論点がある。行政行為ではなく公法規範が一方的な権利義務の変動をもたらすのであり、その意味で、この公法規範こそが、分類論のレベルでの「行政法」に他ならず、それらの公法規範を解釈の対象とするのが行政法学である、と考えるのかどうか、ということである。もう一歩踏み込んでいえば、それらの公法規範の解釈ではなく、公法規範によって形成された権利義務関係は民法と同質のものであり、したがって解釈学としての行政法学の対象とはならないと考えるのか否か。通説がそのような法関係をも行政法学の対象としていることはいうまでもない。高柳氏はどうか。次のような氏の主張からすれば、氏は通説と異なって、そのような法関係は行政法学の対象とはならないと考えていられるようにみえる。

「……行政主体の意思力の優越性が公法関係の特徴的要因とされるのであるから、それは、権利変動の原因行為の特殊性をいっているのであって、変動結果たる法律効果の特殊性に関するものではなかった。すなわち、ある法関係が、その原因行為において公法的であって（行政行為によって形成される場合）、法効果において私法的である（私権を設定する場合）という事態が起きることは、このような概念の立て方の下では、なんら特異の例外ではない。むしろ、きわめて通常のことである。つまり、ここでは、公法と私法とは、二つの相互に交渉・転換のない自足的な法体系であるわけではなく、一つの同じ法現象をみる視覚の相違にほかならないのである。」（傍点は引用者）[24]

「法効果において私法的である」とする点に留保を付けた上ではあるが、まことに正当な見解である。このような見解からすれば、高柳氏は、行政行為によって形成された法関係を、私法すなわち民法のそれと同質であると解されるはずであり、したがってそれは行政法学の対象から除かれるはずである。しかし残念ながら、氏が行政法の体系書を著されていないため定かではないが、次のような主張をみると、高柳氏も通説と同様、行政行為によって形成された法関係をも、行政法学の対象と考えていられるようである。

「……公権力主体対私人関係における権利義務関係形成行為に際しては、国家法（公法）は、そこに形成さるべき権利義務関係の内容自体を規定する。市民相互間においては、権利義務関係は、当事者の私的意思の合致のみにより、権力的契機をぬきにして――国家法の命令に媒介されないで――形成された。公法関係においては、これに反し、公権力主体と私人の間に権利義務関係が形成されるとすれば、それは国家の命じているところの内容をもつ。」[25]（傍点は引用者）

ここでは明らかに、公法によって形成された公法関係が、民法上の権利義務関係たる私法関係と次元を異にするものとして論じられているように見える。すなわち公法のみではなく、それによって形成された公法関係も、行政法学の対象とされている、と解されよう。[26]

(17)　いうまでもなく近年、公法・私法二元論の相対化に伴い、行政法は公法であるとの認識は姿を消し、代わって行政固有法論とでもいうべき考えが有力であるが、そこでも論理の中心にあるのは、これらの概念であることに変わりはない。
(18)　参照、田中・前掲注(5)七八頁。
(19)　高柳信一『行政法理論の再構成』（岩波書店・一九八五年）七六頁。
(20)　ちなみに、ここで私が言う「非権力関係の根拠となる法規」は、生活保護法のようなものではない。生活保護法は、保護の「決定」（二四条）といういわゆる権力的手法がとられているからである。じつは、非権力関係の場面においては、基本的に根拠法規は存しない。民法が基本的に裁判規範であることを考えれば納得できよう。
(21)　高柳・前掲注(19)一〇八頁。
(22)　参照、高柳・前掲注(19)九一頁。

(23)　たとえば参照、田中二郎『新版行政法中巻〔全訂第二版〕』（弘文堂・一九七六年）二八頁は、次のように言う。「時には、国の行政事務を担任し、その事務について、国の意思を決定表示する権限を有する機関、すなわち、その意思が直ちに国の意思としての効力を生ずる機関を国の行政機関と呼ぶこともある」、と。

(24)　高柳・前掲注(19)六一頁。

(25)　同右八八―八九頁。

(26)　もっとも高柳氏の場合、公法体系と私法体系は相互に対立するものではなく、「公法は、近代市民社会における自己完結的な裁判規範の体系たる市民法を前提にして、それとの関係において理解把握されるべきもの」（前掲注(19)九三頁）とされるので、本文のような理解は検討はずれのおそれもある。

四　行政法関係の特質

どこに問題があるのだろうか。端的にいえば、行政行為と法律行為を、結果的に同じ次元で、すなわちいずれも同レベルの「法主体」の意思表示として理解する点に根本的な問題がある。それは行政法解釈学をどのように理解するのか、ということにかかわる。

伝統的学説はどう理解しているであろうか。たとえばそれは、建築基準法を行政法解釈学の対象にすると同様、国家賠償法をも対象とする、というところから見て取ることができる。ここでは、建築基準法の執行によって発生する法関係と国家賠償法の対象となる法関係が同質のものと理解されている。つまりいずれも、行政主体と相手方たる市民との間に、権利義務関係が成立していると見る。したがって建築基準法も国家賠償法も行政法学の対象となる「行政法」というわけである。じつはここに問題が伏在している。

私は、両者に同質の法関係が成立しているという理解に疑問を感じる。少し立ち入って考えてみよう。建築基準法の適用場面において、いかなる問題が論じられるのか。建築主が建築確認の申請をする。これに対して行政機関は、当該申請が法の要件を充足するものであるか否かを判定する。充足していれば確認処分を、していなければ却下処分を行う。さてここにどのような法関係が生じるか。却下処分が違法に行われた場合、そこに紛争が生じる。まず違法とは何かが論じられ、さらに、この紛争、すなわち違法な却下処分（権利義務の存否ではない。処分という行為そのものが争われる）はどのような手続によって解決されるか、ということが解釈論の対象になろう。同様に違法な是正命令がなされた場合、その紛争が如何に争われるか、ということが問題とされる。行政行為論は、まさにそのような問題に対する伝統的学説が示す解釈論のはずである。容易に理解し得るように、ここでは民法学で議論されるような意味での権利義務関係＝法関係は議論の対象とならない。けだしここでは、各個別の法律が行政機関（民法に登場する法主体ではない）に付与している権限の行使が問題とされているのみであり、権限行使後の法関係は問題とならないからである。これに対して国家賠償法は、公務員の不法行為によって財産上の権利を侵害された者の法的救済を図るものであり、法主体たる国家または地方公共団体に対する損害賠償請求権を内容とする権利義務関係を生ぜしめる。

このように解すれば、伝統的学説が、行政行為を民法の法律行為と同じ次元で理解していることに疑問があるということになる。なるほど違法建築物に対する除却命令は、建物所有者に除却義務を負わせるという点で、一見権利義務関係を生じさせ、そのかぎりで法律行為と同列に理解しうるかにみえる。しかし、行政行為が直接権利義務関係を生み出すものでないことは、高柳氏が指摘されるとおりであり、法律行為と同次元で理解するのは誤りだといわなければならない。その意味で高柳氏の次の指摘は極めて重要である。

「……公法が、特定の法的効果の発生を抽象的要件の下に仮言的に定め、行政庁による当該要件充足事実の認定及び同認定事実への法の適用によって、はじめて、公権力の主体としての国家と私人の間に具体的法効果

が発生することになる……」(27)

行政庁の行為＝行政行為は、法が定める「要件充足事実の認定」に過ぎず、法主体たる行政主体の意思表示ではないのである。蛇足を加えれば、行政行為の主体は行政機関たる行政庁であり、法律行為のそれは権利能力者たる人（国・地方公共団体をも含む）である。

かくして、行政法解釈学の対象は、行政庁に対して、「抽象的要件の下に仮言的に定め」られた法効果を、具体的に発生させるための要件充足事実認定権を授権する行政法令に他ならない。

では高柳氏の誤りはどこにあるのだろうか。それは、行政行為によって、行政主体と国民の間に一般的に権利義務関係が発生する、と前提したところにある。そのため行政主体の関わる法関係に、公法規範によって形成されるものと、私法規範によって形成されるものとが認識されることになり、結果的に伝統的学説と同じ土俵に登ることになってしまったのである。

ここには二つの落とし穴がある。第一の落とし穴は、行政行為によって一般的に権利義務関係が発生すると考えるところにある。行政法の特徴を論じるに当たって、伝統的学説同様高柳氏も、行政行為の執行後、行政主体と国民との間に権利義務関係が発生する事例、たとえば課税作用や公務員の勤務関係を取り上げられるが、そのような事例はむしろ例外に属する。伝統的学説のいう実質的行政行為が用いられる警察法規に則していえば、行政行為の執行後いかなる権利義務関係も発生しないのが通例である。たとえば道路交通法の運転免許によって、建築基準法の建築確認によって、あるいは食品衛生法の営業許可によって、行政主体と申請者との間に権利義務関係が発生するだろうか。答えは否である。そこには運転する、建築する、あるいは営業する自由が回復するのみである。伝統的学説が、行政行為の一類型たる「許可」を、公共目的の下にいったん禁止した自由の回復であると説明するのは、そのかぎりで正しい。ここには民法と対比すべき法関係は形成されないのである。その意味で、行政行為によって一般的に法関係が形成されると前提したところに高柳氏の誤りがある。

例外ではあれ、課税処分によって納税義務が、土地収用裁決によって土地引渡し義務が発生するではないか、といわれるかもしれない。ここに第二の落とし穴がある。なるほど課税処分によって納税義務が、あるいは土地収用裁決によって土地の引渡し義務が発生する。しかし、そのような実体的な義務の発生は、高柳氏が指摘されるように、行政行為ではなく、氏のいう公法規範――この場合税法であり、土地収用法である――がもたらすものである。誤解を恐れずにいえば、この法関係は、発生した租税債権の実現を内容とするのであり、そのかぎりで民法の世界に属しているのである。けだし高柳氏の次の叙述を前提にすれば、当該租税債権を「仮言的に」発生させる公法規範は、債権の帰属主体たる行政主体の意思表示なのだから。

「……意思自由の原則は、本来、私人間の関係において成立し、そこにおいて最もよく妥当するものである。しかし、『国民代表議会による立法』及び『法律による行政』という憲法原理が確立し、これが制度的に実現せしめられている限りにおいて、前記の原則は、人の公権力主体に対する関係においても、建前としては（率直にいえば、むしろ擬制としてではあるが）、妥当しているといわなければならない。すなわち、例えば、仮に甲が、一〇〇万円の租税納付義務を負うとすれば、それは特定額の所得あるものは一〇〇万円の租税を納付すべきであるということについて、甲が自らの代表者を通して予め同意しているからであり、……」[28]

いうまでもなくその意思表示は、行政庁の行政行為に媒介されて行われるわけだが、行政行為そのものは、高柳氏がいうとおり決して実体的な行為、すなわち権利義務関係を作り出すものではない。それは、「公法規範により、潜在的に、国家と国民との間に権利義務関係が形成されていて、行政行為は、それを顕在化せしめる補助的作用を営むのみである」[29]。しかし、発生した法関係は、すでに当該公法規範とは切り離され、その内容が債権債務の関係である以上、民法の世界に属することになるのは自明の事柄である。少し込み入っているが、行政行為は、権利義務を生み出す実体的行為ではなく、公法規範の執行過程で用いられる、いわば手続的行為なのである。先に引いたように高柳氏が、行政行為を、「行政庁による当該要件充足事実の認定」[30]として説明しているのは、きわめて正当であるといわなくてはならない。つまりこういうことである。行政行為は、その行使によって権利義務関係が発生する場合であっても、それが媒介する公法規範の適用過程にとどまるのであり、発生した法関係——より正確に言えば、その実現——とは没交渉なのである。残念ながら高柳氏はこれを接続して考えられたのである。

もう少し掘り下げて考えてみよう。高柳氏は、公法規範が、行政庁に要件充足事実の認定権を付与することに着目して、これを行為規範として捉えられる。これは卓見というべきである。と同時に、しかし、この公法規範が、権利義務関係形成後、法的紛争が発生すれば、その紛争の解決基準になるとされ、その意味でそれは裁判規範でもあるとされる[31]。すなわち、行政行為を授権した行為規範たる公法規範が、同時にその後に形成された法関係における紛争について、裁判規範としての役割をも果たすというのである。当たり前ではないか、といわれるかもしれない。しかしこの理解は、公法規範の執行過程で生じる紛争と、権利義務関係形成後に生じる紛争の、次元の違いを見過ごすものであり、ここに高柳氏の問題点があるといわなければならない。

たとえば課税処分をみてみよう。課税処分によっていかなる法関係が形成され、いかなる紛争が生じるであろうか。課税処分によって納税義務が形成されたとしよう。被処分者が、この納税義務の発生に不服がある場合、これは一つの紛争である。他方、納税義務形成後、それが履行されないままに、数年経過したとすれば、ここにもう一つの紛争が生じる。それは消滅時効による納税義務の消滅をめぐる紛争である。この場合、前者の紛争解決に当たって、当該行政行為を根拠づける公法規範が裁判規範として機能するのは確かである。しかし後者についてはどうであろうか。この場合には明らかに民法が裁判規範として登場するはずである。現行の租税法規は、納税債務の消滅時効規定をもっており、そのため議論がやっかいだが、これらの規定は民法の特別法と解すべきである。いずれにせよ、この二つの紛争が次元を異にするものであることは明らかであろう。消滅時効規定は、それが租税法令中におかれているとしても、明らかに行政行為を根拠づける規定——行為規範——ではない。以上を理論的に整理していえばこうなる。すなわち、前者の紛争は、行政行為の執行過程で生じる、処分権限をもつ行政機関とその相手方との間の法関係、つまり手続法的関係におけるそれであるのに対して、後者は、行政行為の執行後、行政主体とその相手方の間に形成された、実体法的関係におけるそれなのである。納税義務の不存在を主張するにしても、納税義務の形成そのものを争うことと、いったん発生した納税義務の時効による消滅を争うことが、次元を異にするものであることは容易に理解できよう。後者は、固有の意味、すなわち行政法解釈学が対象とする行政法関係ではないのである。

このことは、前述したように多くの行政行為が権利義務関係を形成するものでないことを考えればもっとよく理解できる。運転免許処分、建築確認処分その他、いわゆる許認可処分はいかなる実体的な権利義務関係も形成することはない。それは、行政の中心的な任務が、いわゆる警察作用であり、したがって公法規範は、市民の基本的人権たる諸行為を規制することを内容とする——したがってここには、財産法上の問題は生じる余地がない——からである。

公法規範によって行政機関に付与された認定権の行使である行政行為は、警察作用以外の領域で用いられることもある。たとえば生活保護法は、生活保護受給権の認定を行政機関に委ねている。この場合には、その作用の内容が基本的人権の規制ではなく、生活保護の支給であるため、行政行為の執行後——執行過程ではない——、行政主体とその相手方との間に、財産上の権利義務関係が生じる。法関係の当事者の一方が行政主体であるため、これも行政上の法関係といっていえなくもないが、その性質は民法の法関係となんら異なるところはない。この、次元を異にする法関係の混同こそ、結果的に高柳理論をして伝統的学説を克服させ得なかった理由である。次の叙述を検討しよう。

「……行政目的が、行政主体と国民との間の合意によって達成される場合——公共のための道路用敷地が、行政主体と土地所有者との間の売買契約によって取得される場合、財政資金が消費貸借契約によって借入れられる場合等々——には、一方の当事者たる行政主体は、他方の当事者たる国民と同様に、商品交換の法に服し、……行政は、まさに、この種の法によって拘束されるといえる。……しかし、いうまでもなく、行政は、すべての場合に、右のように、行政客体との合意に基づいて権利義務関係を形成することによって目的を達成するものではない。国家社会の全体の利益を達成するためには、個々の構成員の自由意思に反しても、あることを行政客体に義務づけ強制するという形で、これを遂行しなければならない場合がある。……すなわち、行政主体は、相手方たる国民の意思如何にかかわらず、租税を賦課徴収し、その所有する土地を収用することができる[32]……」

ここでも取り上げられる例が租税の徴収であり、土地収用であることは象徴的であるが、それはさておき、次の点に注意してほしい。すなわち、「商品交換の法」＝民法に服する行政主体に対しては、契約を締結するための根拠となる法（いわゆる行為規範）が原則として存在しないのに対して、租税を賦課し、土地を収用する場合にはそれぞれその行為の根拠となる法があるということである。それは次のことを意味する。すなわち、前者の場合においては、法主体は国家であり、地方公共団体であって、民法に従って行為する——といっても、民法は基本的に裁判規範であるから、行為準則に関する規定はない。たとえば消耗品の購入——ということである。これに対して後者にあっては、とりあえず根拠法に従って行為するのは、行政機関であり、法主体たる国家でも地方公共団体でもない、ということである。もちろん前者にあっても、契約に際して具体的な事務処理を担当するのが行政機関であることはいうまでもない。一方で、契約事務を担当する行政機関が土地の任意買収を取り仕切り、そこに売買契約が成立し、他方で、行政機関たる収用委員会がその収用裁決により、土地の強制取得が成立する。いずれの場合にも、土地所有者は土地の引渡し義務を負うことになる。このように、行政機関の行為によって法関係が成立するという意味において、一見両者は同じ次元の現象であるかにみえる。実際、義務発生後の法関係のレベルでは、両者を区別する必要は存しない（義務の強制的実現に関して、司法強制を採用するか行政強制を採用するかの違いがあるが、それは立法政策の問題である）。しかしながら義務発生に至るまでの過程をみれば、そこには大きな違いがある。後者における行政機関の行為は、法律の執行行為、したがって行政機関の行為は当該法律に拘束されているのに対して、前者のそれは予算の執行行為にすぎず、相手方との関係で担当行政機関の行為を直接拘束する法令は原則として存しないということである。この場合の行政機関は、いわば行政主体の手足として行為するに過ぎず、後者におけるように、法令が定める要件充足事実を認定するわけではない。かくして明らかなとおり、後者の場面に行政法解釈学の固有の問題領域が存在する。すなわち、行政機関を直接拘束する、換言すれば行政機関に、一定の認定権を授権する法令（これが行政法である）の存在を前提にして、その執行過程に生じる法律問題を扱うこと、これこそが行政法解釈学の任務なのである。

通説の見解とは異なって、行政行為が、独自に権利義務関係を形成する法行為ではなく、単なる法の執行行為であることを正しく認識されながら[(33)]、高柳氏が、ついに通説を克服し得なかったのは、氏が、行政行為の執行過程のみではなく、その結果発生した法関係をも行政法解釈学の対象としたことに原因があったのである。高柳氏の次のような問題設定は、そのような氏の論理の限界を余すところなく示すものである。

「……そこで、われわれの問題設定はこうなる、国内法的実体法的民事的（非刑事的）法関係において、公法と私法とを区別することは、なんらかの意義を有するか、である。すなわち、このような民事的な権利義務関係に、公法上のものと私法上のものとを区別することができるか、もしできるとすれば、区別することは実定法制度の運用上いかなる意義を有するかである。[34]」

正しい問題設定は、固有の意味での行政法、すなわち高柳氏のいう公法規範は、民事的な意味での権利義務関係の裁判規範足りうるか、でなければならなかったのである。

(27) 高柳・前掲注(19)九〇頁。
(28) 同右八一―八二頁。
(29) 同右一〇八頁。
(30) 同右九〇頁。
(31) 同右八九頁。
(32) 同右一六〇頁。
(33) 次のようにもいわれている。「この法は、いまみた限りでは、行政機関に一方的な行為権限を賦与する法なのである」(高柳・前掲注(19)一六一頁)。「行政機関の行為は、法規においてすでに抽象的に定まっているところを忠実に具体化するにとどまる。」(同一六二頁)
(34) 高柳・前掲注(19)二七頁。

五　おわりに

「行政法とは何か」、という問いに対して、行政法解釈学についての方法的吟味をすることなく、「行政作用」に関する法だ、と答えたところに、伝統的学説の躓きの石があったと思う。けだし、われわれの目の前にあるのは、「行政機関」に対して、そのよるべき行為準則を定める諸規範であって、「行政作用」に関するそれではないからである。ではなぜ伝統的学説が、行政機関の行為準則を定める法令のみでなく、広く行政作用に関する法までその対象とすることになったのか。それが本章の考察で解き明かそうとした事柄である。

結論を一口でいえば、伝統的学説の誤りは、民法学を意識するあまり、次元を異にする二つの行政法関係を、同次元で――いずれをも、権利能力者間の権利義務関係として――理解し、これをあわせて行政法学の対象としたことにある。整理して繰り返そう。

伝統的学説のいう行政法学には、個別の法令を分類するという次元で認識される「行政法」が含まれる。行政行為論を中心に展開される解釈論は、この次元における法関係を念頭に置くものである。これに加えて伝統的学説は、法主体としての国・地方公共団体が当事者の一方となる法関係のうち、行政に特有の――かつては公法関係と特徴づけられた――法関係をも、行政法学の対象としたのである。伝統的学説によれば、いずれの法関係も「行政作用」が関わるものであるという。たしかに前者の法関係においては、「行政機関」の行為が問題とされる。これを「行政作用」と称することは出来なくはない。しかし後者の場合はどうか。公務員の勤務関係はいかなる「行政作用」なのか。あるいは、国家賠償は如何。公務員の任用主体が「行政主体」であり、「行政主体」の活動による不法行為が、国家賠償の対象となるのだ、というかもしれない。しかしそれは論理が逆ではないか。公務員の勤務関係を公法関係に分類し、国家賠償法を公法として説明するから、「行政主体」(35)という観念を持ち出さなくてはならないのである。行政行為論において、その行為主体として行政庁が議論されるのに対して、行政契約論においては、その行為主体――それは民法のいう「人」に他ならない――に関する議論がないのは、伝統的学説の方法論の破綻を別の視点から示すものといえよう。

(35)　この文脈における行政主体概念については、本書第二部第二章参照。

第四章　行政法の基礎概念と行政法解釈学

——行政主体概念を手がかりに

一　はじめに

ここで主張しようとする内容はきわめて単純なことである。それは、解釈学の対象[1]となる行政法は民法とは法の構造をまったく異にする法だということである。行政法は、実体的な権利義務関係を前提しない法であるということ、そしてそのような理解を妨げてきたのが、行政主体概念を基礎とする行政法理解であったということ、これが、本章で論証しようとする仮説である。

行政が法の執行作用である、ということについては異論がない。そうだとすれば、行政作用は法の存在を前提する。つまり法のないところに行政作用、正確にいえば行政権の活動は存在し得ないということである[2]。そのことと、行政権ではなく、国家が、個別の法律の根拠なしに様々の活動——たとえば、消耗品の購入、土木請負契約の締結——をすることがあるのは次元を異にする問題である。これらの活動が引き起こす法的諸問題は、行政権ではなく、法主体としての国家の問題だから、行政法解釈学の守備範囲に入らない。このことを認識しないかぎり、「法から自由な行政はない」という命題は、正確に理解されたことにならないし、行政法の正しい理解は導かれない。

平成三年の最高裁判決（最判平成三年三月八日民集四五巻三号一六四頁）は、漁港内の水域に不法に設置されたヨット繋留のための鉄杭を、同漁港管理者たる浦安町長が、法令の根拠なしに、しかも鉄杭所有者の同意を得ずに撤去したことについて、これは「漁港法の規定に違反しており、これにつき行政代執行法に基づく代執行としての適法性を肯定する余地はない」とした上で、民法七二〇条の法意に依拠することによって、本件撤去に要した費用の公費からの支出を違法でないと判断した。この判決に関して次のような意見がある。

「……判決は、しきりに、杭の撤去が強引であることを言っています。それがもし行政法で言っている、公権力の行使に当たるとしますと、これを認めるのに民法七二〇条を持ち出すわけには参りません。

つまり、公共の安全の確保は、行政法学では警察権の行使ですが、これは緊急を要する場合であっても、法律の根拠を要するというのが、法治主義の基本原則であるからであります。……

ただ、判決は強行、強行と言っているのですが、これは相手方に行政権の実力の行使の受忍を要求するほどのものではなくて、相手方の承諾を得ていないにもかかわらず、相手方の財産に手を加えた、というほどのものであるようにも思われます。それならば、法治主義の原則には正面から対立するものではない。法治主義で行政権にきつい縛りをかけているのは、相手方の抵抗を排してまでも、それこそ強行的にこれを実現する、あるいは罰則でこれを担保する。そういう場合についてであるからです。」[(3)]（傍点は引用者）

このような見解はわが国行政法学に一般的に受け入れられている。そしてここにじつはわが国行政法学、より厳密にいえば行政法解釈学の問題点が凝縮されている。その最も核心に当たる部分は、「これは相手方に行政権の実力の行使の受忍を要求するほどのものではなくて」という文章である。どこに問題があるか。それは、法律が存在していない、つまり権限を定める規則が制定されていないところで行政権について語っている、ということである。もう少しわかりやすくいえば、本来民法の場面で論じるべき法関係を、行政法の場面で論じているということである。本件は、一法主体としての浦安町の不法行為に基づく損害賠償の事件であって、行政法解釈学の守備範囲に属する事件ではない。けだし執行すべき法律がない以上、そこでは法的に行政権の作用について語ることはできないはずだからである。

本章は、このようなわが国行政法学の思考方法の問題点について、行政法学の基礎概念たる行政権の主体＝「行政主体」概念の中にその原因を探ろうとするものである。

（1）　磯部力「行政システムの構造変化と行政法」『行政法の発展と変革上巻』（有斐閣・二〇〇一年）四九頁は、行政法学の課題は、「行政の組織や活動に関する法現象を観察し、それらを貫く規範原理を明確にすること」であるとする。このような考え方を否定するつもりはないが、法解釈学との距離を明らかにしておく必要がある。

（2）　もちろんここでいう法には予算が含まれる。その意味で法律の存在しないところでも、行政権の活動はありうる。しかしその場合に形成される法関係は民事法上のそれであって、行為主体は国または地方公共団体である。浜川清「行政訴訟の諸形式とその選択基準」『行政救済法1』杉村古稀記念（有斐閣・一九九〇年）は次のようにいう。「行政に法律上の判断権が認められていない以上は、これを私人の行為と別異に取り扱う必要はないであろう」（八八頁）。

（3）　塩野宏「法治主義の諸相」法学教室一四二号一八頁。

二　行政主体概念の意義と問題点

1　権利義務関係としての行政法関係理解

なぜわが国行政法学は、執行すべき法律が存しないところで、国家ではなく、行政権について語るのだろうか。

それは、わが国行政法学による行政法関係の理解の仕方に根ざしている。通説は、行政法関係を基本的に民事法のそれと同じ構造のものとして理解する。(4) つまり権利義務関係として。このため、行政法学は大きな困難に直面する。すなわち行政法を民法から区別しなければならないという困難に。こういうことである。行政法関係を民事法のそれと同じく権利義務関係だと理解すれば、両者を法の構造によって区別することはできない。いずれも権利義務関係なのだから区別のしようがない。もちろん、当事者の少なくとも一方が、国・地方公共団体であるものを行政法であるとすることは可能である。しかしこの場合は、そのような区別ができたとしても、行政法は民法の特別法だということにしかならない。そこでわが国行政法学が採用した方法は、行政法を「公法」、民法を「私法」として特徴付けることであった。すなわち行政法関係を「公法上」の権利義務関係として理解するのである。そして後に詳しく考察するように、行政法を公法の体系として理論構成するために創り出された概念が、行政主体概念に他ならない。けだし行政法関係が権利義務関係である以上、権利能力を有する帰属主体が必要となるのは必然だからである。こうして生まれた行政主体が、後述するように、いつのまにか法から自由に行動する法主体となった。(5)

ところで、「行政法とは何か」という問いに対するわが国行政法学の回答には、次元を異にする二つの意味が含まれている。一つは行政法学の対象を明らかにするためのものであり、行政法学にとって必須の回答である。道路交通法や生活保護法は民法ではなく、行政法に分類されるというレベルの問題である。いわば法の分類論という問題である。これに対していま一つの回答は、個別の法の分類ではなく、行政法関係、つまり当事者の少なくとも一方が行政主体である法関係にいかなる法が適用されるか、というレベルの問題にかかわる。たとえば、農地買収処分における所有権の対抗関係について民法一七七条が適用されるか否か、という問題はその例である。とりあえず法の適用の問題ということにしよう。両者が次元を異にする問題であることは明らかであろう。(6)

周知のように「行政法とは何か」という問いに対するわが国行政法学の回答は、「行政に関する国内公法である」

というものであった。上述の行政法をめぐる二つの問題は、いずれも行政法は「公法」であるとの理解から導かれる。道路交通法は公法だから民法には分類されず、行政法学の対象となる、あるいは、農地買収処分は公法上の行為であって、それによって発生する法関係は公法関係である。したがってそこには私法たる民法一七七条は適用されない、といったように。

では「行政に関する」という部分はいかなる役割を果たしているのだろうか。「行政とは何か」をめぐる議論が隆盛を極めたわりに、ではなぜ「立法」法でもなく、「司法」法でもなく、「行政」法なのか、という疑問、つまりなぜ「行政」法という名称が選ばれたのかという疑問は、これまでのところ提起されたことがないのではないか。「行政権の作用に関する法」なのだから「行政」法である、ということすれば、そこには論理の飛躍があることになる。けだし行政法関係が権利義務関係であるとすれば、その当事者は国または地方公共団体なのであり、行政権ではないのだから。いったいどこから「行政権」の作用は導かれるのだろうか。「行政法関係とは、行政が少なくとも一方当事者である関係を意味する」といういい方がなされることがあるが、[7] いったいここでいう「行政」とはいかなる概念——行政権か、行政主体か、それとも行政機関か——なのであろうか。おそらく行政主体が意図されているのであろう。しかしそれは何ら論証されていない。わが国行政法学においては、国・地方公共団体、行政主体、行政権、あるいは行政という概念が極めて融通無碍に用いられている。じつはここに、一方で「法から自由な行政はない」との正しい理解があるにもかかわらず、他方で、「法から自由な行政」を前提にした議論、たとえば法律の留保論のような議論が行われる原因が存しているのである。[8]

2　行政主体＝行政権の主体という論理

行政法関係が権利義務関係であるとすれば、その法関係の当事者たる国・地方公共団体は一法人でなければならない。つまり行政法関係も民法上の関係も、権利能力者と権利能力者の権利義務関係であり、そのかぎりで行政法と民法の体系的区別を法の構造から導くことは不可能である。そこで伝統的学説が、行政法を独自の、すなわち民法から区別された体系として理論構成するために選択した方法は、行政法を公法の体系として描くことであった。そしてこの公法性を論証するための方法的概念として持ち出されたのが、ここで検討している「行政主体」に他ならない。「行政権の主体」である行政主体が、どのように行政法を公法の体系として論証しようとしたかはここでは触れない。[9] ただここでは、行政主体＝「行政権」の主体概念の導入によって、ある論理の転轍がひそかに行われたということを指摘しておきたい。こういうことである。行政主体はもともと行政法関係における権利能力者、すなわち国・地方公共団体を指称する意味で用いられたはずである。かつてそれは端的に公法人と称されていた。もちろん公法人は行政権の担い手という意味で、行政権の主体である。しかしそれは同じ意味で、立法権の主体でもあり司法権の主体でもあったはずである。[10] ところが公法人に代えて行政主体が用いられることによって、それはいつのまにか行政権のみの主体となった。ある論者は、行政主体を、「行政を行う任務を負わされ、かつ法人格を有している法主体」と説明している。[11] 公法・私法の相対化が共通の認識となり、公法の体系として現代行政法を特徴付けることが困難となった時点において、公法人に代えて行政主体が用いられるようになったのはある意味では必然であった。しかしそれがなぜ立法主体でもなく、司法主体でもなく、ほかならぬ行政主体でなければならなかったのかは、必ずしも明らかではない。先に指摘したように行政法はなぜ「行政」法なのか、という問題にかかわっているように思われる。そのことは、行政法とは、「行政に関する」法であるとする点で学説上争いのないことからもうかがい知ることができる。こうして単なる国家の一機関に過ぎない行政権が、行政法関係の当事者＝権利能力者となり、法律の存在しないところでも語られる行為主体となったのである。

いま一つ指摘しておきたいのは、行政法を行政権の主体の作用に関する法であるとしたことから、行政法関係を権利義務関係だとする理解によっては説明できない法現象を、行政法学の対象として取り込むことが可能になった。行政立法、行政計画がその例である。

3　行政主体概念と行政行為論

行政法という法律が存在しないのに行政法総論が論じられ、その総論の中核に行政行為論が据えられる。なぜそんなことが可能なのか。このような問いに対しては、現行個別法を分析すれば導かれるのだ、という答えが返ってくると思う。道路交通法を見よ、あるいは建築基準法を見よと。なるほどそこには、車の運転に関する処分があり、建築物に関する処分がある。それらは民法の世界には見られない法行為であり、そこで紛争がおきれば、民事上の紛争とは異なり、抗告訴訟を中核とする行政争訟手続によって解決がなされることになっている。このような法現象を説明するために行政行為論が必要であり、行政法総論を説くことが可能になるのだと。

本当にそうだろうか。行政法と目される個別法（手続法、組織法は除く）を見ても、どこにも行政行為の観念は見出されないし、行政法総論の内容となるような材料は見当たらない。答えは権利義務関係としての行政法関係理解と行政主体概念から創り出すほかない。

次のように説明される。

「法律及び法規命令によって、私人と行政主体との間に抽象的権利・義務関係が存在するとして、これが具体的な権利・義務関係へと固まるについては、つまり、法律要件充足の方法については、私人と行政主体との関係であるからといって、特別の定まったルールがあるわけではない。……行政主体と私人との間では、契約的手法以外でも、権利・義務の変動のために行政の精神作用が用いられることがしばしばある。たとえば、建築基準法違反の建築物があるとすると、行政庁は建築主等に対して除却命令を発する（建築基準法九条）。これによって建築主等は具体的に建築物の除去義務を負うことになる。……

　このように、行政主体と私人との間の権利・義務関係の変動に際して用いられる行政の精神作用には、契約も含めていろいろの態様があるが、行政法学においては、その一つを行政行為という概念のもとでとらえ、その特色を明らかにすることを試みてきた。その際、対象の限定にもいろいろ方法が探求されたが、現在では、民法の法律行為との対比を強調する意味で狭義に用いるのが通例であり（田中・行政法上巻一〇四頁）、ここでもそれに従う。すなわち、行政行為とは、行政の活動のうち、具体的場合に直接法効果をもってなす行政の権力的行為である。」[12]（傍点は引用者）

　ここに取り上げたのは、行政行為（概念）の必要性ないし意義についてのわが国行政法学の代表的な説明である。このような説明の特徴は以下のとおりである。そこでは、現行法への言及はあるが、具体の規定に即した法構造の理論的分析は一切ないということ。そのことはとりわけ権力性の論証に見て取ることができる。権力性の説明に一方性が持ち出されるが、その法的根拠は示されたことがない[13]。そこに共通して見られる考えは、行政処分が契約でないことの言及→行政行為、という図式である。そこには、行政法関係＝権利義務関係理解と、行政主体概念が重要な役割を果たしている。次の叙述を参照してほしい。

「……法律による行政の原理が、近代法治国家における基本原則として認められることとなった。しかし、この場合においても、国家その他の行政主体を私人と対等の権利主体とすることなく、法律上、これに、公権力の主体としての優越的地位を認め、この地位に立って、法律に基づきその定めに従って、人民に対し、命令し強制する権能を与えた。国家その他の行政主体と人民との間に、法律自らが権力支配の関係を承認した。そして、この意味での公権力の主体としての国家その他の行政主体が、その公権力の発動としてなす行為については、一面において、法律による厳重な羈束をなすとともに、多面において、法律に基づきその定めに従ってなされる行為であるがために、これに一般私法の適用を排除し、これに特殊の性質と効力を認めることとなった。」[14]（傍点は引用者）

わが国行政法学は、行政法関係を権利義務関係として理解してきた。だとすれば、行政法関係における権利義務を生み出すものも法律行為のはずである。しかしそうであれば行政法を独自の法体系として描くことができない。このため、行政上の権利義務関係を生み出す法行為を法律行為から分かつ必要がある。ここでも行政行為を法規定の構造から説明することができないので、それがもつ特徴を叙述するという方法が採られた。ここに引いた一文も、ただ行政行為を説明するのみで、具体的な条文を挙げて法律行為との構造上の違いに言及するということはない。曰く、法律が、国家その他の行政主体に、「公権力の主体としての優越的地位」、「命令し強制する権能」を認め、国家その他の行政主体と人民との間に「権力支配の関係」を承認したと。命令、強制という特徴をもたない行政行為が少なくないというのに。

現行法を素直に読めば、行政行為が権利義務関係を発生させる法行為でないことは容易に理解できる。運転免許処分にせよ建築確認処分にせよ、いかなる権利も発生させることはない。課税処分によって納税義務が発生するではないか、という反論があるかもしれない。それは、かつて高柳氏が指摘していられるように[15]、法律が発生させるのであって、行政行為が発生させるのではない。行政行為は、その要件を認定するはたらきであるに過ぎない。なぜそのような明白な事柄が理解されなかったのか。それは行政権を行為主体、すなわち行政主体と考えてきたからである。だから行政庁――ここでは行政主体と行政庁の取替えが行われる――が行政行為によって義務を発生させることができる。かくして行政権は、再び法律から解放されたのである。いまや行政主体は、ある論者がいうように、「行政という権力を持った『危険な』主体」なのであり[16]、これから国民を守るべく、法律の留保論が熱心に論じられることになるわけである。

4　その他の行政の行為形式と行政主体

(1)　行政立法　行政法関係を権利義務関係として理解し、行政主体概念を媒介に行政法を説明しようとするわが国行政法学にとって、説明に窮するはずであるのに、逆に簡単に説明できるのが行政立法である。行政行為が、民法に法律行為という対比し得る概念をもつのに対して、行政立法はそのような概念を知らない。したがってここでは、行政主体概念は、行政行為論において果たすほどの意味を持っていないように見える。

前述したように行政立法は、それが基本的に議会の立法行為の委任である以上、民法との比較は生じようがない。したがってここではひたすらに行政立法の説明がなされるのみである。

(2)　行政計画　民法の世界に見られないという点で行政立法と同じ事情にある行政計画については、わが国行政法学の議論は発展途上にあるようにも見える。ここでは、行政法関係が語られることさえ稀である。

「行政計画の特徴は、その存在態様が多様・多岐にわたっているという点にあり、内容、形式、法効果のいずれをとっても一概に論ずることができない。……行政計画は、行政行為のような伝統的な行為形式と比べると、全体としてつかみどころがないところがあるとはいえその重要性はますます高まるばかりである。行政計画は、ある種の時間軸のもとに目標を設定し、各種の政策手段を当該目標達成のために動員するという独特の構造をもっており、……このような特徴から、行政計画は、行政行為や行政指導、行政契約といった行為形式と並列されるというよりは、一種の規範定立に近いものとして理論上はこれら行為形式の上位に位置するものと見られ、行政立法と並べて位置づける論者もある。(17)」

いったい行政計画は行政法解釈学のどこに位置づけられるのだろうか。

(3)　行政契約　わが国行政法学にとって行政契約は最も説明しやすく、しかし最も特徴を描きにくいものである。行政契約が法行為であることについて異論はない。ただしこの場合の法主体は、行政行為や行政立法とは異なり、行政主体ではないはずである。したがって、契約一般から、「行政」契約を切り取って説明することが困難となる。すなわち、権利義務関係という法の構造に基づいて行政法と民法を区別することの困難を克服するため、対等平等の契約関係になじまない、公権力の主体＝行政主体を導入することによって、公法としての行政法を論証してきたわが国行政法学が、対等平等の当事者間の意思の一致を前提とする契約の領域で、理論的困難に直面することは当然のことである。かってそれは、行政法総論の方法にしたがって「公法上の」契約として説明されてきた。しかしながら、権力説をベースとする行政法理解の下では、公法上の契約の一般法理はそれとして展開されることはなかった[18]し、今日なお事情は異ならない。

5　小　括

以上の検討から何がいえるだろうか。民法とは区別された独自の体系としての行政法学を構築しようという、わが国行政法学の採用した方法は、行政法関係の権利義務関係としての理解と行政主体概念の導入であった[19]。しかし、本当にそれを必要とするのは、これまで見てきたように行政行為論においてのみであった。行政立法や行政計画にあっては、そもそものような法形式が民法には存在せず、民法との対比を論ずる必要がないし、他方、行政契約については、民法上の契約と原理的に区別することができず、ただ類型論とその法的統制論が展開されるにすぎない。すなわちここでは、他の法律科目で行われるような解釈論、すなわち具体的な条文の解釈はほとんど展開されることがない。

言葉の本来の意味で行政法の解釈論が展開されるのは、行政行為論においてのみである。なるほど行政立法や行政計画についても個別法に規定がある限度で、解釈論らしい議論がないわけではないが、その力点は主としてそれらが取消訴訟の対象となるかどうかに止まり、それ以上解釈論などというものは見出されない。行政契約にいたっては、具体的にいかなる法規定を解釈しているのかさえ定かではない。

何度も繰り返すが、このような行政法総論を生み出したのは、現行法から出発することをせずに、つまり法の分類論を放棄し、何の根拠もなく、行政法関係を権利義務関係と捉え、民法との区別に際して、行政主体概念に手がかりを求めたという方法にある。現行法を素直に見れば、行政法と目される法律の執行過程にはそもそも権利義務関係は発生しない、ということが分かる。道路交通法を見れば一目瞭然である。道路交通法は、車の運転を希望する市民が、道路交通法の免許要件を備えていることを主張、立証して、運転免許を取得し、車を運転する自由を享受するための法律である。道路交通法の規定は、市民から申請された内容が、法の定める免許基準を満たしているかどうかを同法の執行機関の判断に委ねているにすぎない。免許証が交付された後において、いかなる権利義務関係も形成されていない。少し考えれば明らかなように、民法は、複数の当事者（権利能力者）が、それぞれの意思にもとづいて法関係を取り結び、これをめぐって紛争が生じた場合にその解決基準として適用されるものであって、いわば紛争解決規範なのである。これに対して道路交通法は、第一義的には、同法の執行に当たる機関に、法を執行する際の、行為基準を示すものなのである。[20] 法律の解釈論としてみるかぎり、ここには権利能力者たる行政主体の登場する余地はないし、もちろん権利義務関係が形成されることはない。[21]

公務員の勤務関係や給付行政の場面で権利義務関係が形成されるではないか、といわれるかもしれない。確かにそのように見える。しかしそれらの法現象は解釈論としての行政法学に属するものではない。国家公務員法にせよ地方公務員法にせよ、任用に関する規定はあるが、権利義務を内容とする勤務関係そのものに関する規定はない。公務員の勤務関係は、国民の申出があり、これに対する国家の任用の意思表示があって形成されるのであって、公務員法の解釈から導かれるものでは決してない。公務員法が定めているのは、任用の相手方を決定する手続等であって、勤務契約の締結ではない。

給付行政の場面ではどうか。生活保護の交付決定がなされると、申請者は、生活保護受給権を取得する。そのかぎりで権利義務関係が発生するが、これは交付決定を前提に、当該地方公共団体が生活保護給付の判断をした結果によるのであって、交付決定そのものが、受給権を発生させるわけではない。生活保護法による交付決定は、申請者に受給資格があることの認定であるにすぎないのである。

要するにわが国行政法学は、具体の行政法令の構造を分析することなく、観念的に民法との対比で行政法を構想し、そのため、行政法関係は権利義務関係に違いないと考え、その権利義務の帰属主体として行政主体概念を創造したのである。このためわが国行政法学は、行政法と民法を混同した行政法体系を作り上げることになったのである。(22)

（4）　たとえば、次のような懸念が語られる。「公益重視の伝統的行政法であれば、私益保護を唱《ママ》った民事法との区別は容易である。これに対して、山本理論のように市民間利害調整を行政法についても強調すると、結局民事法と行政法との差異は相対化することとなる。もしかすると消滅することにもなりかねない。」（大橋洋一「書評 法関係を基軸とした権利論の再構成——山本隆司著『行政上の主観法と法関係』」自治研究七七巻四号一三三頁。傍点は引用者）。

（5）　藤田宙靖『行政組織法』（良書普及会・一九九四年）は次のようにいう。「行政主体からの侵害に対して私人の権利・義務を保護することをその最大の理論的関心の対象とした、伝統的な行政法学の性質に、まさに対応するものであった」（三六頁）。

（6）　参照、岡田雅夫「行政法と二つの『行政』法関係」『情報社会の公法学』（信山社・二〇〇二年）二五頁以下（本書第三部第三章）。

（7）　たとえば、大橋洋一「制度変革期における行政法の理論と体系」公法研究六五号七五頁は次のようにいう。「行政法関係とは、行政が少なくとも一方当事者である関係を意味する」。

（8）　参照、櫻井敬子・橋本博之『現代行政法』（有斐閣・二〇〇四年）。「法律による行政は、もともとは、行政が権力的な活動をする場合に、権力発動の根拠、活動の内容および仕方をあらかじめ法律によって定めておき、行政活動を法律で拘束することにより、国民の権利自由を守ろうという発想に出たものである。しかし、行政も、私人と対等の立場で経済取引をする場合もあるし、また、行政活動には、国民に便益を提供することを内容とする給付行政もあり、こうした現代的で非権力的な行政については、必ずしも法律によって行政活動を規律しなければならない必然性は存しない。契約方式は、行政の自由度が相対的に高く、柔軟な措置が可能であるというメリットも小さくない。そこで、現在では、行政行為と並ぶ行為形式として契約方式が承認されている」(傍点は引用者。一二二頁)。ここでいう行政が、国・地方公共団体を意味していることは明らかであるが、だとすればしかし、それは行政法解釈学の範囲を逸脱している。

(9) この点については私の「行政主体論——行政権、行政権の主体、行政主体」と題する論考を参照してほしい(『現代行政法大系7』(有斐閣・一九八五年)所収一六頁以下〔本書第二部第一章〕)。

(10) 参照、田中二郎『新版行政法上巻〔全訂第二版〕』(弘文堂・一九七四年)二四頁。

(11) 参照、藤田・前掲注(5)四一頁。

(12) 塩野宏『行政法Ⅰ〔第四版〕』(有斐閣・二〇〇五年)一〇〇—一〇一頁。なお参照、芝池義一『行政法総論講義〔第四版補訂版〕』(有斐閣・二〇〇六年)二二頁曰く、「……行政上の関係を権利義務の関係として構成できることはおよそ異論のないところであり、この意味では、今日、行政上の関係が法関係であることを強調する必要は少ない」。さらに一二二頁に曰く、「資本主義社会における法関係の形成の基本的形式は、契約である。そして、行政活動の分野においてもこの契約の形式が用いられることもあるが、これ以外に、さらに特別の行為形式が用いられることも少なくない。その一つが行政行為である。行政行為とは、行政と国民との間または国民相互の間での法効果の発生・変更・消滅の段階で行われる行政の行為であって、公権力の行使としての性格をもつものである。……例えば道路交通法に基づく自動車の運転免許や建築基準法に基づく建築の確認は、いずれも国民の側からの申請に基づいて行われるものであるが、これらを契約として把握する者はいないであろう。やはり、契約とは異質の権力的な法行為を指す概念として、行政行為の概念を用いることが必要であると思われる」(傍点は引用者)。

(13) 周知のように、抗告訴訟の排他的管轄論が有力に主張されているが、論証として成功していない。塩野・前掲注(12)一二七—一二八頁は、新たに「規律力」の概念を導入して説明している。

(14) 田中二郎『行政法総論』(法律学全集・有斐閣・一九五七年)二六二頁。

(15) 参照、高柳信一『行政法理論の再構成』(岩波書店・一九八五年)九〇頁。

(16) たとえば大橋・前掲注(4)論文七五頁は次のようにいう。「これまでの行政法の理解は、行政という権力を持った「危険な」

主体が一方当事者に加わることへの懸念から出発したものである」。また、山本隆司『行政上の主観法と法関係』(有斐閣・二〇〇〇年)四七三頁曰く、「行政機関は公共善を実現する任務を負い、公共善の内容および公共善を実現する手続・組織を定める法規範……に、授権されるとともに規律される……。しかし行政組織は同時に、財産を管理し、時に事業を実施する主体としての性質を持つ。そして財産管理・事業実施主体としての行政組織と私人との関係は、私人間の関係を規律する民事法規範に規律される」(いずれも傍点は引用者)。

(17)　櫻井＝橋本・前掲注(8)一二五頁。

(18)　塩野・前掲注(12)一七二頁。

(19)　ここでいつのまにか、「行政法とは何か」という問いに関する第一の答え、法の分類論は忘れ去られている。行政行為論は分類論には没交渉である。

(20)　磯部・前掲注(1)論文五一頁曰く、「行政法規範は本来、もじどおり行政にとっての法なのであって、裁判規範であるよりも前に、まず日常的な行政活動の行為規範として機能するべきであるし、そのことが行政法の本質的な特徴である」。

(21)　権利義務関係が発生するという見解もあるが、疑問である。参照、芝池義一「抗告訴訟に関する若干の考察」『法治国家と行政訴訟』(有斐閣・二〇〇四年)六八—六九頁。

(22)　ずいぶん長い間疑問に思っていたことがある。それは、いわゆる公法上の管理関係の理解である。わが国行政法学の一般的な理解によれば、この領域では、特別の規定がない限り原則として民法が適用されるという。私はこの説明が何をいっているのか理解できなかった。民法が適用されるのであれば、それは民法上の関係ではないのか。なぜ民法が適用されるのに、この領域が行政法学の対象とされるのか、長い間疑問に思っていた。おそらくわが国行政法学のいわんとするところは、この領域は公行政に属するのであり、そこに登場する法令は、たとえば生活保護法のようなものは行政法に分類されるということではないか。つまりここでは、法の分類の問題と、行政がかかわる法関係への法令の適用の問題が混在しているのである。二つの問題は、次元を異にする問題なのであり、両者を切り離せば、私が抱いた疑問は氷解する。

三　行政法とは何か

1　行政法の構造

解釈学の対象とすべき行政法とはいったい何だろうか。民法学であればいうまでもなく民法典であり、その特別法たる附属法令である。ところが行政法学の場合、「行政法」という名称の法典が存在しない。あるのは「行政」に関わるおびただしい数の各個別法令だけである。わが国行政法学が、行政法総論を創造しようとした動機は十分理解できる。しかしそれは、現実に存在する法令を分析した上で行うべきであった。

私の理解によれば、民法に属さない法令——刑事法、国際法を除く——を分析すると、そこにはある共通した法構造が見出される。道路交通法、建築基準法、生活保護法、いずれの法律にも共通する構造がある。そこに登場する行為主体が権利能力を持たないこと、そして法律がこの行為主体に対して、ある判断権の行使を委ねていること[23]、この二つの点で共通していることがわかる。このような構造の法は、民法の世界には見出し得ない。このような構造の法こそ行政法なのではないか。

2　憲法の具体化法としての行政法(1)——公共の福祉の実現

なぜ行政法はこのような構造をもっているのか。それは、もともと行政法が憲法を具体化するための法律だからである。こういうことである。憲法は、国民の基本的人権を保障している。国民の生命及び財産の安全を守ることは、基本的人権保障の中核に位置付けられる。じつは自然現象を除けば、国民の安全を脅かすものは国民の基本的人権の濫用である。このため憲法は、基本的人権を保障する一方で、その行使に公共の福祉の枠を設けた。そしてこの公共の福祉の枠を定めるのは、ひとまず国権の最高機関であり、唯一の立法機関たる国会の任務である。

道路交通法についてみよう。自動車を運転することは国民の自由である。憲法の条文にその根拠を求めれば、一三条の幸福追求権ということになろう。しかし、車は走る凶器といわれるように、運転を誤れば、すなわちこの自由権を濫用すれば、それはたちどころに他人の人権を侵害することになる。そこで道路交通法は、道路における危険を防止するために（法一条）車の運転を一般的に禁止し、車を安全に運転できる者についてのみこの禁止を解除するという仕組みを作った。これが運転免許制度（法八四条以下）である。いうまでもなく道路における危険を防止することが、ここでの公共の福祉の内容である。このように道路交通法は、道路における危険を防止するため免許基準＝公共の福祉の枠を定め、その上で同制度の執行を公安委員会に委ねることにしたのである（法八四条）。車の運転を希望する国民が、運転免許を申請し、公安委員会が、その申請が法の求める要件を充足しているか否かを判断し、充足していれば免許を付与する。これが道路交通法の構造であり、それは民法のそれと似ても似つかないものである。そこにはいかなる権利義務関係の発生もないから、民法の適用もあり得ない。

3　憲法の具体化法としての行政法⑵——民主主義の実現

法の構造としては同じでありながら、法律が制定される理由が基本的人権の自由主義的保障ではなく、民主主義の実現を内容とする一連の法がある。たとえば生活保護法であり、補助金等に係る予算の執行の適正化に関する法律である。(24) そのような法律が登場するのは次のような事情による。

福祉国家という表現を用いるかどうかはともかく、生存権的基本権を保障することは現代国家の重要な任務である。国家がこの任務を果たすに際して、法治主義原理に服することはいうまでもない。そのことはしかし、この分野における作用が常に法律の根拠を必要とするということを意味するわけではない。けだしここでの行政作用の主要な手段は、財政出動であり、その根拠となる法形式は予算という形をとるからである。周知のようにここでは、法律の根拠の要否をめぐって華々しい議論がなされて来たが、原理的には消極に解されよう。ただし、わが国憲法は、その重要な原理の一つとして民主主義原理を採用している。その意味で、この分野の行政作用にも、可能なかぎり法律の根拠を求めることが民主主義の要請に合致することはいうまでもない。

生存権保障とは次元を異にするが、産業の振興を図ることも現代国家に要請される重要な任務であり、そのために行政作用——補助金行政の如し——に関する法についても生存権保障の場合と同様に考えることができる。

ところで注意を要するのは、この類型の行政法は、その法の執行後に、ほぼ例外なく権利義務関係の発生を伴うということである。たとえば、生活保護の決定がなされた後には、当該行政機関が属する地方公共団体は、被保護者に対して金銭の給付義務を負い、補助金の交付決定を行った後、国・地方公共団体は申請者に対して金銭の給付義務を負うことになる。もちろんこれらの権利義務関係は、当該決定を行った行為主体ではなく、それらが属する国や地方公共団体と申請者との間に成立するものであり、民法上のそれと同質の法関係であることはいうまでもない。

4　国・地方公共団体の組織維持作用に関する行政法

国・地方公共団体も組織である以上、組織を維持するための作用がある。その内容はじつにさまざまである。公務員を任用し、公用、公共用に必要な施設を設置・管理し、消耗品を購入するなどがその代表的な例である。これらの作用に予算の裏づけが必要であることは当然として、他方、原則として個別の法的根拠が必要でないことは異論のないところである。しかしながら、公正な行政の確保といういわば民主主義の要請に基づき、この分野においても法律が制定されることがある。公務員法は最も体系的な条文を持つ法律の例であり、国有財産法や、地方自治法の公有財産に関する規定のうち、いわゆる行政財産に関する規定もその例である。じつはこれらの法も、前記二類型の法と同じ構造を持っており、法執行後は第二の類型と同様民法上の権利義務関係が発生する。

最後に税法が残る。私は税金の徴収は、組織維持のための行政作用に位置付け得ると思う。それはもちろん他の行政作用とは根本的に異なる。それにしてもそれが財産権に対する最も徹底した制約であり、法律の根拠を要することは疑いない（憲法二九条）。法の構造は文字どおり行政法のそれである。そして法の執行後に納税義務の発生があり、そのかぎりで民法の世界に入ることとなる。

5　行政法と民法

行政法を民法と同様権利義務関係であるとする思考をやめてみればどうか、というのが私の提言である。実際、行政法と目される限られた法令を検討しただけではあるが、当該法令の執行過程に関するかぎり、そこには権利義務関係は発生しないことが明らかである。すなわち、解釈学としての行政法学が対象とすべき行政法は、そもそも民法とはまったくその法構造を異にする。民法が権利義務関係の発生を前提に、その規律を行う法であるのに対して、行政法は、法律の執行、すなわち法律が定める要件を認定する権限を執行機関＝行政機関に委ねることを内容とする法なのである。

(23)　村上義弘「抗告訴訟の対象ならびにその本質」『公法の理論下II』（有斐閣・一九七七年）二〇八〇頁が同様の理解をする。しかし、次の叙述を見ると、少し見解を異にする。「……ある行政機関が国民に義務を賦課する権限が法律によって与えられていれば、その行政機関は国家など行政主体の代表的機関としてではなく、まさしく行政機関の地位において義務を賦課するのであり、またそのような義務の賦課によって国民の側に生じた義務についても財産的関係など特別な場合を除いてそれを国家もしくは公権力主体と国民の間の権利義務関係と観念する必要は全くない。」（二〇六三頁。傍点は引用者）

(24) 参照、塩野・前掲注(12)六三―六四頁。

四　おわりに

行政法とは「行政機関」に関する法だ、というのが本章の結論である。一見奇抜な主張であるように見える。しかしこれまでわが国行政法学が展開してきた行政法諸理論の中心部分は、視点の転換さえすればこれをそのまま受け入れることができる。それは、手続法を含め現行法の用意している仕組みが、行政機関の判断権の行使＝「行政庁の処分」、すなわちこれまで行政行為論として議論されてきた制度に他ならないからである。

視点の転換とはこういうことである。行政行為論は、行政法関係が権利義務関係であることを前提にして構想された。したがって行政行為は実体法上の行為として理解されている。このため、行政行為に関わる紛争を抗告訴訟の対象とするために、ここに何らかの媒介を必要とした。けだし行政上の紛争も、権利義務関係に関するそれである以上、当事者訴訟ではなく抗告訴訟で争わせようとすれば、その根拠を示す必要があるからである。そこで選択されたのが、権力性という指標であった。ところがこの権力性の実定法上の根拠を見出すことができず、今日に至るも意見の一致を見るにいたっていない。その原因は、実定法上の根拠を示すことなく、行政法を権利義務関係に関する法だと理解したところにある。ここでこの視点を棄ててみようというのである。現行法を素直に見れば、そこに一種の手続法を発見することができる。

行政機関による法の定める要件を認定する行為を受けて、行政事件訴訟法は、これを「行政庁の処分」とし、この処分に違法の疑いがある場合の訴訟手続について抗告訴訟手続を定めているのである。行政行為が公権力性に媒介されることによってではあれ、それをめぐる紛争が抗告訴訟の対象とされるかぎりにおいて、行政行為論として論じられる議論は、基本的にこれを肯定することができる。ただし、手続法の視点から説明しなおすことを条件に。かくして法解釈学としての行政法学の対象となる行政法とは、行政主体の作用に関する法ではなく、行政機関の認定権の行使に関する法なのである。

事項索引

著者紹介

岡田 雅夫（おかだ まさお）

1947年 三重県生まれ
1970年 大阪大学法学部卒業
1972年 大阪大学大学院法学研究科修士課程修了
1974年 岡山大学法文学部助手
1975年 同講師
1978年 同助教授
1980年 岡山大学法学部助教授
1985年 同教授
2000年 岡山大学法学部長
2004年 岡山大学大学院法務研究科長
現 在 岡山大学理事・副学長（2005年より）

主要論文
「ドイツにおける営造物学説の展開」（阪大法学86号 1973年）
「行政課題のPrivatisierung論について」（『法学と政治学の現代的展開』岡山大学法学会 1982年）
「公共施設に関する一考察」（公法研究51号 1989年）
「公共施設論―国営空港の公共性と差止請求」（『現代国家の公共性分析』日本評論社 1990年）など多数

行政法学と公権力の観念 〔行政法研究双書 23〕

平成19年4月30日 初版1刷発行

著 者 岡 田 雅 夫
発行者 鯉 渕 友 南
発行所 株式会社 弘 文 堂 101-0062 東京都千代田区神田駿河台1の7
TEL 03(3294)4801 振替 00120-6-53909
http://www.koubundou.co.jp
編集協力 東 弘 社
印 刷 港北出版印刷
製 本 井上製本所

ISBN978-4-335-31210-6

法律学講座双書

法学入門	三ケ月　章
法哲学概論	碧海純一
憲法	鵜飼信成
憲法	伊藤正己
行政法(上・中・下)	田中二郎
行政法(上・*下)	小早川光郎
租税法	金子　宏
民法総則	四宮和夫・能見善久
債権総論	平井宜雄
*債権各論Ⅰ	平井宜雄
債権各論Ⅱ	平井宜雄
親族法・相続法	有泉　亨
商法総則	石井照久
商法総則	鴻　常夫
会社法	鈴木竹雄
会社法	神田秀樹
手形法・小切手法	石井照久
*手形法・小切手法	岩原紳作
商行為法・保険法・海商法	鈴木竹雄
商取引法	江頭憲治郎
民事訴訟法	兼子一・竹下守夫
民事訴訟法	三ケ月　章
民事執行法	三ケ月　章
刑法	藤木英雄
刑法総論	西田典之
刑法各論	西田典之
刑事訴訟法(上・下)	松尾浩也
労働法	菅野和夫
*社会保障法	岩村正彦
国際法概論(上・下)	高野雄一
国際私法	江川英文
工業所有権法(上)	中山信弘

*印未刊